सम्बोधित

सम्बोधित

नामवर सिंह

सम्पादक

आशीष त्रिपाठी

वाणी प्रकाशन

वाणी प्रकाशन

4695, 21-ए, दरियागंज, नयी दिल्ली 110 002

फ़ोन : +91 11 23273167 फ़ैक्स : +91 11 23275710

शाखाएँ

अशोक राजपथ, पटना 800 004, बिहार

कॉफ़ी हाउस कैम्पस, महात्मा गांधी मार्ग, इलाहाबाद 211 001, उत्तर प्रदेश

महात्मा गांधी अन्तरराष्ट्रीय हिन्दी विश्वविद्यालय, वर्धा 442 001, महाराष्ट्र

www.vaniprakashan.com
marketing@vaniprakashan.in
sales@vaniprakashan.in

Sambodhit
by Namwar Singh
Edited by Ashish Tripathi

ISBN : 978-93-5518-830-4
Criticism

प्रथम संस्करण 2023

मूल्य : ₹ 695

आर. टेक ऑफ़सेट प्रिंटर्स, दिल्ली-110 032 में मुद्रित

वाणी प्रकाशन का लोगो मक़बूल फ़िदा हुसेन की कूची से

भूमिका

संवाद और संवाद

> कहना न होगा कि साहित्य की प्रत्येक विधा तत्त्वतः संवाद ही है, उसका लिखित रूप जो भी हो। संवाद अर्थात् बातचीत। यह संवाद स्वयं भाषा की प्रकृति में है। भाषा का तो स्वधर्म ही संवाद है। जब हम किसी और से बातचीत कर रहे होते हैं तो अपने अन्दर भी कहीं-न-कहीं बातचीत का एक सिलसिला चलता रहता है।
>
> **–नामवर सिंह**

नामवर सिंह एक संवादी आलोचक हैं। अपनी आलोचना में उन्होंने 'संवाद' को अनेक आयामों और रूपों में विकसित और अभिव्यक्त किया है। उनके 'संवादी' की बुनियादें एक ओर भारतीय समाज और लोकतन्त्र में हैं तो दूसरी ओर उनके निज व्यक्तित्व में। भारतीय समाज मूलतः एक संवादी समाज है। विभिन्नताओं के अति-छोरों की उपस्थिति के बावजूद। वह अति-बिन्दुओं के एक-दूसरे से संवाद के लिए परिस्थिति निर्मित करता है, उन्हें उकसाता है और संवाद से निकलने वाले परिणामों और परिवर्तनों को उत्सुकता से जाँचता और अपनाता है। इस प्रक्रिया में एक ओर विरोधी-युग्म अपने मूल रूप बनाये रखते हैं तो संवाद से निकले नये समूह भी अपनी उपस्थिति से समाज में नये परिवर्तन उपस्थित करते हैं। जहाँ संवाद सम्भव नहीं होता वहाँ भी विरोधी युग्म के अति-छोर एक साथ उपस्थित होते हैं। 'श्वेत-श्याम' अर्थात् 'श्वेत' और 'श्याम' की तरह। 'और' के साथ। द्वन्द्व समास की तरह। बौद्ध आन्दोलन, भक्ति आन्दोलन, नवजागरण और स्वतन्त्रता आन्दोलन में भारतीय समाज की संवादी परम्पराओं के विविध रूप और उदाहरण देखे जा सकते हैं। 'संवाद' के लिए वाद-विवाद अनिवार्य है सो भारतीय समाज और ज्ञान-परम्परा में इसकी परम्पराएँ बहुत ताक़तवर हैं। 'संवाद' 'असहमति के साहस' और 'सहमति के विवेक' के बग़ैर सम्भव नहीं होता। भारतीय समाज की विविधता और बहुलता, औपचारिक समंजन और तकनीकी तटस्थता से नहीं,

वाद-विवाद-संवाद तथा घात-प्रतिघात-संघात की ऊष्मा से जीवनीशक्ति प्राप्त करती है। इसीलिए वह निरन्तर परिवर्तनशील बनी रहती है।

ब्राह्मणवाद और सामन्तवाद के व्यापक प्रभाव के कारण अनेक बार ऐसा लगता है कि लोकतन्त्र भारतीय समाज का मूल स्वभाव नहीं है। राजतन्त्रात्मक व्यवस्था की दीर्घ परम्परा और भेद पर आधारित ब्राह्मणवादी वर्णवाद के कारण राजसत्ता, धर्मसत्ता और समाजसत्ता में एकाधिकारवादी और तानाशाही प्रवृत्तियाँ ताक़तवर रही हैं। इसके बावजूद समाज में एक तरह की मुक्तता भी रही है। भारतीय समाज कभी भी राजसत्ता, धर्मसत्ता और समाजसत्ता से उस तरह बँधा नहीं रहा है, जैसा कि अक्सर औपनिवेशिक ज्ञान-मीमांसा के प्रभाव में मान लिया जाता है।

भारतीय स्वतन्त्रता संग्राम के दौरान भारतीय समाज ने सबसे ज़्यादा आग्रह सामाजिक और राजनीतिक लोकतन्त्र का किया। भक्ति-आन्दोलन की विद्रोही धाराएँ भौतिकवादियों और बौद्ध आन्दोलन की परम्परा में पहले ही धार्मिक और सामाजिक लोकतन्त्र के लिए संघर्ष चलाये हुए थीं। यह संघर्ष नवजागरण युग तक जारी चला आता था। स्वतन्त्रता आन्दोलन ने वास्तविक अर्थों में भारतीय समाज के संवादी स्वभाव को बन्धनहीन बनाने का प्रयास किया। इसके कारण भारतीय समाज एक 'अखिल भारतीय समाज' बन सका। 'लोकतान्त्रिकता' इस संवाद की बुनियादी शर्त थी।

आज़ादी के बाद भारतीय लोकतन्त्र को ज़्यादा जीवन्त, वास्तविक और गहरा बनाने के लिए इस संवाद को समाज की आन्तरिक परतों तक ले जाना ज़रूरी था। इसीलिए लोकतन्त्र को ऐसे नायकों की ज़रूरत थी, जो संवाद की प्रक्रिया को आगे बढ़ायें। जवाहरलाल नेहरू, भीमराव अम्बेडकर, पी.सी. जोशी, ई.एम.एम. नम्बूदरीपाद, राम मनोहर लोहिया और नरेन्द्र देव जैसे राजनीतिज्ञों से लेकर अलाउद्दीन खान, राहुल सांकृत्यायन, मुक्तिबोध, सत्यजित राय, हबीब तनवीर, कुमार गन्धर्व, उदयशंकर, आर.के. लक्ष्मण, एम.एफ. हुसैन, नागार्जुन, फणीश्वरनाथ रेणु, रामविलास शर्मा और हरिशंकर परसाई जैसे कलावन्तों के काम को इस सन्दर्भ में देखा जा सकता है। नामवर सिंह इसी शृंखला की प्रभावी कड़ी हैं।

नामवर सिंह के व्यक्तित्व में मौजूद संवादी-भाव की जड़ें गँवई भारतीय समाज में हैं। नेहरूयुगीन लोकतन्त्र ने इसे सँवारा और विकसित किया है। बचपन, किशोरवय और युवावस्था में कामता प्रसाद विद्यार्थी, नतीउल्लाह खान, त्रिलोचन, मार्कण्डेय सिंह और हजारी प्रसाद द्विवेदी के प्रभावों ने उन्हें ज़्यादा संवादी और ज़्यादा लोकतान्त्रिक बनाया। प्रगतिशील लेखक संघ और अध्यापन के पेशे ने

उनके संवादी-स्वरूप को नयी ज़रूरतों के अनुकूल ढाला। नामवर सिंह के व्याख्यान उनके संवादी-व्यक्ति की सबसे सटीक अभिव्यक्ति करते हैं।

नामवर सिंह आधुनिक हिन्दी के सबसे बड़े संवादी हैं। जिस अर्थ में महात्मा गाँधी आधुनिक भारत के। वाद-विवाद संवाद को अनिवार्य मानते हुए संवाद के प्रत्येक रूप के लिए प्रस्तुत। संवादी आलोचक। आलोचना में 'सहयोगी प्रयास' के पक्षधर। साहित्य-समाज में छिड़ी चर्चाओं में अपनी मान्यताओं और तर्कों के साथ उपस्थित होकर उसमें अपने ढंग से हस्तक्षेप करना उन्हें ज़रूरी लगता है। रुचिकर भी। इसमें वे रमते हैं। सम्भवतः इसीलिए उन्होंने व्याख्यान विधा को उसके उभार के दौर से ही गम्भीरता से लिया है। इस विधा के उभार का गहरा सम्बन्ध आठवें दशक में पत्रकारिता और साहित्य की आन्तरिक ज़रूरतों और उनके रिश्तों के साथ ही भारतीय लोकतन्त्र में आये बुनियादी परिवर्तन से है।

आठवें दशक में विकेन्द्रीकरण एक प्रमुख प्रवृत्ति बनकर उभरा। राजनीति से लेकर पत्रकारिता और साहित्य—सभी क्षेत्रों में आधुनिक विकास और लोकतन्त्रीकरण की प्रक्रिया में उभरे पूर्ववर्ती केन्द्रों के समानान्तर नये केन्द्रों का उभार हुआ। नक्सलबाड़ी से लेकर सम्पूर्ण क्रान्ति—सभी आन्दोलनों में ताक़तवर केन्द्रों को चुनौती देने और उनकी शक्ति-सम्पन्नता को प्रश्नांकित करने की भावना मौजूद थी। लोकतन्त्र के लोकव्यापीकरण का यह अनिवार्य परिणाम था। प्रगतिशील आन्दोलन के पुनर्उभार ने साहित्य की दुनिया में इसे विकसित करने में अपनी महत्त्वपूर्ण भूमिका निभायी। हिन्दी क्षेत्र में क़स्बों और छोटे शहरों तक गतिविधियों का विस्तार हुआ। छोटे शहरों में लेखक संगठनों, महाविद्यालयों और विश्वविद्यालयों में साहित्यिक और अकादमिक हलचलें आकार लेने लगीं। राज्य सरकारों की साहित्यिक अकादमियाँ और भारत भवन जैसे संस्थान साहित्य के क्षेत्र में सहभागिता के लिए प्रस्तुत हुए। ऐसे में विभिन्न केन्द्रों की गतिविधियों में भाग लेने वाले लेखकों के लिए सामाजिक और राजनीतिक प्रश्नों पर राय प्रकट करना अनिवार्य हो गया। 'हिन्दी के आलोचक' नामवर सिंह इस प्रक्रिया में 'हिन्दी के शीर्ष बुद्धिजीवी-कार्यकर्ता' होकर उभरे। नामवर सिंह अपनी संवाद-प्रवीणता के कारण हिन्दी के सार्वजनिक व्यक्तित्व बन गये।

नामवर सिंह न सीमित अर्थों में साहित्यकार हैं, न आलोचक। इसके बावजूद वे अपने व्याख्यानों में मुख्यतः आलोचक के रूप में उभरते हैं। नामवर जी का आलोचक समाज में बातचीत करते हुए, वाद-विवाद संवाद करते, प्रश्न-प्रतिप्रश्न करते सक्रिय रहता है और विचार, तर्क और संवाद की उस प्रक्रिया से गुज़रता है

जो आलोचना की बुनियादी भूमि है। आलोचना लिखित हो या वाचिक—उसके पीछे बुनियादी प्रक्रिया है—पढ़ना, विवेचना, विचारना। तर्क और संवाद। नामवर जी के व्याख्यानों में इसका व्यापक समावेश है। इनसे गुज़रते हुए हम महसूस करते हैं कि वह किसी रचना को हमेशा नयी और अपनी तरह से पढ़ने की कोशिश करते हैं और इस तरह 'पढ़ते' हुए वे लगातार नयी तरह से 'सोचते' और 'विचारते' हुए सामने आते हैं। उनकी वाचिक आलोचना मूल्यांकन की ऊपरी सीढ़ी तक पहुँचती है। निकष बनाती है। प्रतिमानों पर बहस करती है। उसमें 'लिखित' की तरह की 'कौंध' मौजूद होती है। नहीं होता तो बस पूरापन।

प्रस्तुत पुस्तक व्याख्यानों और वाचिक टिप्पणियों का संकलन है।

पुस्तक में संकलित व्याख्यानों का विषय क्षेत्र विस्तृत है। मार्क्सवाद, समकालीन विश्व, पूँजीवाद, नवसाम्राज्यवाद, नवफ़ासीवाद और भारतीय लोकतन्त्र के विरूपीकरण से लेकर कविता, कहानी और उपन्यास तक। साहित्य और देश-दुनिया की उनकी समझ का एक स्पष्ट प्रतिबिम्ब यहाँ मिलता है। उनकी विश्वदृष्टि का रूपायन इनमें हुआ है।

नामवर जी के बारे में यह मान्यता रही है कि वे इतना सुगठित और सुनियोजित वक्तव्य देते हैं कि उसे ज्यों का त्यों लिख देने से एक निबन्ध की तरह पढ़ा जा सकता है। यह बात एक हद तक ही ठीक है। उनके वक्तव्य में सुसम्बद्धता होती है। वह काफ़ी हद तक सुगठित भी होता है। परन्तु विचार निरूपण के क्रम में तात्कालिक दबाव मनःस्थिति और आवेग की मात्रा के अन्तर से भाषा टूटती-दरकती रहती है। ख़ासतौर पर वाक्य रचना में यह टूटन-दरकन स्पष्ट देखी जा सकती है। आधे-अधूरे वाक्य कई बार इस तरह विन्यस्त होते हैं कि उन्हें साफ़ कर पूरे वाक्यों में बदलना या ज़रूरी न होने पर छोड़ देना ज़रूरी हो जाता है। ऐसे अधूरे वाक्यों से निपटने के लिए एक स्पष्ट दृष्टि, सतर्कता और साहस की ज़रूरत पड़ती है। इसलिए बोले गये के प्रति निष्ठा रखते हुए भी उसमें ज़रूरी काट-छाँट अनिवार्य होती है। कहना न होगा कि प्रस्तुत व्याख्यानों में यह अधिकार प्रयोग में लाया गया है। यह प्रक्रिया बड़ी उबाऊ और धीरज की माँग करने वाली रही है।

पुस्तक में संकलित अनेक व्याख्यान अप्रकाशित हैं। वे यहाँ पहली बार प्रस्तुत किये जा रहे हैं। इन व्याख्यानों के टेप एकत्र करने और लिप्यन्तरण का काम वाणी प्रकाशन ने किया है। लिप्यन्तरित सामग्री का सम्पादन और संयोजन करने की जवाबदेही मैंने ली है। सम्पादन के समस्त अधिकारों का प्रयोग करते हुए।

पुस्तक के व्याख्यान भिन्न-भिन्न जगहों पर हुए हैं। जहाँ तक सम्भव हुआ है, जगह, तिथि और आयोजक संस्था की सूचना अन्त में दी गयी है। जो व्याख्यान पूर्व प्रकाशित हैं, उनमें प्रकाशन की सूचना भी जोड़ दी गयी है। प्रकाशित व्याख्यानों के टेप हमें उपलब्ध नहीं हुए हैं। इससे मूल से मिलान कर पाना सम्भव नहीं हुआ है। प्रकाशित व्याख्यानों और टिप्पणियों के मामले में उसकी प्रामाणिकता की समस्त जवाबदेही प्रस्तुतकर्ताओं और पत्रिका सम्पादकों की है।

इस पुस्तक के प्रकाशन के पहले ही नामवर जी हमें छोड़कर चले गये। पुस्तक की पाण्डुलिपि देखकर वे ख़ुश हुए थे। आज वे नहीं हैं। मेरे लिए यह निजी क्षति है जिसकी भरपायी सम्भव नहीं है। एक ख़ालीपन जो हमेशा एक शून्य की तरह जीवित रहेगा। अनिवार्यतः। नामवर जी की अनुपस्थिति में नामवर जी की वैचारिकता का महत्त्व बढ़ेगा, ऐसा मेरा विश्वास है। उनकी वैचारिकता, बेहतर भविष्य के लिए उनकी प्रतिबद्धता, उनका आलोचना संघर्ष—हमें निरन्तर विकसित करेगा। आज भारतीय समाज और राजनीति में लोकतान्त्रिकता और संवाद पर गहरा आक्रमण हो रहा है। लोकतन्त्र और संवाद विरोधी विचारों का वर्चस्व बढ़ रहा है। समानान्तर विचारों को हिंसा और हत्या के रास्ते चुप कराया जा रहा है। विरोधी विचार रखने वाले लोगों को 'गैंग' बताकर लांछन और अवमानना का शिकार बनाया जा रहा है। उन्हें राष्ट्रद्रोही इत्यादि बताकर क़ैदखाने में डाला जा रहा है। वातावरण में एक मुखर भय व्याप्त है। लोग अपनी बात करने से डर रहे हैं। 1991 के बाद से नामवर जी हिन्दी समाज को इन ख़तरों से ज़्यादा मुखर होकर सचेत और जागरूक कर रहे थे। साम्प्रदायिक कट्टरपन्थियों और फ़ासीवादी शक्तियों और संगठनों के वे मुखर आलोचक थे। फ़ासीवादी ताक़तें ही अभिव्यक्ति पर हो रहे इन हमलों के लिए ज़िम्मेदार हैं। ऐसे वातावरण में नामवर जी की वैचारिकता और निर्भय संवादी भाव के महत्त्व को ज़्यादा गहराई से समझा जा सकता है।

यह पुस्तक सादर नमन के साथ नामवर जी की स्मृति को समर्पित है।

—आशीष त्रिपाठी

अनुक्रम

सांस्कृतिक बहुलतावाद

संस्कृति और सभ्यता ये दो शब्द हमारे यहाँ नहीं थे। 19वीं सदी के उत्तरार्द्ध में ये दो शब्द यूरोप से अनुवाद द्वारा हिन्दी में आये। यूरोप के लोग जब असभ्य और आदिवासी लोगों के बीच अध्ययन को गये तब उन्हें पता चला कि जिन्हें असभ्य और हीन समझा जा रहा था, उनकी भी अपनी संस्कृतियाँ हैं और वे किसी भी दृष्टि से उनकी तथाकथित संस्कृति से हीन नहीं हैं। यूरोप और बाद में अमरीका ने जिन असभ्यों को सभ्य और आधुनिक बनाने का बीड़ा उठाया था—उन्हें पता चला कि वे कई क्षेत्रों में हमसे बेहतर और सभ्य हैं और उनकी अपनी भाषाएँ हैं। अतः जितनी भाषाएँ हैं, उतनी ही संस्कृतियाँ हैं। हर जनसमूह की भाषा में अपनी पहचान होती है, जिसे अस्मिता कहते हैं। संसार में जितनी भाषाएँ हैं, उतनी ही संस्कृतियाँ अवश्य होंगी, बल्कि एक भाषा की दो या दो से अधिक संस्कृतियाँ भी हो सकती है। अतः भाषा एक, और संस्कृतियाँ अनेक होती हैं, पर सभ्यताएँ कुछ ही होती हैं। गिनने वाले कहते हैं कि संसार में छह या सात ही सभ्यताएँ बची हैं या होती हैं। 1991 तक विचारधाराओं का संघर्ष था, पर सोवियत संघ के पराभव के बाद अब सभ्यताओं का संघर्ष है। अनेक संस्कृतियों से एक सभ्यता बनती है और सभ्यता नष्ट भी हो सकती है।

19वीं सदी के मानव शास्त्र ने एक बहुत बड़ा मिथ तोड़ा। प्रत्येक व्यक्ति की अपनी जीवन संस्कृति होती है। जब यह कहा जाता है कि वह व्यक्ति सुसंस्कृत है, तो मतलब कि कुछ लोग असंस्कृत भी होते हैं। प्रत्येक व्यक्ति की अपनी पूरी जो जीवन शैली होती है, उसे जीवन संस्कृति कहते हैं। रोज़मर्रा की जीवन पद्धति ही संस्कृति है—जन्म से मरण तक, खाना-पीना, रहन-सहन, बातचीत, बोलचाल सब संस्कृति के अन्तर्गत आते हैं। बल्कि मरने के बाद अन्तिम संस्कार की बात भी संस्कृति के अन्तर्गत आती है। इस्मत चुग़ताई ने अपनी वसीयत में लिखा था कि उन्हें मृत्यु के बाद दफ़नाया न जाय बल्कि जलाया जाय। इसपर इतना हंगामा हुआ कि बहुत से प्रगतिशील समझे जाने वाले जाने-माने साहित्यकार भी उनके जनाज़े में शामिल नहीं हुए।

सत्ता और ताक़त के आधार पर हम संस्कृति को महान और छोटा कह सकते हैं। पर सच्चाई यह है कि संस्कृति सभी की एक समान होती है। जिस संस्कृति को हम आदिवासी या असभ्य संस्कृति कहकर हीन समझते हैं—अध्ययन में पाया गया कि उसमें मानवीय गुण अधिक होते हैं और कला के क्षेत्र में अन्य सभ्य संस्कृतियों की तुलना में अधिक सम्पन्न और समृद्ध होती है। जन-समुदाय और युग की सापेक्षता ही संस्कृति होती है। उदाहरणस्वरूप यूरोप में पुरुषों की टाँग ढँकी रहनी चाहिए और स्त्री की खुली, इसलिए वहाँ पुरुषों के लिए पूरे पैर तक की पैंट तथा स्त्रियों के लिए घुटने तक की स्कर्ट पोशाक है। हमारे यहाँ नारी की कमर-पेट खुला रखना बुरा नहीं समझा जाता पर यूरोप की संस्कृति में हम ऐसा नहीं कर सकते।

19वीं सदी में विश्व में कई उपनिवेश बने तो दूसरी ओर यह बात उद्घाटित हुई कि संस्कृतियाँ सापेक्ष होती हैं। एक ही स्तर पर यह दो विरोधी महत्त्वपूर्ण बातें हुईं। एक ओर दुनिया को गुलाम बनाने की साज़िश की गयी तो दूसरी ओर संस्कृति की बात। विनाश और जीवन इस सदी में दोनों एक साथ आये। 19वीं सदी के साथ-साथ 20वीं सदी में भी दो चीज़ें एक साथ आयीं।

समाजवादी देश का अर्थ है—जहाँ-जहाँ छत न हो वहाँ-वहाँ छत दे, पर उसने हथियार देना शुरू किया। यह काम पूँजीवाद कर सकता है, उसमें सम्भावना है। पर समाजवादी देश ने हथियारों की होड़ की पूँजीवाद से और ऐसा करके उसने अपने को बरबाद कर लिया। सांस्कृतिक बहुलतावाद अमेरिका से सब जगह आयात हुआ। 19वीं सदी के उत्तरार्द्ध में जहाँ उपनिवेशवाद और सांस्कृतिक सापेक्षता (बहुलतावाद) आयी, वहाँ 20वीं सदी के उत्तरार्द्ध में भी दो चीज़ें आयीं—बहुराष्ट्रीय कम्पनी और बहुराष्ट्रीयवाद—पूँजी का सर्वोच्च विकास। अन्तरराष्ट्रीय मुद्राकोष और विश्व बैंक आज विश्व की सत्ता के केन्द्र में हैं—उन्हें अब कहीं जाकर ईस्ट इंडिया कम्पनी की तरह कम्पनी खोलने या देश को गुलाम बनाने की ज़रूरत नहीं है। वह कहीं से भी बैठकर शासन कर सकता है। लेखक को वह सब कुछ जानना चाहिए, जिससे साहित्य बनता है। आज वित्तीय पूँजी ही विश्व की सबसे शक्तिशाली सत्ता है। अतः बैंक अभी सबसे शक्तिशाली है। वित्त और वित्तीयता के कारण ही यह सम्भव हो सकता है कि विश्व-बैंक जो बहुराष्ट्रीय कम्पनी का है, पूरे विश्व में साम्राज्य कर सकता है। राज कर सकता है। नीतियों में इन देशों में मतभेद हो सकते हैं पर वित्तीय अंकुश में रखना इनका लक्ष्य है। विश्व बैंक में जी-7 देशों की 84 प्रतिशत पूँजी है और शेष अन्य देशों की। अतः बहुराष्ट्रीय पूँजी की सत्ता तेज़ी से विश्व में फैल रही है। गाँधी जी कहा करते थे

कि देश की खिड़कियाँ खुली रखें ताकि ताज़ी हवा आती रहे—पर हमें उड़ा न ले जाय। पर आज हमारे देश की खिड़कियाँ-दरवाज़े सब खुले हैं और खुशामद भी कर रहे हैं आने की। एक ज़माने में जब इन्दिरा गाँधी ने बैंकों का राष्ट्रीयकरण किया था, तो बहुत बड़ी बात थी पर आज इसका क्या मतलब रह गया है। आज उदारीकरण के तहत हम सारे सार्वजनिक उद्योगों का निजीकरण कर रहे हैं। आज अर्थशास्त्र ही संस्कृति का बुनियादी आधार हो गया है। पूँजीवाद में सर्वप्रथम राष्ट्रवाद पर हमला किया गया। वे कहते हैं राष्ट्रवाद 19वीं सदी की पुरानी बात है—अब यह निरर्थक हो चुकी है। बहुराष्ट्रीय पूँजीवाद के प्रभाव का पहला हमला राष्ट्रीय-राज्य की पहचान पर हमला है। पहले तो राष्ट्र को गुलाम बनाया जाता था पर अब तो अस्तित्व पर ही हमला कर उसे नष्ट करने की साज़िश चल रही है। आज अमेरिका सांस्कृतिक बहुलतावाद को एक विचार की तरह विश्व में प्रचारित-प्रसारित कर रहा है। अमेरिका ने अपने यहाँ रेड-इंडियंस की सभ्यता-संस्कृति और भाषा की क़ब्र पर अपनी संस्कृति के महल खड़े किये। 100 वर्षों में सभी को नष्ट कर अपने देश का पूरी तरह अमेरिकीकरण किया। अब सांस्कृतिक बहुलतावाद उनके यहाँ है ही नहीं—अतः अब इस विचार को शेष विश्व में प्रचारित कर रहे हैं—यह अमेरिका का नवीनतम सिद्धान्त है।

इस देश में स्वाधीनता की लम्बी लड़ाई का इतिहास रहा है—जो स्वर्णाक्षरों में दर्ज है। पचास वर्षों के बाद उसकी स्वर्ण जयन्ती पूरे देश में जिस ठण्डेपन से मनायी गयी—यह सिद्ध करता है कि यादें ख़त्म हो गयी हैं। नाम तो याद है पर उससे जुड़ी यादें भूल चुके हैं। ग्लोबलाइज़ेशन का ही एक रूप है—सांस्कृतिक बहुलतावाद। विविधता में एकता हमारे देश की विशेषता है। यह एक सर्वमान्य तथ्य है। बहुलतावाद से बहुमतवाद निकला—बहुमत के हित में ही अल्पमत का हित निहित है अर्थात् अल्पमत की बात को हमने बहुमत के हित में दबाया। जब हम एकता की बात करते हैं तब भिन्नता की ओर ध्यान जाता है और जब भिन्नता की बात करते हैं तब एकता पर, यह एक तथ्य है। बहुराष्ट्रीय कम्पनी द्वारा आयी बहुलता भूमण्डलीकरण पर ही ज़ोर देती है। हर चीज़ जहाँ माल है। माल होने पर चीज़ों में फ़र्क़ नहीं रह जाता। माल वही है—'ब्रांड अलग' हैं। ब्रांड में अनेकरूपता, पर माल में एकरूपता। आज ब्रांड बिकता है। ग्लोबलाइज़ेशन समरूपता अनेक अलग-अलग ब्रांड—पर माल वही—अमरीकी संस्कृति। भूमण डलीकरण में केवल अमरीकी संस्कृति का प्रचार है। केवल भ्रम है कि हम विविधता में जी रहे हैं—20 चैनलों में जी रहे हैं। इन चैनलों पर देखने में प्रभाव विविधता का पड़ता है, पर असलियत में वह एक है—अमरीकी संस्कृति का प्रसार।

जो लोग राष्ट्रवाद को मानते हैं—हिन्दू-राष्ट्रवाद को, वे ही लोग इसके विघटन के ज़िम्मेदार भी हैं और होंगे। वनांचल, उत्तराखण्ड, छत्तीसगढ़ आदि की अलग राज्य के रूप में माँग इसका प्रमाण है कि सर्वप्रथम हिन्दीभाषी राज्य को तोड़ो। विडम्बना है कि सांस्कृतिक बहुलता और भूमण्डलीकरण एक ही सिक्के के दो पहलू हैं। तीसरी दुनिया ख़ासकर भारत में भूमण्डलीकरण के चक्र में सर्वप्रथम भारत की विविधता पर आक्रमण है। टी.वी. के चैनलों द्वारा भाषा पर भी हमला जारी है—धीरे-धीरे उसे नष्ट करने की साज़िश चल रही है। यही स्थिति चलती रही तो राष्ट्रवाद के नाम पर हमारी संस्कृति नष्ट होगी और हमारा राष्ट्र टुकड़े-टुकड़े में बँटकर कमज़ोर होगा।

(लिप्यन्तरण एवं सम्पादन : रश्मिरेखा, 'सम्भवा'
पत्रिका के किसी अंक में प्रकाशित।)

भारतीय संस्कृति का हाशिया : राख में दबे अंगारे

यदि जलवायु का असर इन्सान के रहन-सहन, खान-पान, वेश-भूषा, शरीर और मस्तिष्क पर पड़ता है, तो उसका जीता-जागता सबूत भारत में बसने वाले भिन्न-भिन्न प्रदेश के लोग देते हैं। इसी तरह मुख्य-मुख्य भाषाएँ भी यहाँ कई हैं और बोलियों की तो कोई गिनती ही नहीं है। भिन्न-भिन्न धर्मों को मानने वाले भी यहाँ पाये जाते हैं और जिस तरह यहाँ की बोलियों की गिनती आसान नहीं, उसी तरह यहाँ भिन्न-भिन्न धर्मों और सम्प्रदायों की भी गिनती आसान नहीं। इन विभिन्नताओं को देखकर अगर अपरिचित आदमी घबराकर कहे कि यह एक देश नहीं, अनेक देशों का समूह है; यह एक जाति नहीं, अनेक जातियों का समूह है, तो उसमें आश्चर्य की बात नहीं, क्योंकि ऊपर से देखने वाले को, जो गहराई में नहीं जाता, विभिन्नता ही देखने में आयेगी। लेकिन विचार करके देखा जाये तो इन विभिन्नताओं की तह में एक ऐसी समता और एकता फैली हुई है, जो विभिन्नताओं को ठीक उसी तरह पिरोकर सुन्दर समूह बना देती है, जिस तरह रेशमी धागा भिन्न-भिन्न प्रकार की और विभिन्न रंगों की सुन्दर मणियों अथवा फूलों को पिरोकर एक सुन्दर हार तैयार कर देता है। उस हार में प्रत्येक मणि या फूल दूसरों से न तो अलग है और न हो सकता है।

डॉ. राजेन्द्र प्रसाद का 'भारतीय संस्कृति' शीर्षक निबन्ध राष्ट्रीय शैक्षिक अनुसन्धान एवं प्रशिक्षण परिषद् द्वारा तैयार की हुई हाई स्कूल की एक पाठ्यपुस्तक में है। इसमें जिन शब्दों का प्रयोग किया गया है और सीधी-सादी भाषा में जो बात कही गयी है, उसमें महत्त्वपूर्ण एकता के साथ ही 'समता' शब्द है। इस देश में अनेक भाषाएँ हैं, अनेक जातियाँ हैं, अनेक धर्म हैं, अनेक उपजातियाँ हैं और अनेक संस्कृतियाँ हैं। इस विविधता और बहुलता को सभी स्वीकार करते हैं, क्योंकि यह वास्तविक है, सच है। यह भी सभी पहचानते और मानते भी हैं, लेकिन उनके बीच केवल एकता के साथ समता का भी सम्बन्ध है। कोई भाषा छोटी नहीं है, कोई धर्म छोटा नहीं है। इसी तरह कोई भाषा बड़ी नहीं है,

कोई धर्म बड़ा नहीं है; कोई संस्कृति खोटी नहीं है, कोई संस्कृति खरी नहीं है। ये भाव राजेन्द्र बाबू सहज भाव से उसमें व्यक्त कर चुके हैं, भिन्नता में एकता की व्याख्या करते हुए उससे आगे बढ़ करके वे समता की बात करते हैं और साथ ही अन्त में उन्होंने कहा है कि मणि या फूल दूसरों से न तो अलग है और न हो सकता है।

मित्रो, जिस दौर से हम गुज़र रहे हैं, उसमें ख़तरा स्वयं संस्कृति पर है और आप जानते हैं कि संस्कृति हमेशा बहुवचन होती है। सभ्यताएँ दो-चार होंगी, लेकिन संस्कृतियाँ सैकड़ों होती हैं। इसलिए ऐसे दौर में, जिसमें संस्कृति की बहुलता पर संकट हो और तमाम संस्कृतियों की बहुलता पर पटेला चलाते हुए समतल करने का प्रयास किया जा रहा हो, सांस्कृतिक बहुलता को नष्ट होते हुए देखकर स्वभावतः चिन्ता होती है और फिर विचार के लिए आवश्यक स्रोत ढूँढ़ने पड़ते हैं। संस्कृतियों की बहुलता इस देश में स्वयं सांस्कृतिक राष्ट्रवाद के संकट का कारण है और देश के बाहर भी संस्कृतियाँ संकट में हैं और जो संकट है, वह सांस्कृतिक है। इस दौर में विश्व-बाज़ार के चलते एक ऐसी संस्कृति उदित हुई है, जिससे सांस्कृतिक विविधता और बहुलता को ख़तरा है, अर्थात् सांस्कृतिक विविधता को ख़तरा भारत में है, भारत के बाहर है। इस विविधता और एकता को सबसे पहले इस देश के जिस कवि ने वाणी दी, सम्भवतः रवीन्द्रनाथ ठाकुर ने, उनकी प्रसिद्ध कविता 'भारततीर्थ' के बारे में सोचने लगता हूँ, जो 1910 में लिखी गयी थी। 'भारततीर्थ' का उन्होंने इस तरह आरम्भ किया है :

हे मोर चित्त, पुण्य तीर्थे जागो रे धीरे
एइ भारतेर महामानवेर सागरतीरे।

कविता आरम्भ होती है बड़ी उदात्त भूमि पर। भारत को उन्होंने महामानव-सागर कहा था और इसका समापन करते हुए अन्तिम बन्द इस प्रकार रचा था—

एसो हे आर्य, एसो अनार्य, हिन्दू मुसलमान।
एसो एसो आज तुमि इङ्राज,
एसो एसो खृस्टान।
एसो ब्राह्मण,
शुचि करि मन धरो हात सबाकार—
एसो हे पतित, करो अपनीत सब अपमानभार,
मार अभिषेके एसो एसो त्वरा,
मंगलघट हय नि ये भरा

सबार-परशे-पवित्र-करा तीर्थनीरे–
आजि भारतेर महामानवेर सागरतीरे।

इन पंक्तियों का अनुवाद करने की ज़रूरत नहीं है। इन्हें हिन्दी पढ़ने वाले भी अच्छी तरह समझते हैं। इस कविता में आर्य, अनार्य, हिन्दू, मुसलमान, क्रिस्तान और कुछ लोगों को शायद आश्चर्य हो, अंग्रेज़ को भी बुलाया गया है–'इङ्राज'। उसके साथ ही ब्राह्मण से भी कहा गया है, जो स्वयं अपने को पवित्र समझता है। उससे भी कहा गया है कि अपना मन शुचि करके, पवित्र करके, सबका हाथ पकड़ो, वे जो दलित या पतित समझे जाते हैं, वे अपने सारे अपमान का भार उतार करके आयें। जब तक सबके स्पर्श से वह जल पवित्र नहीं होगा और वह पवित्र जल मंगलघट में जब तक भर नहीं जायेगा, तब तक वह अर्चना पूरी नहीं होगी। मित्रो, इस गीत को मैंने कई बार पढ़ा है और नये सन्दर्भ में मैंने फिर पढ़ा है। यह नहीं भूलना चाहिए कि इसमें भी बहु और एक, दोनों की चर्चा की गयी है और रवीन्द्रनाथ बहुलता के साथ एक ओर एकता पर निरन्तर, अपने जीवन-भर बल देते हैं। वह एक जो थी, वह केवल राष्ट्र की एकता का द्योतक नहीं था। वे विश्व-मानव की एकता की कल्पना किया करते थे। इसलिए हम देखेंगे कि इस गीत में अंग्रेज़ों के लिए भी जगह है, उन अंग्रेज़ों के लिए, जो साम्राज्यवादी थे और भारत को उपनिवेश बनाये हुए थे। 1970 की पृष्ठभूमि है बंग-भंग की, जब धार्मिक बहुसंख्यक और अल्पसंख्यक के आधार पर बंगाल का विभाजन किया गया था और जिसके विरोध में स्वदेशी आन्दोलन चला था। उस विभाजन की पृष्ठभूमि में बहुलता में एक विशेष प्रकार की एकता की बात कही गयी थी। यह ध्यान देने वाली बात है।

स्वाधीनता-संग्राम के दौर के अनेक कथनों, वक्तव्यों और मन्तव्यों की आज पुनर्व्याख्या की जा रही है। भय है कि यहाँ भी उसकी गुंजाइश निकाली जा सकती है, इसलिए मैं कविता की इन आरम्भिक दो पंक्तियों का विशेष रूप से उल्लेख करना चाहता हूँ :

हेथाय आर्य, हेथाय अनार्य, हेथाय द्राविड़ चीन–
शक-हुन-दल पाठान मोगल एक देहे हल लीन।

ये सब एक देश में लीन हो गये थे। इससे जिस एकता की परिकल्पना उभरती है, उसमें जितनी विविधताएँ हैं, जैसे शक, हूण, द्रविड़, चीन, ये सभी भारत में आकर उसकी देह में लीन हो गये। उसी तरह से आगे भी। यहाँ लीन होने की या विलीन होने की जो बात कही गयी है, उसका 'सम्पूर्ण अस्तित्व

एक में विलीन होना' अर्थ निकालकर कुछ लोग एकता का अर्थ एकरूपता कर सकते हैं। ध्यान रखने की बात है कि रवीन्द्रनाथ ने इन तमाम चीज़ों का प्रयोग अतीत के उस सन्दर्भ में किया है, जिसमें ऐतिहासिक प्रक्रिया में शक और हूण अनेक बाहर से आने वाली जातियाँ इस देश में घुल-मिलकर इतनी अभिन्न हो गयीं कि आज उनका अलगाव कठिन है; आज यह मालूम करना मुश्किल है कि वे किस वंश-परम्परा की हैं। कवि के वचन को भविष्य में कोई इसी आधार पर ग़लत समझ सकता है और कह सकता है कि चूँकि रवीन्द्रनाथ ने कहा था, 'एक देह हल लीन', इसलिए आज भी लोग देह में लीन हो जायें, अपने अस्तित्व को विलीन कर दें। तात्पर्य यह कि अब विविधता समाप्त हो जाये और एक ही रंग, एक ही धर्म, एक ही जाति सारे भारत में सबको समेट ले, आत्मसात कर ले। सच्चाई यह है कि यह अर्थ इस गीत से निकलता नहीं है।

दूसरी बात 1910 में रवीन्द्रनाथ ने कही थी—'मंगलघट हय नि ये भरा।' शताब्दियों की प्रक्रिया के बावजूद भारत में अभी तक बहुलता और एकता के बीच वह सम्बन्ध स्थापित नहीं हो सका था, यानी एकीकृत बहुलता का मंगलघट भरा नहीं था। 1910 में वह ख़ाली था और आप देखें तो पायेंगे कि कवि यह जानते थे कि वह सुदीर्घ परम्परा से हुआ करता है। समाधान सरल नहीं है। इसलिए उन्होंने दुःख के साथ कहा कि आज भी मंगलघट पूरी तरह से भरा नहीं गया है, क्योंकि ब्राह्मण अपने को इतना शुचि करके, पवित्र करके नहीं आया है कि सबका हाथ छू सके और पतित के अपमान का भार आज तक हलका नहीं हुआ है। इसी कारण वह मंगलघट आज भी ख़ाली पड़ा हुआ है। रवीन्द्रनाथ ने 1910 में यह कहा था। इस गीत को इतने वर्षों बाद आज 1998 में पढ़ते हुए भी लगता है कि उनकी वाणी कहीं गूँज रही है कि मंगलघट आज भी भरा नहीं है। मित्रो, विश्वकवि रवीन्द्रनाथ ठाकुर की इस कविता के सन्दर्भ में, इसी परम्परा को आगे बढ़ाते हुए, मेरे गुरुदेव आचार्य हजारी प्रसाद द्विवेदी ने, जो उसी शान्ति निकेतन में थे, वहीं रहते हुए एक उपन्यास लिखा था—'बाणभट्ट की आत्मकथा', जो 1946 में छपा था। उस उपन्यास को इसी प्रसंग में, इसी बहुलता के प्रसंग में पढ़ते हुए अचानक कुछ पंक्तियों पर मेरी दृष्टि अटकी। राष्ट्रीय आन्दोलन के दौरान अनेक कहानियाँ, अनेक उपन्यास, अनेक कविताएँ लिखी गयी हैं, नाटक लिखे गये हैं। यहाँ एक बड़ा भारी प्रश्न था कि एक ओर राष्ट्र है, उसे मुक्त कराना है और दूसरी ओर आपसी भेदभाव है, उसे दूर करना है। तय किया गया कि राष्ट्र को पहले मुक्त कर लिया जाये। उसके बाद जात-पाँत का भेद दूर करेंगे, धार्मिक भेदभाव को दूर करेंगे, स्त्री और पुरुष के बीच जो भेद है, उसको दूर करेंगे।

बड़ा सत्य है राष्ट्र की मुक्ति, बाक़ी सत्य जितने हैं, वे भी सत्य हैं, लेकिन वे छोटे-छोटे सत्य हैं। जयशंकर प्रसाद की प्रसिद्ध कहानी 'पुरस्कार' में व्यक्तिगत-प्रेम और राष्ट्र-प्रेम इन दो के बीच द्वन्द्व है और उसमें दिखाया गया है कि चरित्रनायक राष्ट्र के लिए व्यक्तिगत प्रेम का बलिदान कर देता है।

'बाणभट्ट की आत्मकथा' में एक चरित्र है—'निउनिया', संस्कृत नाम है—'निपुणिका'। निपुणिका का अपभ्रंश हुआ है निउनिया और निउनिया को द्विवेदी जी ने श्लेष के रूप में इस्तेमाल किया है। जो भोजपुरीभाषी लोग हैं, वे जानते हैं कि संस्कृत में जो 'नापित' है, उसे भोजपुरी में कहते हैं, नाई, नाऊ और उसकी स्त्री जो है, वह 'नउनिया' होती है। इसलिए निउनिया यों भी छोटी जाति की थी और स्त्री थी। उसने एक विशेष क्षण में बाणभट्ट की आँखों में आँखें डालकर सीधे जो प्रश्न किया, उस पर सहसा मेरी दृष्टि अटक गयी। निउनिया ने पूछा, "मैं पूछती हूँ आर्य, क्या छोटा सत्य बड़े सत्य का विरोधी होता है? ...मेरी ही शपथ करके तुम सत्य-सत्य कहो, मेरा कौन-सा ऐसा पाप-चरित्र है जिसके कारण मैं निदारुण दुःख की भट्ठी में आजीवन जलती रही? ...तुम इस छोटे से सत्य के साथ राष्ट्र-जीवन के बड़े सत्य को अविरोधी पा रहे हो? क्या बृहत्तर सत्य के नाम पर मिथ्या का ताण्डव नहीं चल रहा है?"

बाणभट्ट ने लिखा है, "मेरे मर्मस्थल को बेधकर एक प्रश्न अन्तस्तल के अतल गाम्भीर्य में गूँजता रहा—क्या छोटा सत्य बड़े सत्य का विरोधी नहीं होता है? ऐसा ही तो देख रहा हूँ। सामान्य मनुष्य जिस कार्य के लिए लांछित होता है, उसी कार्य के लिए बड़े लोग सम्मानित होते हैं।" वे कहते हैं कि मनुष्य के सामाजिक सम्बन्धों की जड़ में ही कहीं बहुत बड़ा दोष रह गया है। निश्चय ही कोई बड़ा असत्य समाज में सत्य के नाम पर घर बना बैठा है। 1946 में जब भारत स्वतन्त्र नहीं हुआ था, हजारी प्रसाद द्विवेदी एक स्त्री के सत्य को राष्ट्र के सत्य के सामने, राष्ट्र की एकता के सामने रखते हैं। उसी राष्ट्र की नागरिक एक स्त्री भी तो है, और छोटी जात की स्त्री है, क्या उसका दुःख सत्य नहीं है? राष्ट्र की मुक्ति से क्या उसका दुःख दूर हो जायेगा? मित्रो, यही वह प्रश्न है, जो बाणभट्ट की आत्मकथा में द्विवेदी जी उठाते हैं और जिसे कहूँ रवीन्द्रनाथ के 'भारततीर्थ' के गीत को एक क़दम और आगे ले जाकर उस प्रश्न के बिन्दु पर खड़ा करते हैं, जो आज हमारे सामने मौजूद है।

भिन्नता में एकता की बात हम वर्षों से सुनते चले आ रहे हैं। आज़ादी की लड़ाई से पहले भी और आज़ादी मिलने के बाद से भी। आज जिस बिन्दु पर हम स्थित हैं, वहाँ ऐसे बहुत से प्रश्न हैं, जिन्हें स्वाधीनता संग्राम के ज़माने

में चुप करा दिया गया था। याद है आपको, गाँधी और आम्बेडकर के बीच जो पूना पैक्ट हुआ? आम्बेडकर ने यही कहा था न कि दलित की समस्या पहले सुलझाओ। दूसरी ओर से यह कहा गया था कि बुनियादी समस्या यह है कि अंग्रेज़ यहाँ से चले जायें। ऐसी बहुत-सी समस्याएँ हैं, जिनके ब्योरे में मैं नहीं जाना चाहता। हमारे यहाँ अजीब तरह से इतिहास लिखा गया है, उपनिवेशवादी दौर का इतिहास, 19वीं शताब्दी का ख़ासतौर से। वह इतिहास लिखते समय, जब सती-प्रथा बन्द करायी गयी थी, हम कहते हैं कि समाज-सुधार था। वह बड़ा काम नहीं था, राजा राममोहन राय वग़ैरह ने आज़ादी की माँग नहीं की थी, उन्होंने तो समाज को सुधारने की बात कही थी, यानी राजनीतिक चेतना का, राष्ट्रीय चेतना का स्तर, नीचे था। 19वीं शताब्दी के उत्तरार्द्ध में धीरे-धीरे सुगबुगाहट शुरू हुई और कुछ लोग स्वदेशी की बात करने लगे। 1885 में जब इंडियन नेशनल काँग्रेस क़ायम हुई उस समय तक हालत यह थी कि हम पूर्ण स्वतन्त्रता की माँग नहीं कर रहे थे। इतिहास में बताया गया है कि आरम्भ में राष्ट्रीय चेतना समाज-सुधार के रूप में थी, धीरे-धीरे सांस्कृतिक जागरण के रूप में शुरू हुई और फिर हम राष्ट्रीय मुक्ति की बात करने लगे।

मित्रो, यह कौन-सा इतिहास है? इस इतिहास के पढ़ने का नतीजा यह हुआ कि राष्ट्रीय मुक्ति हो जाने के बाद जो समाज वाले कार्यक्रम थे, वे छूट गये। राष्ट्र की मुक्ति समग्रतः हुआ करती है। सांस्कृतिक भी होती है और राजनीतिक भी होती है। वे लोग, जो समाज-सुधार की बात कर रहे थे, वे जानते थे कि जब तक सामाजिक बुराइयाँ और कुरीतियाँ दूर नहीं होंगी, चाहे वे मसले धार्मिक हों, राष्ट्र मुक्त नहीं होगा। उर्दू में जिसे कहना चाहिए, सारे मसलों को हम लोग मुल्तवी करते या कालीन के नीचे डालते गये, राष्ट्रीय मुक्ति के नाम पर। इसी को मैंने कहा है कि निश्चय ही कोई बड़ा असत्य-सत्य के नाम पर समाज में घर बना बैठा है। जब आज़ादी मिल गयी, तब तो कोई बहाना नहीं था, फिर आप वे सारे प्रोग्राम लागू करते, जो आपने नहीं किये। राजा राममोहन राय ने सती-प्रथा बन्द कराने की बात कही थी। वह सती वाला काण्ड इतने दिनों के बाद आज़ाद हिन्दुस्तान में क्यों हुआ? दलितों के बारे में हमने उस समय कहा था कि आज़ादी मिलेगी, तो उनकी समस्या भी हल हो जायेगी, वह क्यों नहीं हुआ? जो पूना पैकट हुआ था, वह वादा निभाने में इतनी देर क्यों हुई कि आज एक बहुजन समाज नाम की पार्टी खड़ी हो गयी? दलितों का आन्दोलन भी शुरू हो गया है। स्त्री-मुक्ति के बारे में 19वीं शताब्दी में पण्डिता रमा बाई ने या अनेक महिलाओं ने जो कुछ लिखा, हमने वह सारा-का-सारा कालीन के नीचे दबाकर कहा कि वह

समाज-सुधार मात्र है, असल चीज़ तो राष्ट्र-मुक्ति है। यह बड़े सत्य के नाम पर छोटे सत्य का बलिदान किया गया था। याद रखिए कि यह जो बलिदान किया गया, उसी को निउनिया ने कहा था कि बृहत्तर सत्य के नाम पर मिथ्या का ताण्डव चल रहा है। यह 1946 में निउनिया ने कहा था! बृहत्तर सत्य के नाम पर, देश के विकास के नाम पर कुछ लोग और कुछ दिनों तक कम खायें, कुछ दिनों तक ग़म खायें। 'कम' और 'ग़म' खाने का सिलसिला कब ख़त्म होगा, कोई जानता है इस माहौल में? जो सवाल 'बाणभट्ट की आत्मकथा' में उठाया गया था, छोटा सत्य और बड़ा सत्य, राष्ट्र की मुक्ति या राष्ट्र का विकास, वह अपनी जगह पर आज भी क़ायम है। चाहे वे धार्मिक अल्पसंख्यक हों, चाहे वे दलित हों, आदिवासी हों, स्त्री हों, ईसाई हों, मुसलमान हों, इनके अपने अस्तित्व का जो सवाल है, उसका राष्ट्र के विकास से क्या रिश्ता हो; उनकी भाषा, उनकी संस्कृति का क्या हो, विचारणीय यह है।

जो हमारे संविधान की आठवीं अनुसूची है उसमें चौदह से सोलह, सोलह से अठारह और उससे बढ़कर अब बाईस भाषाएँ हो गयी हैं। ऐसी अनेक भाषाएँ हैं, जिनका अपना राज्य भी है। पूर्वोत्तर प्रदेश की, आप देखें, अनेक भाषाएँ हैं, सन्थाली, मुण्डारी आदि जिनकी बड़ी समृद्ध परम्परा है, भाषायी परम्परा, साहित्यिक परम्परा, लेकिन उन्हें आठवीं अनुसूची में स्थान नहीं मिला है। दुनिया के भाषा-विज्ञानी और नृतत्त्व-विज्ञानी अनुभव कर रहे हैं कि दुनिया की कई भाषाएँ इस बीच धीरे-धीरे मर गयी हैं। 19वीं शताब्दी में ऐसी कई भाषाएँ थीं, जिनकी लिपि थी, जिन्हें बोलने वाले थे। लेकिन अब उन्हें बोलने वाले कोई नहीं हैं, क्योंकि वे लिखी नहीं गयीं और सुरक्षित नहीं रखी गयीं। क्या हम चाहते हैं कि भारत में भी यही स्थिति हो? ग्रियर्सन ने लिंग्विस्टिक सर्वेक्षण किया था, तब तो उन्हें बोलने वाला एक आदमी था। मेरा ख़याल है कि उन भाषाओं को बोलने वाला आज कोई आदमी नहीं होगा।

जिस संस्कृति की हम बात करते हैं, उसकी बुनियाद है भाषा, और सांस्कृतिक बहुलता की जब हम बात करते हैं, तो भाषा उस बहुलता की एक महत्त्वपूर्ण इकाई है। इस बहुलता की रक्षा करनी होगी। मेरा सम्बन्ध हिन्दी यानी उस भाषा से है, जो सम्पर्क भाषा के रूप में, राजभाषा के रूप में मान्य है। उसके नाते मैं अनुभव करता हूँ कि हिन्दुस्तान में सांस्कृतिक रक्षा के लिए पहली ज़रूरत है, जिन्हें हम बोली कहते हैं, आदिवासी बोलियाँ कहते हैं, उन्हें बचाकर रखना, क्योंकि हर भाषा के साथ शताब्दियों की स्मृतियाँ छिपी हुई हैं। एक भाषा मरती है, तो उसके साथ उसे बोलने वाले लोगों की हज़ार सालों की स्मृतियाँ मर जाती हैं, रहन-सहन मर जाता है।

इसलिए यह बड़ा सत्य कि राष्ट्रभाषा को बचाने के लिए, सम्पर्क भाषा क़ायम रखने के लिए, चाहे वह जो भी भाषा हो, उसकी बलिवेदी पर हम किसी भाषा की, चाहे वह छोटी ही सही, बलि चढ़ा दें, ग़लत है। इस सन्दर्भ में द्विवेदी जी की बात को याद रखते हुए मुझे लगा कि अब भिन्नता में एकता का नारा कारगर नहीं हो सकता है। इस नारे के चलते अब तक जो कुछ हुआ है, उसमें भिन्नता साधन थी और एकता साध्य थी। आप जानते हैं कि साध्य की बलिवेदी पर साधन की बलि चढ़ा देना एक आम बात है। आजकल भिन्नता में एकता का नारा कहीं सुनाई नहीं पड़ता, और यह सुनाई नहीं पड़ता, तो बुरा भी नहीं है, क्योंकि अब वह उस रूप में एकजुट करने का अस्त्र और मन्त्र नहीं रह गया है। इसके फलस्वरूप आज के ज़माने में जो बहुत संस्कृतियाँ है उनके और जो एकता का केन्द्र है उसके बीच—एक और अनेक, केन्द्र और परिधि के बीच का रिश्ता बदल गया है। अब वे दिन गये, जब हम अपने देश में अनेक भाषाओं के होने, अनेक धर्मों के होने और अनेक क्षेत्रीय संस्कृतियों के होने से भोजन की विविधता, वस्त्र की विविधता पर गर्व किया करते थे। अब ये चीज़ें गणतन्त्र दिवस की परेड की शोभा-मात्र रह गयी हैं, यानी प्रदर्शन की वस्तु-मात्र रह गयी हैं।

ये जो विविधताएँ हैं, ये हमारे लिए चुनौती बन गयी हैं कि हम क्या करें उनका? जिन्हें कभी हम अपनी समृद्धि का परिचायक समझते थे, आज हमारे लिए वे चुनौती मालूम होने लगी हैं कि उनका कैसे प्रबन्ध किया जाये, क्योंकि उनमें आतंकवादी, उग्रवादी लोग भी हैं। वे अपनी अस्मिता के लिए, अपने अस्तित्व के लिए संघर्ष करते दिखाई पड़ते हैं। स्वतन्त्र राज्य की माँग करते हुए दिखाई पड़ते हैं। वे अपने प्रतिनिधित्व का विशेष अधिकार माँगते हैं। कुछ ही वर्षों में ये घटनाएँ ज़्यादा-से-ज़्यादा उग्र हुई हैं, इस शताब्दी के अन्तिम दशक में लगभग—1990-91 के आसपास में। 1991 में 'इकोनॉमिक ऐंड पॉलिटिकल वीकली' में प्रो. ज्ञानेन्द्र पाण्डेय का एक लेख छपा था, 'इन डिफ़ेंस ऑफ़ द फ्रैगमेंट।' 'फ्रैगमेंट' यानी टुकड़े की हिमायत करते हुए, उसके पक्ष में। ये टुकड़े किसी के लिए तो जिगर के टुकड़े हो सकते हैं, लेकिन ये टुकड़े हैं राष्ट्र के, जिनसे राष्ट्र भरा-पूरा बना है, समृद्ध हुआ है। ज्ञानेन्द्र पाण्डेय ने यह दिखाने की कोशिश की है कि आज जिस एकता को बहुत-से लोग स्वाभाविक समझते हैं, वह वैसी नहीं। रूपकों की भाषा में सोचने की हमारी पुरानी आदत है। हम देह और आत्मा के रूप में सोचते हैं। यह सोचते हैं कि राष्ट्र की एक आत्मा हुआ करती है, जिसके सामने जो देह है, वह एक गौण-सी चीज़ है। बहुलता शरीर है, महत्त्वपूर्ण चीज़ तो आत्मा है और राष्ट्र आत्मा नाम की चीज़ होती है।

उस आत्मा के सम्मुख ये जो विविधताएँ और बहुलताएँ हैं, 'फ्रैगमेंट' हैं, टुकड़े हैं। इसलिए अखण्ड भारत में खण्ड के लिए कोई जगह नहीं है।

राष्ट्र के टुकड़े पचास वर्षों तक इन्तज़ार करते रहे हैं। ठीक है, राष्ट्र मुक्ति हो गयी है, अब तो आप कुछ कीजिए। इन टुकड़ों में स्त्रियाँ प्रतिनिधित्व माँग रही हैं, दलित प्रतिनिधित्व माँग रहे हैं। जब खण्ड अपने अधिकार माँगता है, अपनी पहचान चाहता है, अपने अस्तित्व की रक्षा चाहता है, तब वह पराया नहीं, राष्ट्रद्रोही माना जाता है। एडवर्ड सईद ने एक बहुत अच्छा लेख लिखा है कि अमेरिका ने और दुनिया के कई देशों ने जिसे आतंकवाद की संज्ञा दे रखी है, गहराई से उसका अध्ययन होना चाहिए कि उस आतंकवाद के मूल में वे कौन लोग हैं, कौन जन-समुदाय है और उन्हें आतंक का सहारा क्यों लेना पड़ा है? सद्दाम हुसैन ख़तरनाक हैं, क्योंकि वे अपने अस्तित्व की रक्षा के लिए माँग कर रहे हैं और जो लोग उन पर आक्रमण करना चाहते हैं, वे बड़े भले मनुष्य हैं। इसलिए 'इन डिफ़ेंस ऑफ़ फ्रैगमेंट' में टुकड़े के पक्ष में लिखने की ज़रूरत एक इतिहासकार को इसीलिए पड़ी कि सारा इतिहास और ख़ासतौर से राष्ट्रवादी इतिहास जिस तरह से लिखा जा रहा है, वहाँ राष्ट्रीय आत्मा, राष्ट्रीय एकता के नाम पर सब कुछ को आत्मसात करने की प्रवृत्ति है। वे लोग उन टुकड़ों के इतिहास को 'सबाल्टर्न स्टडीज़' के नाम से पुकारते हैं।

मैंने कहा कि प्रो. ज्ञानेन्द्र पाण्डेय का लेख 1991 में लिखा गया था। 1991 का वर्ष वह था, जब इस देश में एक बहुसंख्यक जन समुदाय ने सांस्कृतिक राष्ट्रवाद का नारा दिया, जिसका मतलब दूसरे शब्दों में हिन्दू राष्ट्रवाद है। इस हिन्दू राष्ट्रवाद के उदय के पीछे उक्त छोटे-छोटे टुकड़े थे। पुराना राष्ट्रवाद साम्राज्यवाद विरोधी राष्ट्रवाद था, 1947 के पहले। साम्राज्यवाद-विरोधी राष्ट्रवाद के दौरान भिन्नता में एकता का नारा चलता था। उसका एक अर्थ था। स्वाधीनता मिलने के बाद सांस्कृतिक राष्ट्रवाद यानी हिन्दू राष्ट्रवाद का धीरे-धीरे बढ़ते हुए 1991 के आसपास तेज़ी से उभार हुआ। उस उभार की प्रतिक्रिया में ख़तरा दिखाई पड़ने लगा, उन सामाजिक समुदायों को, उन टुकड़ों को, जो अब तक साम्राज्य-विरोधी राष्ट्रवाद में अपने हितों को भुलाकर सारे देश की जनता का साथ दे रहे थे।

यहाँ एक बात मैं और कहना चाहता हूँ। सांस्कृतिक राष्ट्रवाद और सांस्कृतिक बहुलतावाद इन दोनों के बीच द्वन्द्वात्मक सम्बन्ध है। एक की प्रतिक्रिया में दूसरा उत्पन्न होता है। सांस्कृतिक बहुलता के लिए संघर्ष उचित है, लेकिन इस बहुलता की रक्षा में एक विशेष प्रकार की विचारधारा, जिसे आइडियोलॉजी कहते हैं, पैदा हुई है। उस आइडियोलॉजी में सांस्कृतिक बहुलतावाद नाम की चीज़ क़ायम की गयी है, जहाँ बाक़ी तमाम चीज़ें पीछे पड़ गयी हैं।

अमेरिका से एक पत्र निकलता है 'डेडलस'। बड़ा पाण्डित्यपूर्ण, शोध से भरा हुआ वह पत्र है। उस पत्र का वसन्त 1997 में एक विशेष अंक निकला था। जिसका शीर्षक था—'डाइवर्सिटी'। मुझे थोड़ा आश्चर्य हुआ, वह अमेरिका 'डाइवर्सिटी' की बात करता है, जिसने अपने यहाँ रेड इंडियंस को ख़त्म किया, जिनकी न भाषा बची है, न संस्कृति बची है, जिसने काले लोगों को दूसरे दर्जे का नागरिक बना रखा है। 'वसुधैव कुटुम्बकम्' हम लोग कभी कहते रहे होंगे, बलात् उड़ा लिया उसको इन लोगों ने और अब वे विश्व-ग्राम की बात कर रहे हैं। एक ओर विश्व-ग्राम, विश्व-बाज़ार और भूमण्डलीकरण की बात तथा दूसरी ओर विविधता की बात। यह क्या मामला है? रघुवीर सहाय की उक्ति है कि 'और प्रभु यह तुम्हारी दया नहीं तो और क्या है—कि इनमें आपस में कोई सम्बन्ध नहीं।'

'डाइवर्सिटी' नामक उस अंक की भूमिका में एक अमेरिकी ने लिखा है कि जैसे अमेरिका ने अपने लिए ही नहीं, बल्कि सारी दुनिया के लिए एक कार्यसूची पेश की है। आज तो विविधता ही सूची पर है, सो उसी पर विचार करना पड़ेगा, इसलिए कि इसमें सहिष्णुता छिपी हुई है, इसलिए कि इसमें विभिन्न जातियों, धर्मों, नस्लों और विभिन्न लिंगों के लिए सहानुभूति का भाव भरा हुआ है। दुनिया विश्व-बाज़ार और आयात-निर्यात व वाणिज्य के ज़रिये एक हो रही है, लेकिन उसके साथ ही ज़रूरत एक विविधता की है। यह है अमेरिका में दोनों चीज़ों का एक साथ चलना।

सौभाग्य से और संयोग से कहिए कि उस पत्र में पहला लेख अमर्त्य सेन का है। उनके निबन्ध का शीर्षक है 'भारतीय परम्पराएँ और भारतीय कल्पना'।

अमर्त्य सेन शुरू ही करते हैं यह कहते हुए कि केवल भारतीय समाज और उसकी बौद्धिक 'परम्पराओं' की जो विशेषता है, मैं अपने को उसी पर केन्द्रित रखना चाहता हूँ। प्रारम्भिक विविधताएँ, जिनको 'एलिमेंटरी डाइवर्सिटी' कहते हैं उसमें 'एलिमेंटरी' साधारण अर्थ भी दे सकता है और प्रारम्भिक अर्थ भी। जो 'एलिमेंटरी' विविधताएँ हैं, जो विशेषता है भारत की, उसी के बारे में कहना चाहता हूँ, जो चौंकाने वाली बात नहीं भी है। इस क्रम में उन्होंने कहा कि पश्चिमी समाचार-पत्रों में भारत का ज़िक्र मुख्यतः हिन्दू देश के रूप में किया जाता है। यही बात भारत के अन्दर एक हिन्दू राष्ट्रवाद वाली पार्टी भी कहती है, जो कुछ ही वर्षों में बहुत प्रभावशाली हो गयी है। लेकिन यह मुख्यतः हिन्दू देश दुनिया का तीसरा सबसे बड़ा मुस्लिम देश भी है, जिसमें लगभग ग्यारह करोड़ मुसलमान रहते हैं। यह है परम्पराओं की विविधता की ओर इशारा करना। पश्चिम के लोग हिन्दू इंडिया, हिन्दू पीरियड, हिन्दू कल्चर कहते रहे और बहुत दिनों तक हम लोग भी

तोते की तरह दोहराते रहे कि हाँ, हम हिन्दू हैं। किस अर्थ में हिन्दू कह रहे हैं कि किस अर्थ में हम अपनी छवि स्वीकार कर रहे हैं? यह बात बहुत ख़तरनाक है कि ग़ैर आपकी जो छवि बनायें, वही छवि अपनी मान लें और बग़ैर देखे हुए कि आपकी आत्मछवि क्या है? इस लेख में प्रो. अमर्त्य सेन ने यही दिखाने की कोशिश की है कि पश्चिम की नज़रों में हमारी एक छवि है। कुछ लोग स्वदेशी का बहुत नाम लेते हैं, लेकिन उसी छवि को स्वीकार कर रहे हैं। पश्चिम का प्रेस हमें 'मेनली हिन्दू' कहता है और हम भी अपने को 'मेनली हिन्दू' कहते हैं। फिर भी कहते हैं कि हम स्वदेशी हैं और हम विदेशियों के बड़े विरोधी हैं।

मित्रो, मैं कहना चाहता हूँ कि अमेरिका में सहसा बहुलवाद नाम की, 'मल्टी-कल्चरलिज़्म' नाम की जो विचारधारा चली है, वह वहाँ एक विशेष उद्देश्य से तैयार की गयी है और 'मल्टीनेशनल एजेंसीज़' या 'मल्टीनेशनल कैपिटलिज़्म' यानी बहुराष्ट्रीय पूँजीवाद और सांस्कृतिक बहुलतावाद ये दोनों एक ही विचारधारा के, एक ही सिक्के के दो पहलू हैं। क्या विडम्बना है कि हमारे यहाँ के स्वदेशी लोग उस विचारधारा को ज़ोरों से अपना रहे हैं। फ़ैज़ का शेर याद आता है :

शमा-ए-नज़र, ख़याल के अंजुम, जिगर के दाग,
जितने चिराग़ हैं तिरी महफ़िल से आये हैं।

शाम-ए-नज़र और ख़याल के अंजुम, तारे तो हैं ही, लेकिन ये जिगर के जो दाग हैं, ये भी चिराग़ हैं हमारे लिए, और यह 'तेरा' कौन है, इसे साफ़ शब्दों में बताने की ज़रूरत नहीं है। यह 'ऑडियोलॉजी', यह विचारधारा बहुराष्ट्रीय कम्पनियों के साथ आ रही है और मैं अन्त में कहना चाहता हूँ कि 'सांस्कृतिक राष्ट्रवाद' से हमारे देश की सांस्कृतिक बहुलता को जितना ख़तरा है, उतना ही, बल्कि उससे ज़्यादा ख़तरा 'बहुराष्ट्रीय पूँजीवाद' से बनने वाली बाज़ार की संस्कृति, जिसे उपभोक्ता संस्कृति भी कहते हैं, से है। उस संस्कृति के चलते हमारी सांस्कृतिक बहुलता को बहुत बड़ा ख़तरा है। हमें ही नहीं, ख़ासतौर से तीसरी दुनिया के देशों को इसलिए ज़्यादा ख़तरा है कि ऊपर से विविधता, सतह पर विविधता और मूल तत्त्व उसका एकरूपता का है।

आप अच्छी तरह जानते हैं कि बहुराष्ट्रीय पूँजीवाद कुल मिलाकर माल ही बेच रहा है। अलग-अलग ब्रांड का माल सतह पर विविधता है, पर ये कम्पनियाँ कुल मिलाकर माल ही बेच रही हैं, ब्रांड अलग-अलग देकर, अर्थात यह जो विरोधाभास दिखाई पड़ रहा है, विश्व-ग्राम और सांस्कृतिक बहुलता का, वे दोनों एक साथ रह सकते हैं, क्योंकि दोनों में गहरा सम्बन्ध है। ये सारी-की-सारी चीज़ें सांस्कृतिक बहुलता को एक माल में, एक ब्रांड में बदल देंगी और उसके बाद

भाषायी सांस्कृतिक चाय-पान, आदि-आदि। हम लोग प्रसन्न होंगे कि अमेरिकी कम्पनियाँ बैंगलोर या मैसूर का डोसा, इडली और उत्तपम वहाँ वालों से बेहतर दे रही हैं, चाइनीज़ फूड चीन वालों से ज़्यादा अच्छा बहुराष्ट्रीय कम्पनियाँ दे रही हैं, जेपनीज़ भोजन दे रही हैं। ये पिज्जा तो चल ही पड़ा है। यह भ्रम है, ख़ासतौर से सोवियत समाजवाद के विघटन के बाद, दुनिया के एकध्रुवीय हो जाने के बाद। इस तरह लगभग इस नये विश्व में यह जो नयी दुनिया बनी है इस नयी दुनिया में सांस्कृतिक बहुलतावाद की जो विचारधारा है, वह भी ख़तरनाक है। अमेरिका के सारे विचारक इस समय 'कल्चरल स्टडीज़' कर रहे हैं। उनके मानसिक क्षितिज में यह बात नहीं आती कि पूँजीवाद ख़त्म हो सकता है।

पूँजीवाद को तब तक कोई ख़तरा नहीं है, जब तक हम-आप बैठकर संस्कृति की मीठी-मीठी बातें करते रहेंगे। आप संस्कृति की चर्चा कीजिए, ये अपराधी और शातिर लोग बहुत प्रसन्न रहेंगे कि बुद्धिजीवी, साहित्यकार, कला-प्रेमी संस्कृति-चर्चा में मगन हैं। हम लोग अपना कारोबार करें, वे अपना कारोबार करें। मित्रो, 'संस्कृति' बहुत अच्छा, प्यारा शब्द है, इसमें हमारी आत्मा है, ख़ून-पसीना है, मामूली लोगों ने इस हमारी संस्कृति को रंगारंग, विविध रंगों में, धर्मों में, भाषाओं में, कलाकृतियों में बनाया है, सँवारा है। कभी-कभी सांस्कृतिक लड़ाई भी राजनीतिक लड़ाई हो जाती है और अच्छे-अच्छों को पता नहीं चलता। बाद में मालूम होता है, नमक जो है, वह कभी-कभी बारूद से ज़्यादा विस्फोटक होता है। यह हिन्दुस्तान नहीं जानता है, तो कौन जानता है? गाँधी जी ने यह किया था। इसलिए भ्रम न रहे सांस्कृतिक राष्ट्रवाद वालों को कि वही संस्कृति करना जानते हैं। ये जो टुकड़े हैं, ये जो हमारी संस्कृति के हाशिए पर पड़े हुए हैं, जो परिधि पर हैं, इन्हीं से सांस्कृतिक क्रान्ति की शुरुआत होगी। यह देश में सांस्कृतिक राष्ट्रवाद के नाम पर एकरूपता क़ायम करने वालों के ख़िलाफ़ एक बहुत बड़ा ज़लज़ला होगा और शायद यह फैले तो तीसरी दुनिया से निकलकर बहुराष्ट्रीय पूँजीवाद को भी चुनौती देगा, जो बड़े मज़े में विश्व-ग्राम बनाकर बहुलता की रक्षा करता हुआ दिखाई पड़ रहा है।

(डॉ. राजेन्द्र प्रसाद व्याख्यानमाला में दिये गये व्याख्यान के महत्त्वपूर्ण अंश, 'नवनीत हिन्दी डाइजेस्ट' पत्रिका के मई 2013 अंक में प्रकाशित।)

सांस्कृतिक पुनरुत्थान और संस्कृति का मार्क्सवादी पाठ

अभी एक वक्ता ने एक बड़ी महत्त्वपूर्ण बात आपके सामने रखी। उन्होंने कहा कि ईश्वर का पुनरागमन हो रहा है, पुनर्अवतरण हो रहा है। उनके इस कथन का क्या अभिप्राय था, वही बेहतर जानते होंगे। मुझे लग रहा है कि ऐसा नहीं है। अगर कोई पुनर्जीवित किया जा रहा है तो वह हैं गुरु गोलवलकर। उन्हें पुनर्जीवित करने का प्रयास हो रहा है। राष्ट्रीय स्वयंसेवक संघ में सरसंघ चालक ही होते आये हैं। गुरु एक ही हैं। और गुरु से कोई बढ़कर नहीं। उन्हीं की विचारधारा का पुनरुत्थान हो रहा है। गुरु का ये जो पुनरागमन हुआ है वह निश्चित रूप से ईश्वर का पुनरागमन नहीं है। वे लोग ईश्वर को मानते भी हैं या नहीं, मुझे इस बारे में शक है। उनके गुरु ही उनके भगवान हैं। विशेष प्रकार के गुरु को पुनर्जीवित किया जा रहा है, या कहिए कि उसकी वापसी हो रही है। उसका जवाब दूसरे गुरु के द्वारा ही दिया जा सकता है।

हमारे देश में गुरु की दूसरी परम्पराएँ और संकल्पनाएँ भी हैं। और कबीर वह गुरु है जिसने गुरुओं की दूसरी परम्परा शुरू की। उनका प्रसिद्ध दोहा आप लोग जानते हैं :

गुरु गोविन्द दोउ खड़े, काके लागौ पांय।
बलिहारी गुरु आपणै, गोविन्द दियो बताय।।

गुरु और गोविन्द दोनों में से चुनते समय कबीर ने गुरु को चुना, गोविन्द को नहीं। गुरु को चुनने वाले आदमी की शिक्षा का क़ौम में विशेष महत्त्व होना चाहिए। हमारे यहाँ गुरु पूर्णिमा मनाई जाती है। यह एक ऐसा त्योहार है जिसका सीधा सम्बन्ध विद्या से सम्बन्ध रखने वाले लोगों से है। आज स्वयंसेवक लोग गुरु गोलवलकर के द्वारा हमारी पूरी सांस्कृतिक और साहित्यिक परम्परा को चुनौती दे रहे हैं। उसके उत्तर में सच्चा गुरु सामने रखना चाहिए। कबीर वह गुरु है, हो सकता है। 'कबीर पदचिह्न' नाम की यात्रा कुछ बरसों पहले शुरू की थी और यहीं से चलते हुए मगहर तक लोग गये थे। क़स्बे-क़स्बे, गाँव-गाँव लोगों से मिलते हुए।

कबीर वो गुरु है जिसके पदचिह्न पर चलकर आप उन लोगों की चुनौती का जवाब दे सकते हैं, जो उस चिह्न बोध को मिटाने की कोशिश कर रहे हैं।

मित्रो, कबीर ने गुरु को प्रधानता दी है। उस दौर में उसके समानान्तर एक और धारा इस देश में चल रही थी जो गुरु को महत्त्व देती थी। यह सूफ़ियों की परम्परा थी। सूफ़ी, जहाँ सबसे बड़ी हैसियत है उस पीर मुर्शिद की। चाहे वो अजमेर वाले मोइनुद्दीन चिश्ती हों, चाहे वो दिल्ली में हजरत निजामुद्दीन औलिया हों। ये गुरु की एक और परम्परा थी। पश्चिमी एशिया एक ज़माने में इस भारत का हिस्सा था। दोनों वैदिक काल से जुड़े हुए थे। प्राक् वैदिक काल से जुड़ी हुई हमारी परम्परा है। वहीं सूफ़ी परम्परा थी। सूफ़ी में विद्रोह भी था। उन्होंने ख़ुदा की तस्वीर बदल दी थी।

आज मैं आपके सामने परम्परा की बात करना चाहता हूँ। हमारे यहाँ गुरु की सबसे ज़्यादा महिमा जिस दर्शन में रही है, उस दर्शन का नाम है योग। यह योग दर्शन बहुत पुराना है। योग कहने से आप आजकल के उन योगियों को न देखें जो योग के नाम पर चमत्कार करते फिरते हैं। आज बहुत से योगी उचक्के और ठग के समान दिखाई पड़ रहे हैं। धोखा देने वाले ये लोग भ्रष्टाचार में लिप्त हैं। योग की परम्परा बहुत पुरानी है। प्राचीन भारतीय इतिहास और संस्कृति के लोग इसे जानते होंगे कि हड़प्पा की खुदाई में जो अवशेष मिले हैं, उन अवशेषों में योग मुद्राओं के साथ मिली हुई चीज़ें प्राप्त हुई हैं। यह बात हड़प्पा सभ्यता की सबसे पहले विस्तार से व्याख्या करने वाले जॉन मार्शल ने कही है। मार्शल ने इसी आधार पर वैदिक सभ्यता से हड़प्पा सभ्यता को अलग किया है। हड़प्पा की सभ्यता में शिव और उनका नन्दी है शिव के साथ योग का बड़ा गहरा सम्बन्ध है। सबसे प्राचीन अवशेष सभ्यता का जो मिलता है, वह योग का है। इससे मालूम होता है कि लगभग तीन हज़ार साल से, हड़प्पा से, योग की संस्कृति इस देश में चली आ रही है।

पहली बार योग की इस सच्चाई की ओर मेरा ध्यान गया जब डॉ. रामविलास शर्मा ब्रजबहादुर सिंह के साथ आगरे में थे और वहाँ आदरणीय भाई चन्द वैद्य जी उनके सहयोगी थे। रामविलास जी ने 'भारतीय संस्कृति और हिन्दी प्रदेश' विषय पर लगभग 1600 पृष्ठों की पुस्तक लिखी है। उसमें मैंने देखा कि योग पर भी लिखा है। अचानक योग में डॉ. रामविलास शर्मा की सहसा दिलचस्पी कैसे हो गयी? उस पुस्तक में एक जगह नहीं बल्कि कई जगह वे योग के मानवतावाद की ओर इशारा करते हैं। आख़िर योग की परम्परा इतनी महत्त्वपूर्ण क्यों है? इसे देखकर मुझे आश्चर्य हुआ। आश्चर्य इसलिए भी हुआ क्योंकि 'हिन्दी लोकजागरण'

पुस्तक में हमारे गुरु आचार्य हजारी प्रसाद द्विवेदी की अवमानना उन्होंने इस बात के लिए भी की थी कि ये योग की महिमा गाते हैं। उनकी यह आलोचना निहायत प्रतिक्रियावादी थी।

योग के प्रति अवमानना का ऐसा ही भाव उनसे भी पहले आचार्य रामचन्द्र शुक्ल ने व्यक्त किया था। डॉ. पीताम्बर दत्त बड़थ्वाल ने इसी काशी हिन्दू विश्वविद्यालय में रहकर निर्गुण काव्य पर डी.लिट्. का शोध प्रबन्ध पेश किया था। वे यह मानते थे कि योग साधना भी एक काव्य प्रवृत्ति है। उन्होंने कहा कि हिन्दी साहित्य की जो पहली काव्य प्रवृत्ति है वह योगधारा है। आचार्य रामचन्द्र शुक्ल ने अपने इतिहास में लिखा कि कुछ योगी और सिद्ध हुए होंगे लेकिन जहाँ तक कविता या साहित्य का सम्बन्ध है, हिन्दी साहित्य में योग धारा नाम की कोई काव्य प्रवृत्ति नहीं है। उन्होंने कहा कि काव्य की दृष्टि से तो उस समय की वीरगाथाएँ ही काव्य धारा है। फुटकल खाते में भी विद्यापति और खुसरो आ जाते हैं, लेकिन योग की कोई काव्य धारा नहीं है, दर्शन और साधना हो तो हो। डॉ. रामविलास शर्मा ने योग को नकार दिया। योग हर व्यक्ति करता है। सामूहिक योग नहीं हुआ करता। इसलिए नितान्त व्यक्तिवादी और अन्तर्मुखी चीज़ है। फिर बाद में रामविलास जी योग की ओर आकृष्ट हो गये। डॉ. रामविलास शर्मा ने ऐसा क्यों किया? मार्शल ने कहा कि हड़प्पा में योग था और रामविलास जी को यह बताना है कि ऋग्वेद हड़प्पा से पहले था। अगर ऋग्वेद हड़प्पा से पहले था, तो वेद में योग होना चाहिए और योग के कारण अगर हड़प्पा संस्कृति एक भिन्न संस्कृति होती है, यदि योग हड़प्पा में मिलता है तो योग अच्छी चीज़ होनी चाहिए। और फिर बड़े विस्तार से रामविलास जी ने दिखाया।

सच्चाई है कि संसार का पहला काव्य, जो प्राप्त और उपलब्ध है, वह ऋग्वेद है। इसके बारे में कोई दुविधा नहीं है। यह भी महत्त्वपूर्ण बात है कि इस देश की संस्कृति का आरम्भ, काव्य से हुआ, किसी धार्मिक सिद्धान्त से नहीं हुआ था। ये महिमा है हमारे देश की, और इसलिए हमारे देश में काव्य की महिमा है। क्रिश्चियनिटी का आरम्भ काव्य से नहीं हुआ था। क्रिश्चियनिटी का आरम्भ एक धार्मिक मत से हुआ था। इस्लाम का आरम्भ एक धार्मिक मत से हुआ था। ये और बात है कि बाइबिल भी काव्य है और कुरान भी उसी तरह से काव्य है। लेकिन संगठन और संघ बना। सम्प्रदाय स्थापना जिसे कहते हैं वो क्रिश्चियनिटी पहला था। लेकिन मानवता के इतिहास में पहला नहीं था। उससे पहले बुद्ध एक संगठन बना चुके थे। 'बुद्धं शरणं गच्छामि, धम्मं शरणं गच्छामि, संघं शरणं गच्छामि'– ये तीन संकल्प के समान होते हैं, जो पहले लिए जाते हैं।

इसलिए ईसा से 600 साल पहले संघवत मत से इस धर्म का प्रवर्तन हुआ था। ईसाई और इस्लाम, विचित्र बात है कि हमारी पुरानी परम्परा में इस तरह का संघ संगठन नहीं होता है। काव्य से नये जीवन का आरम्भ हुआ।

डॉ. रामविलास शर्मा ने लिखा है कि वेद की चर्चा करते हुए स्वामी दयानन्द को उसमें केवल हवन और यज्ञ ही मिला। आप देखें आज भी आर्य समाजी मॉरिशस वग़ैरह में लोहे का एक हवन कुण्ड लिए हुए घर-घर घूमते फिरते हैं। वहाँ लोहे का हवन कुण्ड बाक़ायदे किराये-भाड़े पर मिला करता है। इसलिए वेद का मतलब स्वामी जी के लिए था यज्ञ। पूरे वेद को आर्य समाज ने इस रूप में रखा था कि सारा वेद यज्ञ कर्म से भरा हुआ है। यज्ञ का कुछ ज़िक्र भी आता है, ये सही बात है। और इसलिए हमारी धार्मिक या सांस्कृतिक परम्परा जो है उसमें यज्ञ के लिए पुरोहित चाहिए। अर्थात् हमारा धर्म पुरोहितों का धर्म है। इसीलिए यज्ञ माने पौरोहित्य। आगे चलकर तुलसीदास ने लिखा है कि—'पोरोहित कर्मदय मन्दा' अर्थात् पुरोहिती का काम बहुत मन्दा है। ब्राह्मणों में जो लोग, अच्छे सात्विक ब्राह्मण होते हैं, वे आमतौर पर पुरोहितों के घर में शादी नहीं करते हैं, जो व्यास वग़ैरह का काम करते हैं। तुलसीदास ने सच ही लिखा था। ऋग्वेद संसार की पहली अनूठी काव्य कृति है। ऋग्वेद संगीत है, गाया जाता है। उस काव्य को उन्होंने कहा कि ऋग्वेद तो पुराहितों के कर्मकाण्ड का काव्य है और आज भी शादी-ब्याह में जिस तरह लोग गाते हैं, जिस पर तुलसीदास ने कहा था कि—'दादोर दुर्जो निजा सुहाई, वेद पढ़ें जन पढ़ समुदाई' पर बहुतक नहीं सुनते हैं उसे, जिस मन्त्र से उनकी शादी कराई गयी। यानी सम्पूर्ण वेद को हमने पुरोहितों के हवाले कर दिया, ब्राह्मणों के हवाले कर दिया। ये महत्त्वपूर्ण है, और इसका श्रेय डॉ. रामविलास शर्मा को देना चाहिए। उन्होंने कहा। सही कहा। यह ठीक है कि ऋग्वेद में यज्ञ का ज़िक्र बार-बार आता है। तिरेतिक और पुरोहित भी आते हैं, यजमान भी आते हैं, लेकिन उसी ऋग्वेद का ये जो मन्त्र आप पढ़ें, तो कवि शब्द उतना ही पुराना है जितना कि ऋग्वेद। और कवि का मतलब होता है क्रान्त दर्शन। वो ज्ञान का भी सागर है, वो गायक है, सोमगान करता है। वो स्पायरड पोएट है और वो योगी है।

मेरे लिए रामविलास जी की उस पुस्तक का विशेष महत्त्व है। बहुत से मार्क्सवादी और काँग्रेसी यज्ञों के विविध रूपों और उसके सांस्कृतिक आधार पर ही वैदिक संस्कृति की व्याख्या करते रहे हैं। संस्कृति का इतिहास लिखने वाले यज्ञ को केन्द्र बनाकर पूरी संस्कृति की व्याख्या करते रहे हैं। ये सही है कि उस संस्कृति में यज्ञ महत्त्वपूर्ण था। यज्ञ का गहरा सम्बन्ध खेती से था।

खेती में श्रम होता है। खेत जोतने वाले होते हैं, बीज बोने वाले होते हैं। हमारे यहाँ आज भी रोपनी के गीत गाये जाते हैं। बहुत-सा लोक काव्य खेती से जुड़ा हुआ है। हमारे इलाक़े में धान, गन्ने और गेहूँ की बुवाई के समय, रोपाई के समय, उसके साथ ही कविता फूटती है। 'ऋग्वेद' के मन्त्र पूजा-पाठ करने के लिए नहीं लिखे बल्कि मेहनत करते हुए लिखे गये थे। श्रम करने वाले लोगों, हल चलाने वाले लोगों, बीज बोने वाले लोगों, थकान को कम करने के लिए लिखे गये थे। डॉ. शर्मा ने कहा कि इन मन्त्रों को केवल पूजा-पाठ की चीज़ न समझकर के हम भूल करेंगे। इन मन्त्रों का गहरा सम्बन्ध सभ्यता में उस मेहनत से और मेहनत करने वाले लोगों से था। उन्होंने वो गान गाये, वो गान रचे। ये गान रचने वाले और हैं, और पूजा-पाठ करने वाले पुरोहित और हैं। ऋग्वेद के ऋषियों ने गान लिखे थे अपनी मस्ती में, अपनी तरंग में, जीवन से लड़ते हुए। पुरोहितों ने आकर उसमें कर्मकाण्ड प्रवाह करके उस वेद का भाष्य, मीमांसा और टीका लिखकर के एक नये सम्प्रदाय की रचना की। इस सम्बन्ध में रामविलास जी ने उसमें जो एक महत्त्वपूर्ण बात लिखी है और वो ये कि ये शब्द है "यो जागरतम विचह कामयन्ते यो जागरतम उप सामानी यनकी।" जो जागता है वो गाता है।

(बनारस के उदय प्रताप महाविद्यालय में 'नामवर के निमित्त' आयोजन में दिया गया वक्तव्य। अब तक अप्रकाशित। पहली बार प्रकाशित।)

दूसरी परम्परा : कुछ पुनर्विचार

आधुनिकता की चर्चा के साथ ज़रूरी है कि परम्परा का ज़िक्र किया जाये क्योंकि एक के बिना दूसरे की चर्चा अधूरी है। इसलिए मैंने आधुनिकता के बाद परम्परा और उसमें भी 'दूसरी परम्परा' यह विषय जानबूझकर चुना है। इस सिलसिले में पहली बात साफ़ कह दूँ कि आचार्य रामचन्द्र शुक्ल और हजारी प्रसाद द्विवेदी इन दो के बीच की जो बहस है, उसका मैं ज़िक्र नहीं करने जा रहा हूँ। ये बड़े आचार्य हैं, श्रद्धेय हैं, पूज्य हैं। मतभेद उनके बीच हो सकते हैं। और हमारी परम्परा की व्याख्या करने वाले ये दोनों आचार्य महान हैं। इन दोनों की चीज़ें हमें विरासत में मिली हैं। इससे प्रभावित होकर हिन्दी का हर अध्यापक, विद्यार्थी और लेखक काम कर रहा है। इसलिए उनके बीच जो होने वाला टकराव है—ज़िन्दगी में वैसा ही आजकल बहुत सारी चीज़ों को लेकर टकराव है—तो खामख़्वाह यहाँ हम उस टकराव का ज़िक्र करें, यह ज़रूरी नहीं।

पहली बात, आमतौर पर हम लोग परम्परा शब्द का प्रयोग एकवचन में करते हैं। मैं इस शब्द का प्रयोग बहुवचन में करना चाहता हूँ। इसकी पहली शुरुआत यहाँ से की जानी चाहिए कि परम्परा कोई एक नहीं है, बल्कि परम्पराएँ हैं। इस पर ज़ोर देने की ज़रूरत क्यों है, इकहरे रूप में इसका प्रयोग करने में उसमें क्या ख़तरे मौजूद हैं, इस ओर हमारा ध्यान जाना चाहिए।

आचार्य हजारी प्रसाद द्विवेदी की अपनी ज़िन्दगी की एक घटना है। इसका ख़ुद उन्होंने ज़िक्र किया है। सन् 1930 में पच्चीस साल के एक नौजवान के रूप में वह रवीन्द्रनाथ टैगोर के शान्ति निकेतन में पहुँचे। वहाँ एक विधवा थी। उनकी बेटी की इंटरकास्ट मैरिज का पैग़ाम था और द्विवेदी जी बनारस के पण्डित के रूप में वहाँ पहुँचे थे। टैगोर ने उन्हें बुलाया और कहा कि भई यह मइया कन्यादान करना चाहती हैं, कुछ मन्त्र ढूँढ़कर ले आओ। यह रस्म तुमको पूरी करनी है। टैगोर आधुनिक ढंग के आदमी थे और ब्रह्मसमाजी थे। इसलिए पुराने ढंग के पण्डितों में विश्वास नहीं करते थे। उनका आश्रम चूँकि पढ़ने-लिखने की

ही जगह नहीं ही थी बल्कि समग्रता में 'वे ऑफ़ लाइफ' थी। वह एक संस्कृति की नींव डाल रहे थे, इसलिए शादी-ब्याह, उत्सव-त्योहार भी आश्रम की ज़िन्दगी के हिस्से थे।

हजारी प्रसाद द्विवेदी ने देखकर कहा कि एक विधवा कन्यादान करे, उसमें एक नान्दी श्राद्ध करना पड़ता है और हिन्दू धर्मशास्त्रों के अनुसार विधवा को अधिकार नहीं है कि वह नान्दी श्राद्ध कर सके। टैगोर ने कहा कि भई जाओ देखो, यह दो-ढाई हज़ार साल की तुम्हारी संस्कृति है, धर्मशास्त्र हैं; उसमें इतने लोग थे। क्या सब एक ही बात कहते रहे। ढाई हज़ार साल में कोई 'वायस ऑफ़ डिस्सेंट' (voice of dessent) नहीं थी? तुम्हीं लोग कहते हो कि शास्त्रों में लिखा हुआ है 'नैको मुनिर्चस्यमतिर्न भिन्नः' अर्थात् मुनि का मतलब ही है कि भिन्न मत रखे। और तुम कहते हो कि सब एक ही बात कहते रहे। जाकर ढूँढ़ो, शायद कोई दूसरी चीज़ भी मिल जाये। पण्डित जी रात भर धर्मशास्त्र की किताबें ढूँढ़ते रहे। ग्रन्थों में ढूँढ़ते-ढूँढ़ते कुछ मन्त्र रेखांकित किये। अगले दिन टैगोर को बताये। संस्कृत धर्मशास्त्रों से आप लोगों में जिनका परिचय होगा, वे जानते होंगे कि दर्शन और स्वयं साहित्य शास्त्र में भी दो पक्ष मिलते हैं—पूर्वपक्ष और उत्तरपक्ष। पूर्वपक्ष में उन तमाम विचारों का उल्लेख किया जाता है जिनका बाद में खण्डन करके सिद्धान्त पक्ष की स्थापना की जाती है। जैसे—आपने देखा होगा कि भरतमुनि के नाट्यशास्त्र की टीका करते समय अभिनवगुप्त ने, जो कश्मीर के ही थे, नाट्यसूत्र की व्याख्या करते समय पहले के चार आचार्यों का ज़िक्र किया कि उनकी यह राय है। उन आचार्यों के मतों का उल्लेख करने के बाद उत्तरपक्ष अर्थात सिद्धान्तपक्ष के रूप में सबका खण्डन कर अपने मत की उन्होंने स्थापना की कि शुद्ध मत यह है।

आचार्य हजारी प्रसाद द्विवेदी ने कहा कि पूर्वपक्ष के रूप में ऐसे विचार दिये गये हैं कि विधवा भी नान्दी श्राद्ध कर सकती है। लेकिन उत्तरपक्ष में कहा गया है कि ऐसा करना ठीक नहीं है। टैगोर ने उनसे कहा कि पूर्वपक्ष के जो मुनि हैं क्या वो मुनि और ऋषि नहीं हैं? जितने बड़े पूज्य ये हैं, उतने ही वो भी हो सकते हैं। परम्पराएँ कई हो सकती हैं। पूर्वपक्ष भी एक परम्परा है। यह नौजवान हजारी प्रसाद द्विवेदी के लिए 'रेवलेशन' था। उन्हें मालूम हुआ कि परम्परा एक नहीं, कई हैं।

आप देखते होंगे, आमतौर पर, उर्दू में भी होता होगा, हिन्दी में तो होता है कि जब भी पश्चिम से कोई मत आता है, कोई किसी प्रकार का विचार होता है, तो लोग कहते हैं कि हमारे यहाँ ऐसा नहीं होता है। यह 'हमारे यहाँ' नाम की चीज़ ऐसी है जैसे हमारे यहाँ कोई एक ही चीज़ हो। इतना बड़ा मुल्क है, हज़ारों साल की इसकी संस्कृति है, परम्पराएँ हैं। कौन कह सकता है कि हमारे यहाँ ऐसा नहीं होता है।

इसलिए इस 'हमारे यहाँ' के द्वारा परम्परा की इकहरी व्याख्या करने वाले जो लोग हैं, मैं कहूँगा कि उनका एक तरह का संकीर्णतावादी दृष्टिकोण है धर्म, संस्कृति और साहित्य के बारे में। इन तमाम मान्यताओं को लेकर कोई आदमी यह कहे कि यह हमारी परम्परा है और बाक़ी चीज़ें परम्परा के बाहर हैं अतः ख़ारिज करने वाली हैं। यह तो ऐसा ही है जैसे आप कहें कि जो चीज़ें धर्म के, हमारे मत के अनुसार हैं वो तो ठीक हैं, बाक़ी कुफ्र हैं। कुफ्र की भी तो कोई परम्परा होगी।

इसलिए मैंने कहा कि परम्परा सम्बन्धी विचार करते समय पहली बात, बड़े से बड़ा विद्वान हो, आचार्य हो, उसके चिन्तन की चीज़ होती है कि अपने मत की स्थापना के लिए वह अपनी परम्परा को ढूँढ़कर निकालता है और यहाँ से वहाँ तक मुकम्मल हज़ार दो हज़ार साल की परम्परा स्थापित करता है और कहता है कि यह परम्परा समर्थित अपनी बात हम कह रहे हैं।

जो लोग नृ-शास्त्र से परिचित हैं वो जानते होंगे कि एन्थ्रोपोलॉजी के सिलसिले में आमतौर पर एक नया शब्द 'लिटिल ट्रेडीशन' अर्थात् छोटी परम्परा प्रयोग में लाया जाता है। यानी एक 'महान परम्परा' है और दूसरी 'छोटी परम्परा' है। इस महान परम्परा के बारे में एक बात अक्सर आप देखते होंगे कि जैसे मान लीजिए हिन्दू धर्म का कोई आदमी होगा, अपनी 'महान परम्परा' में वह वेद को लेगा, उपनिषद को लेगा, मनु को लेगा, शंकराचार्य आयेंगे। और इसके बाद सम्भव है कि आगे चलकर आधुनिक शंकराचार्य और करपात्री जी वग़ैरह से होते हुए गुरु गोलवलकर तक वो 'महान परम्परा' में समेट लेगा। इसके अलावा, जैसा कि मैंने कहा, एक और वर्ग होता है 'प्रोटेस्ट' या 'डिस्सेंट' करने वालों का। आमतौर पर जो लोग प्रभुत्व में होते है अर्थात् जो शासक वर्ग होता है; उनकी परम्परा 'महान परम्परा' होती है। उस 'महान परम्परा' की तमाम चीज़ें पवित्र हैं, मान्य हैं, पूज्य हैं श्रद्धेय हैं। इसके अलावा जो लोग अपने ज़माने में किसी समय विरोध करते रहे हैं, जिनको दबाया गया है, कुचला गया है, ख़ासतौर से इस भारतीय समाज में, हिन्दू समाज में, आप देखेंगे कि उच्च वर्ग के जिसमें ब्राह्मण, क्षत्रिय और वैश्य रहे होंगे, जिन्हें द्विज कहते हैं, उनकी 'महान परम्परा' है और जो छोटी कही जाने वाली जातियाँ रही हैं और जिनके कम लोग नहीं हुए, उनकी परम्परा 'महान परम्परा' नहीं है।

यही नहीं इस 'महान परम्परा' में स्त्रियों की भी एक परम्परा रही है। इस सिलसिले में उनका नाम क्यों न लिया जाये। उदाहरण के लिए, अपना गौरव बढ़ाने के लिए इस देश में यह भी कहते रहे हैं—'यत्र नार्यस्तु पूजयन्ते रमन्ते तत्र देवता।' और ऐसा समझा जाता है कि हमारे यहाँ नारी की बहुत पूजा की जाती थी, नारी का बड़ा सम्मान था।

लेकिन स्वयं साहित्य में, संस्कृति में उनके योगदान का ज़िक्र करते समय हम कहाँ किस रूप में उनकी भावनाओं का ध्यान रखते हैं? उदाहरण के लिए बौद्धों में एक बड़ी प्रसिद्ध काव्य-पुस्तक 'थेरी गाथा' है। उसमें दर्ज है कि भिखुनियों ने, जब वो एक ख़ास प्रकार के दमन और दबाव से गुज़र रही थीं, गाथाएँ लिखी हैं। भिखुनी होने के बाद किस प्रकार का 'सैक्स सप्रेशन' और दमन होता है, अपनी उस व्यथा को पाली में उन्होंने थेरी गाथाओं में लिखा है। कुछ रूप मिलेगा आपको हाल की 'गाहा सतसई' में। उसमें भी उन तमाम चीज़ों का ज़िक्र मिलेगा। कुछ कवयित्रियाँ ऐसी हैं, जिनके नाम मिलते हैं, एकाध छन्द मिलता है। जैसे 'विज्जिका' के पद हैं, एक-दो मिलते हैं, बहुत-से खो गये। यह गनीमत है कि मीरा के पद बचे रह गये हैं, सुरक्षित हैं, उनका ज़िक्र हम हिन्दी में किया करते हैं।

मैं कुछ उदाहरण दे रहा था आपको कि एक दूसरी ऐसी परम्परा रही है जो उस 'महान परम्परा' के लिए चुनौती रही है। कभी-कभी असुविधाजनक रही है। उन परम्पराओं में जब हम वेद, उपनिषद्, स्मृति, शंकर का अद्वैत-दर्शन आदि से ज़िक्र करते हुए चलते हैं तो उसके समानान्तर यह भी जानते हैं कि इस शास्त्र के विपरीत लोक की एक परम्परा भी रही है। लोक परम्परा जो बड़ी और महत्त्वपूर्ण तथा जीवन्त परम्परा रही है। उसका भी अपना साहित्य रहा है। उनमें, जिन्हें हम जनजातीय समाज कहते हैं, उनकी अपनी परम्परा है। कला की, संस्कृति की, भाषा की, साहित्य की। इसलिए एन्थ्रोपोलॉजी में इधर जैसा मैंने कहा कि जनजातियों की, लोक जीवन की, लोकजाति की और उसमें भी सदियों से पिछड़ी, दबी हुई ऐसी परम्पराएँ रही हैं जिनका उद्धार बीसवीं सदी में, भारत में ख़ासतौर से आज़ादी के बाद हुआ। उन 'छोटी परम्पराओं' की खोज शुरू हुई और हमने देखा कि यह काम एन्थ्रोपोलॉजी के लोगों ने किया। इन खोजों द्वारा, छोटी परम्पराएँ सामने आयी हैं। अब धीरे-धीरे मालूम हो रहा है कि जिसको हम 'भारतीय साहित्य' या और भी भारी-भरकम शब्द 'भारतीय संस्कृति' कहते हैं, वो कोई एक बने-बनाये साँचे में ढली हुई चीज़ नहीं है, बल्कि ज़्यादा पेचीदा है, जटिल है और यही उसके बड़प्पन का सूचक है। उसकी समृद्धि का प्रभाव यह है कि उसमें एक धारा नहीं है बल्कि कई धाराएँ हैं। अक्सर आप देखते होंगे कि संस्कृति के सिलसिले में हम लोग जब भी ज़िक्र करते हैं तो उसकी उपमा देते हैं कि वो गंगा की धारा के समान है। अगर गंगा की धारा है, जिसको आजकल शुद्ध करने की बात की जा रही है कि इसमें प्रदूषण बहुत हो गया है, मैली हो गयी है। जिसके समान हमारी संस्कृति और साहित्य की परम्परा है। लेकिन हम-आप सभी जानते हैं कि हिन्दुस्तान में केवल गंगा ही नहीं है।

बड़ा दुर्भाग्यपूर्ण होता देश के लिए यदि इसमें एक ही नदी होती। हम इसलिए समृद्ध हैं कि इसमें बहुत-सी नदियाँ हैं और जिस गंगा का ज़िक्र हम करते हैं, उस गंगा में दो तरह की नदियाँ हैं। हिन्दी में एक को हम सहायक नदी कहते हैं, दूसरी को शाखा नदी। कुछ नदियाँ ऐसी हैं जो गंगा में अपना पानी डालती हैं जिसके कारण गंगा इतनी बड़ी हुई। यमुना उनमें से एक है जो बहुत बड़ी है। सोन है। कई नदियाँ ऐसी हैं। कुछ ऐसी नदियाँ हैं जो शाखा नदी के रूप में गंगा का पानी दूसरी जगह ले जाती हैं और दूसरे इलाक़ों को सींचती हैं। मैं यह कहना चाहता हूँ कि यदि भारतीय साहित्य और भारतीय संस्कृति गंगा है तो ऐसी गंगा है जिसमें बहुत-सी नदियाँ मिलती हैं और जिससे कई नदियाँ निकलती भी हैं।

मैं जैसा शुरू में कह रहा था कि परम्परा बहुवचन है और यही उसकी महत्ता है। अब ये जो अनेक परम्पराएँ हैं, इनके बारे में हमारा मूल्यांकन, हमारी खोज किस रूप में होनी चाहिए? सृजनात्मक रचनाकारों का कहना है कि हर रचनाकार या सर्जक अपनी सर्जना के लिए अपनी परम्परा स्वयं खोजता है। यानी परम्परा प्रदत्त नहीं होती। यह बैंक में किया हुआ डिपॉजिट नहीं है कि किसी एक आदमी ने इसे जमा कर रखा है। हर बड़ा लेखक अपने काम के लिए परम्परा खोजकर ढूँढ़ता है। ज़रूरी नहीं कि वो परम्परा प्रतिष्ठित या अभी जमायी हुई परम्परा से मेल खाये, उससे अलग भी हो सकती है।

टी.एस. इलियट के लेख 'ट्रेडीशन ऐंड इंडिविजुअल टैलेंट' का ज़िक्र किया गया जाता है। इलियट की सृजनात्मकता की विशेषता इस बात में थी कि उसने इंग्लिश परम्परा के बने-बनाये साँचे से अलग हटकर अपने लिए एक परम्परा खोजी। इसकी मिसाल यह है कि उसने जिन साहित्यकारों को अपने क़रीब पाया, ढूँढ़ा, उनमें शेक्सपियर नहीं थे। मिल्टन नहीं थे। अंग्रेज़ी की जो महान परम्परा थी उसमें शेक्सपियर, मिल्टन, रोमांटिक कवि और इसके बाद विक्टोरियन कवि थे, यह बनी-बनायी परम्परा थी। इलियट को ज़्यादा उपयोगी और महत्त्वपूर्ण लगी 'लिटिल ट्रेडीशन', जिसकी उपेक्षा की जाती थी। अंग्रेज़ी के मेटाफ़िज़िकल कवियों में डन मारवेल, हर्बट, जैसे माइनर पोयट्स, अर्थात् छोटे कवियों को लिया। डॉ. जॉनसन ने इन्हें ख़ारिज कर दिया था और कहा था कि इनमें कवित्व है ही नहीं। ये अनुभूति से नहीं बिट से कविता लिखते हैं।

दूसरे, इलियट ने तमाम रोमांटिक कवियों में से शेली को छोड़ दिया। हमारे भारतीय विश्वविद्यालयों में भी 'पैराडाइज़ लॉस्ट' तो पाठ्यक्रम में रहा करता था। इस तरह उसने शेक्सपियर और मिल्टन को एक किनारे कर उन तीन छोटे से कवियों से काम चलाया। कहा, यह अंग्रेज़ी परम्परा है। उसमें एलेक्जेंडर पोप

का नाम लिया जो आमतौर से हमारे रीतिवादी कवि जैसे आगस्टन पोएट थे, उनको महत्त्व दिया। विक्टोरियन कवियों को तो बिल्कुल छोड़ दिया। यह सही था, ग़लत था, यह महत्त्वपूर्ण नहीं। वो कितना तख़लीकी था, यह महत्त्वपूर्ण है।

यह हो सकता है कि कुछ लोग महान परम्परा की माला जपते रहें और कुछ भी सृजन न करें। हिन्दी में ऐसा बहुत दिखाई पड़ता है कि तुलसीदास बड़े महान हैं, उनकी महानता का आप बखान करते हैं। लेकिन आप तुलसीदास की महान परम्परा में अपनी ओर से क्या जोड़ते हैं, यह ज़्यादा महत्त्वपूर्ण है। कोई आदमी एवरेस्ट की पूजा करने से ही एवरेस्ट से ऊँचा नहीं हो जाता। हो सकता है कि गाँव के छोटे से टीले से आप अपने को नज़दीक समझते हुए कुछ ऐसा बना सकें जो एवरेस्ट न हो। लेकिन कुछ तो ऊँचाई हो, कुछ तो बुलन्दी हो उसमें इसलिए एक सृजनात्मक रचनाकार अपनी इस जटिल बहुविध परम्परा में से अपनी पसन्द से और कुछ नयी चीज़ें देने के लिए अपनी परम्परा चुनता है। आमतौर पर सृजनात्मक रचनाकार के इस अधिकार को तो स्वीकार कर लिया जाता है। लेकिन आलोचना के क्षेत्र में, साहित्य शास्त्र के क्षेत्र में, इसका इतना बड़ा आतंक होता है कि आमतौर से हम महान परम्परा को ही मान चलते हैं। इसीलिए आलोचना के क्षेत्र में जब भी पुनर्मूल्यांकन का ज़िक्र किया जाता है, उसे मूतिभंजन समझा जाता है, उसे बुतशिकनी में शामिल किया जाता है। खुद इलियट ने जब पहली बार मिल्टन पर प्रहार किया तो लोगों ने कहा कि साहब यह तो कुफ्र है। इतने बड़े कवि को यह कहना कि वह कवि ही नहीं है, यह ज़्यादती है। बहरहाल क्या उसका मकसद था, क्या उससे उसने हासिल किया, उस पर ध्यान देना चाहिए था।

यह बात इसलिए कह रहा हूँ कि स्वयं हिन्दी साहित्य में हजारी प्रसाद द्विवेदी ने यह ख़तरा उठाने की कोशिश की। और यह दूसरी परम्परा, जहाँ शुरू होती है, जिसका मैंने ज़िक्र किया, उन्होंने ढूँढ़ निकाली। हिन्दी की महान परम्परा में आचार्य रामचन्द्र शुक्ल ने महान भक्ति साहित्य पर काफ़ी लिखा है। हजारी प्रसाद द्विवेदी ने काशी के पढ़े-लिखे उस जुलाहे को चुना जिसे कबीर के नाम से हम-आप जानते हैं। कबीर के महत्त्व को हिन्दी में पहले भी किसी-न-किसी रूप में स्वीकार किया था लोगों ने। लेकिन कबीर कवि के रूप में बड़े नहीं माने गये थे। समाज-सुधारक के रूप में स्वीकार किये गये थे। आचार्य रामचन्द्र शुक्ल ने कबीर का महत्त्व बताते हुए उनके बारे में लिखा कि उनकी भाषा सधुक्कड़ी है, बानी अटपटी है। विचार पंचमेल और खिचड़ी हैं, सूफ़ियों से यह लिया, वेदान्त से यह लिया। उनके बारे में उन्होंने कहा कि बहुश्रुत थे।

पढ़े-लिखे थे नहीं, तरह-तरह के समाज में, साधुओं में घूमते थे, सुन लिया, कान में कुछ पड़ गया और उसके बल पर उन्होंने थोड़ा-सा कुछ लिख लिया। आप ध्यान रखें कि ये चीज़ें बहुत तारीफ़ की नहीं। किसी को बहुश्रुत कहना, यह कोई बड़ा Complement नहीं है।

पहले की तरह आज बीसवीं सदी में भी ऐसा समझा जाता है कि विद्वान वह है जो शास्त्र जानता है। जो शास्त्र नहीं जानता वो पण्डित नहीं है। इसलिए जो आदमी पढ़ा-लिखा है वही ज्ञानी हो सकता है। कबीर सम्प्रदाय में ज्ञानीजी कहा जाता है। अब जिस आदमी ने यह कहा कि 'मसि कागद छुयो नहीं कलम गही नहीं हाथ,' वह ज्ञानी कैसे हो सकता है? जहाँ तक मैं जानता हूँ, जानते इस बात को और लोग भी रहे होंगे, पर हजारी प्रसाद द्विवेदी पहले आदमी थे जिन्होंने दो शब्दों का प्रयोग किया। दोनों में फ़र्क़ किया—एक शब्द हिन्दी में जिसे कहते हैं 'साक्षर' और दूसरा शब्द है 'शिक्षित'। साक्षर हुआ लिटरेट! शिक्षित हुआ एड्यूकेटेड : दोनों एक ही चीज़ नहीं हैं। हम अपने अनुभव से जानते हैं कि गाँव में रहने वाले बहुत सारे लोग हैं जो पढ़ नहीं सकते, अपने दस्तखत नहीं कर सकते। लेकिन अनुभव-सम्पन्न—दुनिया देखे हुए लोग हैं। तजुर्बे के बल पर मौखिक परम्परा द्वारा इन्हें हज़ारों साल की बहुत सारी चीज़ें मालूम हुई हैं। वे शिक्षित हुआ करते है, यद्यपि वे 'इलिटरेट' हैं। और ऐसे भी लोग होते हैं जो 'लिटरेट' होते हैं; शास्त्र के पण्डित होते हैं। लेकिन यह हो सकता है कि वे शिक्षित न हों असभ्य हों।

कबीर ने कई तरह के पशुओं का ज़िक्र किया है। उसमें उन्होंने एक 'पढ़पशु' शब्द का ज़िक्र किया है। एक शब्द है 'धनपशु'। उन धनपशुओं को हम-आप यहाँ श्रीनगर में भी देख सकते हैं। लेकिन दिल्ली, कलकत्ता, बम्बई में ऐसे धनपशु बहुत हैं। बहुत धन जमा किया है। लेकिन वो मनुष्य नहीं हैं। इन्सानियत के जो गुण होते हैं, उन्होंने वो उनमें नहीं होते हैं। कबीर ने कहा कि धनपशु होते हैं और बहुत से ऐसे लोग हैं जो पढ़पशु होते हैं। शास्त्र पढ़ रखा है। वेद याद हैं उनको, कुरान पढ़े हैं, हिफ्ज और हाफ़िज़ हो सकते हैं, हज भी कर आये होंगे। हमारे यहाँ चारों धाम करने वाले लोग भी मौजूद हैं। शास्त्र के पढ़े-लिखे बड़े पण्डित मौजूद हैं। लेकिन हो सकता है कि वे कबीर की पढ़पशु कोटि के हों। जो शिक्षित नहीं है, सुसंस्कृत नहीं है, जिसके हृदय में दुःखी के लिए, दीन के लिए, सताये हुए लोगों के लिए दर्द न हो, वो आदमी चाहे जितना शास्त्र पढ़ा-लिखा हो, उसमें तो मनुष्यता का बुनियादी गुण ही नहीं है। उदाहरण के लिए, मान लीजिए कहीं कोई एक मामूली अन्याय हुआ हो और उसके ख़िलाफ़ कहा जाये कि विरोध करना है, हस्ताक्षर कर दो और उसके हाथ काँपने लगें, दस बार देखे कि कहीं प्रधानमन्त्री

न नाराज़ हों, मुख्यमन्त्री न नाराज़ हों, नौकरी न चली जाये, चार बार सोचें। जो विरोध खुलकर के करना है, आवाज़ बुलन्द करना तो एक बात, दस्तख़त करते जिसका हाथ काँपता हो तो चाहे जितना बड़ा पण्डित हो, वो शिक्षित नहीं, सुसंस्कृत आदमी नहीं। तो हजारी प्रसाद द्विवेदी ने कबीर पर लिखते हुए फ़र्क़ किया कि कबीर भले ही पढ़े-लिखे नहीं थे, लेकिन कबीर शिक्षित थे।

जिस बात पर बल देने की ज़रूरत है वह यह कि हिन्दी साहित्य का जो निर्माण और उदय 1000 ई. के आसपास हुआ उसके लिए सन्तों ने, फ़क़ीरों ने, सूफ़ियों ने और भक्तों ने संस्कृत के वर्चस्व के सामने गँवारी बोली को, अवधी को, ब्रज को चुना। कबीर ने कहा भी—'कबिरा संस्कृत कूप जल, भाखा बहता नीर।' जानबूझकर उस 'कूपजल' शब्द का प्रयोग किया था कबीर ने, जो कहते हैं निरक्षर थे, शास्त्र नहीं जानते थे। यह संस्कृत में ही कहा गया है कि परदादा का कुआँ है, पानी ख़राब हो गया है। खारा हो गया है, फिर भी परम्परा पसन्द लोग, जो का-पुरुष होते हैं वे वही पानी पीना पसन्द करते हैं, क्योंकि परदादा का है। श्लोक है संस्कृत में—

पाटस्य कूपं इति ध्रुवाना
क्षारं जलं कापुरषाः पिबन्ति।

तो यह परदादावाद जो है, इसके चलते वे अपने पौरुष से नया कुआँ खोदकर नया ताज़ा पानी पियें, यह हिम्मत नहीं होती। परदादा के खारे पानी को कब तक पीते रहोगे भाई? इस देववाणी संस्कृत को जब कबीर ने कूपजल कहा था तो 'पाटस्य कूपं' पर उनका कहीं-न-कहीं ध्यान रहा होगा जिसका पानी क्षार हो गया है। उसके विरुद्ध उन्होंने उस धारा का ज़िक्र किया जिसे 'भाखा बहता नीर' कहा गया। ध्यान देने की बात है कि जिसे हम हिन्दी-साहित्य का स्वर्णयुग कहते हैं, गौरवशाली युग कहते हैं, जिन्होंने इसकी नींव डाली और उसमें वो शक्ति और सौन्दर्य भरा जिस पर हम गर्व करते हैं, जिसको हम भक्ति काव्य कहते जिसमें निर्गुण-सगुण, सूफ़ी, मुसलमान, ब्राह्मण, वैश्य, शूद्र, औरत और अनेक निचले तबके के लोगों की बहुतायत थी।

उस साहित्य में आप यह भी ध्यान दें कि मज़हब की दीवारें तोड़कर हिन्दू-मुसलमान दोनों आये थे। हिन्दी साहित्य का आज के ज़माने में इतिहास लिखना हो, वैसे बड़े शोध-प्रबन्ध भी लिखे गये हैं—हिन्दी साहित्य को मुसलमानों की देन तो जैसे यह सारी देन मध्ययुग तक सिमटकर रह जाती है। आधुनिक युग में कितने मुसलमान साहित्यकार आते हैं? हम लोग अपने को बड़ा 'सेक्यूलर' कहते हैं लेकिन 'सेक्यूलरइज़्म' को उन सन्तों-भक्तों ने इस हद तक अपनी जड़ों तक पहुँचाया था कि उनकी ज़िन्दगी में रचा-पचा था।

मैं किसी भी सेक्यूलरइज़्म की सबसे बड़ी कसौटी मानता हूँ—सृजनात्मकता। बड़ी-से-बड़ी कोई विचारधारा हो, धारणा हो, अगर वो किताबी होगी तो उसमें सृजन की चीज़ें पैदा नहीं हो सकतीं। अगर वो ज़िन्दगी में रची-पची होगी तो उसकी झलक आपको दिखाई पड़ेगी—कविता में, नाटक में, उपन्यास में, पेंटिंग में, संगीत में, मूर्तिकला में, भवन निर्माण कला में। इसलिए उस दौर को, उस महत्त्व को समझने के लिए इस बात की ज़रूरत है कि contrast के रूप में देखें कि पिछले अड़तीस साल में हरिजनों को, बाक़ी लोगों की बड़ी सुविधा दी गयी, लेकिन ये तमाम सुविधाएँ, वजीफे देने के बावजूद, ये डिप्टी कलक्टर हो गये हैं, कलक्टर हो गये हैं, आई.ए.एस. और इंजीनियर हो गये हैं, वे डॉक्टर भी हो गये होंगे, साहित्यकार और बुद्धिजीवी इनमें से एक भी पैदा नहीं हुआ। कहना चाहिए कि शासक वर्ग यह चाहता है कि इनका पेट भरा रहे लेकिन कौम को, तबके को जगाने वाले बारूद—बुद्धिजीवी—वो न पैदा हों। साहित्यकार न पैदा हों।

आचार्य हजारी प्रसाद द्विवेदी के माध्यम से मैं जिस परम्परा का ज़िक्र कर रहा था, अनेक परम्पराओं में जो उपेक्षित है, उस परम्परा की जाँच की जानी चाहिए। कबीर समाज-सुधारक माने गये, कवि नहीं माने गये। यही नहीं बल्कि समाज सुधारक के रूप में भी कबीर के बारे में स्वयं जो आचार्य रामचन्द्र शुक्ल ने अनेक तरह की व्याख्याएँ देने की कोशिश की थी। द्विवेदी जी ने दिखाया कि कबीर की उपेक्षा और उन्हें दूसरे दर्जे का इसलिए नहीं माना गया, कि वह छोटी जाति के थे, इसलिए नहीं कि मुसलमान के घर में पालित हुए थे, बल्कि इसलिए कि कबीर दरअसल ऐसे क्रान्तिकारी कवि और साहित्यकार थे जिसे आसानी से स्वीकार करने में ख़तरा था। कबीर के महत्त्व को कम करने का मुख्य कारण है उनकी क्रान्तिकारिता। उन्हें आचार्य रामचन्द्र शुक्ल ने लोकविरोधी तक कहा था। यही नहीं बल्कि उन्होंने तुलसीदास का हवाला देते हुए लिखा कि तुलसीदास ने कबीर का विरोध किया है—'साखी सबदी दोहरा कह कहनी उपखान।' और कविता में साखी, सबदी, दोहरा यह तो कबीर ही कहते थे। और इन लोगों ने छोटी जातियों में इतना अहंकार भर दिया है कि ये 'आँख दिखावहिं डाँटा।' ये बड़े-बड़े लोगों को आँख दिखाने की कोशिश करते हैं। इनकी ये जुर्रत पैदा हुई है। कबीर ने बहकाया है छोटे लोगों को साखी, सबदी, दोहरा के द्वारा। छोटे लोग बड़े लोगों को, विद्वानों को, पण्डितों को और ऊँची जाति के लोगों को आँख दिखाते हैं और कहते हैं कि ब्रह्म को हम जानते हैं। तुम नहीं जानते। कबीर का यह कार्य अक्षम्य था। तुलसीदास ने उसका विरोध किया और शुक्ल जी कहते हैं कि विरोध ठीक किया उन्होंने। क्योंकि कबीर समाज की मर्यादा भंग कर रहे थे।

छोटे-बड़े का एक भेद बना हुआ चला आ रहा था। कबीर उन्हें उकसा रहे थे कि बड़े लोगों को चुनौती दें। स्पष्ट शब्दों में आचार्य शुक्ल ने लिखा है कि कबीर इस दृष्टि से लोक विरोधी थे यद्यपि कबीर ने एक काम और किया था और वो दर्जा भी उन्होंने कहा कि उनसे छिन गया। ऐसा समझा जाता है कि हिन्दू-मुसलमानों में एकता की भावना फैलाने का काम कबीर ने किया था। शुक्ल जी ने लिखा कि उन्होंने एकता कम फैलायी, उन्होंने दोनों को फटकारा और फटकारने से दिल मिलने की जगह और खट्टा हो गया।

सच पूछिए तो कबीर जो सौ-डेढ़ सौ साल पहले डाँट-फटकार चुके थे, खण्डन कर चुके थे, उसके बाद दरअसल एक सीमेंट की ज़रूरत थी, एक मलहम की ज़रूरत थी, जो काम मलिक मुहम्मद जायसी जैसे सूफ़ी ने किया। हिन्दू और मुसलमान के बीच एक समान प्रेम की धारा बहाकर दोनों को एक करने की कोशिश की। दोनों के बीच पदमावती की प्रेम कहानी लेकर उन्होंने प्रेम का प्रसार किया। कबीर तो डाँटते-फटकारते रहे। इसलिए कबीर का एक बड़ा भारी महत्त्व जो था वह भी छिन गया। छिनकर जायसी को चला गया। बाक़ी जो काम वो कर चुके थे, उसका तुलसीदास ने विरोध किया। वह तो अक्षम्य है ही। कुल मिलाकर कहा जा सकता है कि उन्होंने इस समाज को सुधारने की कोशिश की।

आचार्य हजारी प्रसाद द्विवेदी ने दिखाने की कोशिश की, जो मैं समझता हूँ कि इस गाँधीवादी युग में उल्लेखनीय और महत्त्वपूर्ण है, कि सुधारक और क्रान्तिकारी दो शब्द हैं। कबीर को उस समय अंग्रेज़ी में लिखने वाले ईसाई पादरी समाज-सुधारक कहा करते थे। मुझे याद है हमारे एक स्वर्गीय मित्र श्री भारत भूषण अग्रवाल, जो बहुत अच्छे हिन्दी कवि हैं, कुछ दिनों तक आकाशवाणी में थे। उन्हीं दिनों जब एक सम्प्रदायवाद के हाथों गाँधी जी की हत्या हुई, तो ज़रूरत महसूस हुई कि ऐसे समय रेडियो से कम्यूनल हारमोनी के कुछ गाने गवाये जायें, कविताएँ सुनाई जायें। केन्द्र निदेशक ने भारत भूषण अग्रवाल से कहा कि कबीर तो तुरन्त मिल जायेंगे। ढूँढ़ो। भारत भूषण अग्रवाल ने बताया कि मुझे कबीर में 'कम्यूनल हारमोनी' की कोई चीज़ ही नहीं मिली। उनके यहाँ जब ढूँढ़ो तो 'अरे इन दोउन राह न पाई' या 'यह जग अन्धा केहि समझाऊँ'। एक और पाण्डे और दूसरी ओर मौलवी वे दोनों को यहाँ से वहाँ तक फटकारते रहे हैं। इनमें दोनों एक हो जायें, ऐसी तो कोई चीज़ दिखाई नहीं पड़ रही। ध्यान देने की बात है। हम लोग आँख-मूँदकर बग़ैर जाँच-पड़ताल के कभी-कभी ऐसा कह देते थे। गाँधी जी के युग में हम लोग 'कम्यूनल हारमोनी' का मतलब यह समझते थे कि पण्डित और मौलवी दोनों यदि एक होंगे तो

हिन्दू-मुसलमान दोनों एक हो जायेंगे। कबीर ने कहा कि यही दोनों तो दीवार हैं। इसलिए उन्होंने इन दोनों के ख़िलाफ़ लिखा।

सुधारवादी रास्ता यह है कि दाढ़ी और चोटी काट देने के बाद जो इन्सान रह जायेगा, वह न हिन्दू होगा न मुसलमान। अपने हिन्दूपन और अपने मुसलमान के साथ तुम नहीं मिल पाओगे। क्योंकि ये दोनों वो लिबास हैं जो तुम्हारी इन्सानियत को ढँके हुए हैं। विद्यार्थी अक्सर लिखते हैं कि कबीर ने बाहरी आडम्बर का विरोध किया...यह बाहरी आडम्बर क्या चीज़ है? इसका मतलब यह हुआ न कि शास्त्र द्वारा, धर्म या मज़हब द्वारा जो रूढ़ियाँ बनायी गयी हैं उनको काटकर सामान्य भूमि पर हिन्दू या मुसलमान शुद्ध मनुष्य बनेंगे, इसलिए आडम्बरों को हटाना होगा। गाँधीवादी रास्ता दाढ़ी और चोटी एक करने का था। कबीर का रास्ता दोनों को काटकर, अलग कर मनुष्यता की भूमि पर एक करने का था। पहला सुधार का तथा दूसरा क्रान्ति का मार्ग था। कबीर को समाज-सुधारक कहना ग़लत है।

आचार्य हजारी प्रसाद द्विवेदी की 'कबीर' नामक पुस्तक आप लोगों में से बहुतों ने पढ़ी होगी। आमतौर से दो लफ़्ज़ों पर लोग लटक जाते हैं कि कबीर अक्खड़ थे कि फक्कड़ थे। इस अक्खड़-फक्खड़ में लोग इस हद तक उलझ जाते हैं कि मूल स्थापना उस ग्रन्थ की है कि कबीर समाज-सुधारक नहीं थे। कबीर का रास्ता गाँधीवादी रास्ता नहीं था। कबीर इन दोनों दीवारों को हटाकर तोड़कर क्रान्तिकारी काम कर रहे थे और यही वजह है कि हिन्दी साहित्य ने कभी उन्हें इस रूप में स्वीकारा नहीं। इसकी पहचान होती है कि किंवदन्तियों से जो 'लीजेंड्स' कवियों के बारे में शामिल होते हैं मैं इसको अठारहवीं-उन्नीसवीं सदी के आसपास ही का समझता हूँ कि कभी कबीर के जन्म के बारे में एक लीजेंड गढ़ा गया हो कि कबीर एक विधवा ब्राह्मणी के पेट से पैदा हुए थे और मुसलमान जुलाहे के घर में पलित हुए। जाँच की जानी चाहिए कि ये किंवदन्तियाँ उस रुझान, उस मानसिकता का सच्चा आईना हैं। विधवा ब्राह्मणी से क्यों? ऐसी भी तो ब्राह्मणी हो सकती थी। अगर ब्राह्मणी का ही जाया कहा उन्हें कबीर ने बहुत लिखा है, 'तू कहता ब्राह्मणी का जाया, जिस आदमी ने इसका विरोध किया कि इससे कोई बड़ा नहीं होता, उस आदमी को लांछित करने के लिए उसे विधवा ब्राह्मणी से पैदा हुआ बताया गया और इसके बाद जुलाहे के घर में लालित-पालित वग़ैरह हुए।

आचार्य शुक्ल ने एक अद्भुत वाक्य लिखा है। आश्चर्य होता है। क्योंकि आचार्य शुक्ल कट्टरपन्थी हिन्दू नहीं थे, उदार दृष्टिकोण वाले थे। लिखा है कि—कबीर जात-पाँत के खण्डन तो आप थे ही थे। यानी कबीर जात-पाँत का

खण्डन करते थे इसमें कोई चौंकने की बात नहीं थी। ख़ुद उनका जन्म ही, जात-पाँत का खण्डन था। वह किसी जात के थे ही नहीं। न किसी धर्म के थे। जो आदमी नाजायज़ सन्तान हो अगर वह ख़ुद इन तमाम चीज़ों का विरोध करे तो इसमें चौंकने की क्या बात है? —यह लीजेंड फैलाया गया कबीर के बारे में। क्योंकि उनका ख़याल था कि ऐसे क्रान्तिकारी विचारों वाला आदमी कोई हिन्दू नहीं हो सकता और ठीक-ठीक मुसलमान भी नहीं हो सकता।

इसलिए 'महान परम्परा' जो हिन्दुओं की है उसमें अब कोई असुविधाजनक आदमी पैदा होता है तो हम अचानक उसके लिए एक मिथ गढ़ते हैं और ऐसे मिथक बहुत मिलेंगे। नृसिंह नाम का एक मिथ है। नृसिंहावतार की कल्पनाएँ कीजिए जो न मनुष्य है, न पशु है, न दिन में मारता है, न रात में मारता है, न धरती पर मारता है, न आकाश में मारता है। ऐसे संक्रमण के लिए यह जो बड़ी क्रिएटिव जाति रही है हिन्दुस्तान की, इसमें अनेक मिथक रहे हैं। कबीर की जीवन सम्बन्धी कथा भी ऐसा ही गढ़ा हुआ मिथक है। क्योंकि वह व्यक्ति असुविधाजनक था। किसी साँचे में फिट नहीं बैठता था। न मुस्लिम साँचे में, न हिन्दू साँचे में ही।

द्विवेदी जी ने, जैसा मैंने कहा, बड़ी मेहनत की है यह साबित करने में कि यह कथा ग़लत है। थे जुलाहे ही। कोरी से वह अंसारी हुए थे। कब हुए थे, एक पीढ़ी पहले हुए थे या दो पीढ़ी पहले हुए थे, कहना मुश्किल है। पर थे जुलाहे ही। और अपने उस सामाजिक-आर्थिक आधार के कारण, अपनी धार्मिक पृष्ठभूमि के कारण, द्विवेदी जी ने लिखा है कि चौराहे पर खड़े थे। ऐसे चौराहे पर, जब वह कहते हैं, 'कबिरा खड़ा बाज़ार में लिए लुकाठी हाथ' तो वह बाज़ार यूँ ही बाज़ार नहीं है। बाज़ार किस चीज़ का प्रतीक है, इसे मैंने भी समझना ज़रूरी समझा द्विवेदी जी ने इसकी वजाहत की है कि वह चौराहा था अनेक दृष्टियों से, एक तरफ़ एक रास्ता निकलता था तो दूसरी तरफ़ दूसरा, तीसरा, चौथा रास्ता निकलता था। और उस रास्ते पर उन्हें कोई और रास्ता दिखाने वाला था नहीं। कबीर का वह क्रान्तिकारी महत्त्व अर्थात् जिस दूसरी परम्परा को कबीर के माध्यम से द्विवेदी जी ने दिखाने की कोशिश की है, वह क्रान्तिकारी परम्परा जो दबी रह गयी उसके कारण है और दूसरी परम्परा का बीज वहाँ दिखाई पड़ता है।

इस सिलसिले में हम देखेंगे कि कबीर वह केन्द्र बिन्दु थे जिसके हज़ार साल पीछे द्विवेदी जी जाते हैं और सैकड़ों साल उसके बाद आगे आते हैं और इस धारा को दिखाने की कोशिश करते हैं। तन्त्र के महत्त्व के बारे में आप लोगों को कुछ भी बताने की ज़रूरत नहीं। यहीं कश्मीर में 'तन्त्रालोक' की रचना हुई है।

तो द्विवेदी जी ने तन्त्र की परम्परा, जिसमें नाथ हुए, सिद्ध हुए, आगे चलकर इसी परम्परा में वो कलन्दर हुए थे जिनका सूफ़ियों के साथ बहुत साम्य था और सूफ़ी साहित्य में आपको जोगियों का बहुत वर्णन मिलेगा उसका तारतम्य बिठाया। कौन थे वे जोगी? हिन्दी की धारा ने जोगियों का बड़ा विरोध किया था। वह इसीलिए कहते थे कि जोगी गृहस्थियों के लिए सिरदर्द थे। यह वह धर्म था जो गृहस्थी-विरोधी था।

यह गृहस्थी नाम की चीज़ बड़ी विचित्र है। बड़े-बड़े शेरों को चूहा बनाती है। यह छोटी इकाई बड़ी निरामिष है। तमाम रूढ़ियों, जर्जर चीज़ों की यह इकाई आदमी को नियन्त्रित करती है। गजानन माधव मुक्तिबोध ने आधुनिक साहित्य में, नये की जन्मकुण्डली, नाम से दो लेख लिखे और उनमें उन्होंने कहा है कि हम लोग आधुनिकता की बड़ी बात करते हैं, नयी शायरी की बात करते हैं, सच्चाई यह है कि ये सभी चीज़ें फ़ैमिली के मुद्दे पर टूट जाती हैं। हमारी जड़ें तो यहाँ हैं, दिमाग़ आसमान में रहा करें, पाँव तो हमारे वहीं हैं, खाना तो हम खाने वहीं आते हैं और यह लड़ाई बड़ी पेचीदा हुआ करती है। बाहरी शत्रु से, वर्ग शत्रु से लड़ना बड़ी आसान बात है लेकिन जब वर्ग शत्रु माँ की शक्ल में हो, बाप की शक्ल में हो, भाई या बीवी की शक्ल में हो, तब लड़ाई मुश्किल होती है। यहाँ पर गीता के अर्जुन की कँपकँपी छूट गयी थी। धनुष हाथ से गिर गया था, पसीने आने लगे थे। हमारे गुरुदेव, पता नहीं व्यंग्य में या और किसी भाव से, किसी का परिचय देते समय कहा करते थे कि यह सद्गृहस्थ है, कोई 'एंगुलेरिटी' इनमें नहीं है, ठीकठाक आदमी है।

आचार्य शुक्ल ने तुलसीदास की प्रशंसा इस बात के लिए की है कि उन्होंने कुल धर्म के मूल्यों को मज़बूत किया था वरना ये योगी और दूसरे लोग तो उखाड़ रहे थे। सूफ़ियों ने भी यही तबाही की थी। सूफ़ी शायरी की बुनियादें यही हैं। हम लोग कहते हैं कि आचार्य शुक्ल ने मलिक मुहम्मद जायसी को हिन्दी में प्रतिष्ठित किया, निश्चित रूप से किया। पूरी 'पद्मावत' में जो चीज़ सबसे अच्छी लगी वह है नागमती का विरह। ध्यान रहे ब्याहता स्त्री है नागमती। पद्मावत की पूरी 'थीम' है कि राजा रत्नसेन घर-द्वार छोड़कर अपनी प्रेयसी पद्मावती, जो माशूक़ का प्रतीक है, के लिए निकल पड़ता है, योगी बन जाता है और वहाँ से ले आता है।

सूफ़ी-दर्शन के अनुसार यह माशूक़ खुदा के बराबर है। कहानी पद्मावत की है, प्रेमिका के प्रेम की कहानी, जिसकी शुक्ल जी ने ऐकान्तिक प्रेम कहा है। शुक्ल जी तारीफ़ कर रहे हैं नागमती के विरह की जो ब्याहता स्त्री है, घरेलू है;

जो साइड-हीरोइन है उसको यह हीरोइन मान रहे हैं और प्रशंसा किये चले जा रहे क्योंकि गृहस्थी के मूल्य जो तुलसी ने दिखाये हैं वे जायसी में थोड़े-से दिखाई दिये। उन्होंने कहा यह बहुत अच्छा काम जायसी ने किया, बाक़ी प्रेम में घर-द्वार छोड़कर निकलना भटकाव है उसको बहुत महत्त्व नहीं देना चाहिए। विचित्र बात है, तुलसी जिन्होंने घर-बार छोड़ दिया, साधु हो गये थे, उनकी और रत्नावली की कहानी प्रसिद्ध है, कुलधर्म की प्रतिष्ठा करने वाले हो गये। और कबीर जो गृहस्थ थे, शादीशुदा थे सब कुछ पालते-वालते थे, कुलधर्म को तोड़ने वाले आदमी माने गये।

तन्त्र में जो दूसरी परम्परा दिखाई पड़ती है उस गृहस्थ धर्म के विरुद्ध पूरी तान्त्रिक साधना की परम्परा भिन्न दिशा की ओर ले जाती है। उस तन्त्र का असर... जयशंकर प्रसाद ने बड़े विस्तार से लिखा है मैं उस ब्योरे में नहीं जाना चाहता। मैं कहना चाहता था कि इन रूढ़ियों के विरुद्ध एक ऐसी परम्परा है जिसके नुक्कड़ पर कबीर मिलते थे। द्विवेदीजी से पहले यह काम राहुल सांकृत्यायन ने किया था। सरहप्पा पर उन्होंने बड़ी महत्त्वपूर्ण पुस्तक लिखी। सिद्धों, नाथों और योगियों के बारे में लिखा। यह जो विद्रोही, क्रान्तिकारी परम्परा थी, चुनौती देती थी, रूढ़ियों को तोड़ती थी। किसी बड़े-से-बड़े लेखक की विचारधारा की कसौटी यह है कि वो धार्मिक मामलों से क्या दृष्टिकोण अपनाता है। अगर वह हिन्दू है तो जाति व्यवस्था के बारे में वह क्या विचार करता है और नारी के बारे में उसका क्या दृष्टिकोण है। इन तीनों के मामले में कबीर को ही नहीं बल्कि तमाम दूसरे लेखकों को जाँचा जाना चाहिए। जाति-व्यवस्था को चुनौती कौन देता है और किस हद तक देता है। भक्त कवियों में ऐसे हुए हैं—तुलसीदास थे, उनके यहाँ 'टू टियर सिस्टम' था। भक्ति की दुनिया में सब बराबर हैं। राम और मल्लाह दोनों मिलते हैं। रामराज्य में चारों वर्णों की अपनी-अपनी जगह थी जिसको विक्टोरियन लोग कहा करते थे कि वहाँ हर चीज़ के लिए जगह थी लेकिन हर चीज़ अपनी जगह पर थी। भक्ति में जात-पाँत के भेद नहीं हैं, लेकिन भक्ति के बाहर समाज में पद-भेद है रहेगा, या, आदर्श रूप में रहना चाहिए।

इस दृष्टि से कबीर ही अकेले ऐसे आदमी थे जिनके यहाँ 'टू टियर सिस्टम' नहीं था। आज भी जो बड़े प्रगतिशील और क्रान्तिकारी लोग दिखाई पड़ते हैं, पार्टी दफ़्तर में और पार्टी में बराबर हैं, उसके बाहर समाज में आने के बाद जात-पाँत वे भी मानते हैं। छुआछूत मानते हैं। उस क्रान्तिकारी परम्परा में, जिसमें मैं निराला का नाम लेता हूँ, मुक्तिबोध और प्रेमचन्द का नाम लेता हूँ। 'टू टियर सिस्टम' नहीं रहा और इन तमाम रूढ़ियों को, चाहे जाति प्रथा की हों,

मज़हब सम्बन्धी या औरतों के बारे में हों, इस दीवार को बहुत कुछ तोड़कर एक सामान्य मनुष्यता की भूमि पर लाने की कोशिश की।

आचार्य हजारी प्रसाद द्विवेदी ने कबीर पर जो पुस्तक लिखी और उसके द्वारा हिन्दी साहित्य की दूसरी परम्परा की ओर संकेत कर हिन्दी में भारत की 'ग्रेट ट्रेडीशन' के विरुद्ध एक दूसरी रेखा खींचने की जो कोशिश की, वह एक अवदान है। उनका विचार और साहित्य इसलिए भी अत्यन्त महत्त्वपूर्ण है क्योंकि उन्होंने यह काम केवल एक आलोचक की हैसियत से नहीं किया बल्कि अपने उपन्यासों द्वारा भी किया। उनके उपन्यासों में 'बाणभट्ट की आत्मकथा' का बाणभट्ट, 'चारुचन्द्रलेख' की चन्द्रलेखा और 'सीदी मौला' की सीदी मौला ऐतिहासिक पात्र हैं, 'पुनर्नवा' में कालिदास को लेकर लिखा उन्होंने तथा 'अनामदास का पोथा'—इन सब उपन्यासों में उन्होंने कबीर की उस क्रान्तिकारी वाणी को, जो भक्ति रूप में आयी थी, सृजनात्मकता के साथ रखा कि वह लोगों के लिए शक्तिशाली बन गयी।

अगर द्विवेदी जी ने केवल आलोचना के स्तर पर ही यह बात की होती तो ख़तरा इतना बड़ा न था। यह ख़तरा चूँकि इतना बड़ा है, इसीलिए हिन्दी में आज अनेक लोग हैं जो आचार्य रामचन्द्र शुक्ल का नाम लेकर हजारी प्रसाद द्विवेदी का विरोध करते हैं। उस दौर में भी लोगों ने किया था, आज भी कर रहे हैं। ऐसा समझा जा रहा है कि उनका जो बना-बनाया ढाँचा है, चरमराकर टूट जायेगा यदि द्विवेदी जी की मान्यताएँ मानी गयीं। सबसे बड़ी विडम्बना है कि यह काम वो लोग कर रहे हैं जो मार्क्स के क्रान्तिकारी विचार को मानने का दावा करते हैं। निराला ने 'राम की शक्ति पूजा' में एक जगह लिखा है—'अन्याय जिधर है उधर शक्ति।'

आज के जीवन की भी यही विडम्बना है और ख़ास तौर से यह जो वैचारिक संघर्ष आचार्य रामचन्द्र शुक्ल और आचार्य हजारी प्रसाद द्विवेदी के बीच चल रहा है, मुझे आश्चर्य है कि अन्याय जिधर है उधर शक्ति ज़्यादा दिखाई पड़ रही है। इसीलिए ख़तरा लोगों को यह लगता है कि यह क्रान्तिकारी दृष्टि उनके पूर्व निर्मित ढाँचे को तोड़ न दे।

साहित्य के इतर संस्कृति के बारे में भी द्विवेदी जी ने बहुत लिखा है। बल्कि कहना चाहिए कि वह ऐसे अकेले विचारक थे। रामधारी सिंह दिनकर ने तो 'संस्कृति के चार अध्याय' किताब लिखी है जो एक संग्रह ग्रन्थ है। जोड़-बटोरकर लिखी गयी चीज़ है। द्विवेदी जी ने तो मौलिक चिन्तन किया है। सर्जनात्मक ढंग से। संस्कृति के बारे में एक दूसरी परम्परा की उनकी धारणा अलग है।

जैसे प्रेमचन्द ने कहा था कि हमें हुस्न का मैयार बदलना पड़ेगा। द्विवेदी जी ने हुस्न और सौन्दर्य की नयी परिभाषा दी। संस्कृति की बुनियाद सौन्दर्य है, उसकी परिभाषा जब तक आप नहीं बदलते हैं, मैयार नहीं बदलते हैं, तब तक आप इसके बारे में क्या बातें करेंगे।

संवाद

मोहिनी कौल : द्विवेदी जी को समन्वयवादी भी समझा जाता है, आपकी क्या प्रतिक्रिया है?

नामवर सिंह : समन्वयवाद को हमारे देश में बड़ा गुण समझा जाता है। द्विवेदी जी किसी ग़लत बात का बड़े मीठे ढंग से खण्डन करते हैं और उस मिठास के भीतर छिपी हुई तेज़ी आमतौर से ओझल-सी दीख पड़ती है इसलिए कभी धोखा होता है कि वे समन्वयवादी हैं। जिस व्यक्ति ने कबीर की क्रान्तिकारिता की हिमायत की है, वह समन्वयवादी कैसे हो सकता है? इसीलिए उन्होंने 'सन्तुलित' और 'समन्वित' इन दो शब्दों का अन्तर स्पष्ट किया है। ज़रूरी नहीं कि सन्तुलित दृष्टि समन्वित हो। फिर समन्वयवादी समझौता करता है। क्या द्विवेदी जी ने अपने विचारों को लेकर कभी ऐसा किया?

महाराज सन्तोषी : जब सत्ताधारी वर्ग किसी क्रान्तिकारी साहित्यकार को मान्यता देने लगता है, उसे अपने हित में व्याख्यायित करता है, उससे उस साहित्यकार की अपनी क्रान्तिकारी भंगिमा नहीं टूटती? जैसे प्रेमचन्द की शताब्दी सरकार की ओर से मनायी गयी....

नामवर सिंह : प्रत्येक महान लेखक की व्याख्या का जहाँ तक सवाल है, हर आदमी उसको अपने हित में, स्वार्थ में व्याख्यायित करता है। प्रेमचन्द की इस रूप में हिन्दी में व्याख्याएँ मिलेंगी। सत्ता में दरअसल इतनी शक्ति होती है कि वह सब कुछ को समाहित कर लेती है। और तो और अपने विरोध को जनतान्त्रिक कहलाये जाने की हद तक परमिट करती है। यहाँ हमारा और आपका बुद्धिजीवी या साहित्यकार होने के नाते यह प्रयास होना चाहिए कि हम ऐसे किसी साहित्यकार की सही सूरत पर परदा न पड़ने दें। इस सन्दर्भ में अतिक्रान्तिकारियों की ओर से भी बड़ा ख़तरा होता है। वे लोग; प्रेमचन्द को ही लीजिए, उसे उस हद तक ले जाते हैं जिस हद तक प्रेमचन्द नहीं जाते। यह चीज़ बहुत चलने वाली नहीं है। इसीलिए साहित्य में ऑब्जेक्टिव साइंटिफिक नाम की कोई चीज़ होती है; हम लोग ऐसा मानते हैं।

अयूब प्रेमी : जात-पाँत विरोधी परम्परा, जो कबीर से पूर्व नाथों और सिद्धों के साहित्य में चली आ रही थी, में क्या कबीर ने अपना योग देकर समृद्ध किया है अथवा एक नया मार्ग उन्होंने चलाया?

नामवर सिंह : कबीर की बेलाग, बेलौस, दो टूक, खरी बात कहने वाली कविताई का असर बड़े गहरे तक पड़ा है। उन्होंने कहा, 'तू कहता है कागद लेखी, मैं कहता हूँ आँखन देखी' या 'तू कहता उलझावनहारी मैं कहता सुलझाय रे' या '...देखा-देखी बात। दुल्हा-दुल्हन मिलि गये फीकी पड़ी बरात' या 'जात न पूछो साधु की पूछ लीजिए ज्ञान। मोल करो तलवार का पड़ा रहन दो म्यान' ऐसे सवालों पर ये जो दो टूक बात कहने का साहस है, वो आपको निराला, मुक्तिबोध, नागार्जुन, धूमिल में मिलेगा। यह कबीर की परम्परा है कबीर ने लाग-लपेटविहीन भाषा तैयार की।

कबीर अगर तलवार भाँजने वाले होते तो भाई सरदार जाफरी हुए होते। वो उदास भी होते थे। आँखों में आँसू आते थे। उन्होंने लिखा है, 'सुखिया सब संसार है खाये अरु सोवै; दुखिया दास कबीर है जागे अरु रोवै।' जदीदियत में भी मुझे इस वजन की चीज़ नहीं मिली है। दुख की ऐसी गहराई कबीर में थी। इसकी झलक हमें निराला में दिखाई पड़ती है। यह 'ट्रैजिक विजन' कबीर की ऊँची चीज़ है। इसलिए कबीर के विचारों में कोई अन्तर्विरोध नहीं है। साफ़ नज़रिया था। हक़ीक़त निगार थे। इसलिए उदास होते थे, परेशान होते थे, नींद हराम हो जाती थी।

अग्निशेखर : आजकल आलोचना का साहित्य में विरोध सुनाई पड़ रहा है। समझा जा रहा है कि आलोचना में राजनीति इस तरह हावी हो गयी है कि प्रायः आलोचक किसी ख़ास तरह के लेखकों को उभारते या उनको नज़रअन्दाज़ करते हैं। आप क्या कहना चाहेंगे?

नामवर सिंह : सृजनात्मक लेखकों ने आलोचकों के ख़िलाफ़ बहुत कुछ लिखा है। चेखव कहते थे कि आलोचक घोड़े की पूँछ पर बैठी हुई काटने वाली मक्खी है। इसकी Nuisance value है। आलोचना दोष देखती है, छिद्रान्वेषी होती है। इसलिए सृजनात्मक लेखक अगर विरोध करते हैं तो जायज़ करते हैं। दूसरी बात कि आलोचना में राजनीति होती है, दुर्भाग्य से हम इस शब्द का प्रयोग ढीले-ढाले ढंग से करते हैं। राजनीति अच्छा शब्द है। ज़िन्दगी चलती है इससे। आपका मतलब अगर गुटबाज़ी वग़ैरह से है तो इसका विश्लेषण और विरोध किया जाना चाहिए। पर्दाफ़ाश किया जाना चाहिए। पुराने आचार्यों ने कई तरह के आलोचक गिनाये हैं। राजशेखर ने सात-आठ तरह के आलोचक गिनाये हैं। कोई मत्सरी आलोचक है, कोई दूसरे क़िस्म का है, किसी को कुछ भी अच्छा नहीं लगता।

फिर भी हिन्दी, उर्दू और दूसरी भाषाओं में सृजनात्मक आलोचना की परम्परा है। इसमें साहित्यकार की ख़ूबियों को ही बताया जाये ऐसा नहीं होता। उसकी कमज़ोरियों को हमदर्दी के साथ रेखांकित किया जाता है। असल चीज़ है समझ। आपने हिन्दी फ़िल्मों में डायलॉग सुना होगा, 'रेखा मुझे तुम समझने की कोशिश क्यों नहीं करती हो?' हर लेखक यही कहेगा कि हमें समझने की कोशिश कीजिए आजकल उन लोगों से ज़्यादा ख़तरा है, जिनका आप नाम ले रहे हैं। ग़लत जगह दाद दी जा रही है। इस बीच जो हवा-सी बह चली है कि आपने एक-दो नज़्में लिखीं, एक-दो कहानियाँ लिखीं और उसके बाद आलोचना के ख़िलाफ़ आप लिखने लग जाते हैं जिसका मतलब होता है कि मेरी तारीफ़ की जाये। लोगों का एक अ-बुद्धिजीवी रुख़ होता जा रहा है। आलोचना इंटेलेक्चुअल चीज़ है, इसका विरोध बुद्धि का विरोध है। ऐसा करने वाले अक्ल के कुछ दुश्मन हैं। ये लोग बड़े Softoption वाले लोग होते हैं। यह Softness साहित्यकार को बहुत दूर तक नहीं ले जाती है। कोई बड़ा लेखक हुआ है तो Soft नहीं रहा है। इस शब्द का प्रयोग मैं इस तकनीकी अर्थ में कर रहा हूँ।

मोहिनी कौल : अभी एक प्रश्न यहाँ पूछा गया कबीर के अन्तर्विरोधों के बारे में कहा गया कि नाथों और सिद्धों की परम्परा को लेकर कबीर की कथनी और करनी में बाद में अन्तर्विरोध दिखाई देता है। मैं नहीं समझती कि अन्तर्विरोध कहाँ पर है? कृपया आप शंका-समाधान करें।

नामवर सिंह : 'कबीर' में द्विवेदी जी का एक वाक्य है कि योग के क्षेत्र में भक्ति का बीज पड़ने से जो लता पैदा हुई वह कबीर की वाणी है। उन्होंने अपने पूर्व के योगियों के साहित्य से केवल भाषा नहीं ली, अक्खड़ता ही नहीं ली। बल्कि, कबीर ने उनसे ज़मीन ली। उन लोगों के पास, द्विवेदी जी ने कहा कि भक्ति नहीं थी। भक्ति नयी चीज़ थी जो कबीर ने डाली। इसलिए खेत में और बीज में कोई अन्तर्विरोध नहीं होता है...

(लिप्यन्तरण एवं सम्पादन : अग्निशेखर, क्षमा कौल, सम्भवतः 1998 में श्रीनगर में दिया गया व्याख्यान। 'कबीर' (सं. भृगुनन्दन त्रिपाठी) के अंक : चार में प्रकाशित)

भक्ति काव्य : कुछ पुनर्विचार

(1)

परिचय देते हुए मेरे बारे में कहा गया कि मैं कम्युनिस्ट विचारधारा का होते हुए भी प्राचीन परम्परा के प्रति अनुरक्त हूँ। सच पूछिए तो मार्क्सवाद ने ही शुरू से मुझे अपनी परम्परा का नया प्रत्यभिज्ञान कराया। अपने बारे में यह वाक्य सुन कर मुझे आचार्य रामचन्द्र शुक्ल का इसी प्रकार का एक वाक्य याद हो आया है। उन्होंने मुसलमान भक्तों के सिलसिले में बात कही कि 'मुसलमान होते हुए भी वे मनुष्यता की उच्च भूमि पर पहुँचे हुए थे।' मेरा ख़याल है कि कहना यह चाहिए था कि मुसलमान होने के कारण ही वे उस दिव्य भूमि तक पहुँच सके थे। ख़ैर।

मैंने भक्ति काव्य को आपके सम्मुख चर्चा के लिए चुना। यह कोई आरोपित दायित्व नहीं है, बल्कि अपनी विरासत को ही नये सिरे से समझने का प्रयास है। यह प्रयास हम सभी को निरन्तर करते रहना चाहिए। मित्रो, वैसे मेरा मुख्य कार्यक्षेत्र आधुनिक साहित्य ही है और वो केवल हिन्दी तक ही सीमित नहीं है। बल्कि मेरी गहरी रुचि लगभग समूचे भारतीय साहित्य में है और मैं अपने ढंग से हिन्दी के माध्यम से, समूचे भारतीय साहित्य की रूपरेखा को समझने और दूसरों तक अपने विचारों को पहुँचाने का प्रयास करता रहा हूँ।

आज भक्ति काव्य को चर्चा के लिए चुनने के दो कारण हैं—एक तो यह कि इस दौर में हिन्दू पुनरुत्थानवाद और इस्लामी मूलगामिता का नये सिरे से उभार हुआ है और इन दोनों के प्रयत्नों के बीच अपनी प्राचीन परम्परा को जिस रूप में उपस्थित किया जा रहा है, वह साधारण जनता के हृदय में प्रेम के स्थान पर भेदभाव और यहाँ तक घृणा का प्रचार करने लगी है। ऐसे समय यह प्रश्न उठना स्वाभाविक है कि स्वयं जिस साहित्य को हम धार्मिक साहित्य कहते हैं। (प्राचीन और भक्ति साहित्य को ऐसा ही समझा जाता है।) इस पर नये सिरे से विचार करने की ज़रूरत आ पड़ी है। इन तमाम चीज़ों के बीच एक बात हम भूल जाते हैं।

वह यह कि आज जो धर्मोन्माद दिखाई पड़ रहा है इसमें उत्साह चाहे जितना हो, लेकिन इसमें एक बुनियादी कमी है। वह कमी है कवित्व की। साधु हो जाने से कोई भक्त नहीं हो जाता है, शंकराचार्य हो जाने से ही कोई भक्त नहीं हो जाता है और रथयात्रा निकालने के कारण ही कोई भक्ति के मर्म तक नहीं पहुँच सकता। इसलिए आधुनिक धर्मोन्मादियों से प्राचीन भक्तों को अलग करते समय जो बुनियादी स्थापना है, उसकी ओर हमारा ध्यान जाना चाहिए। जिसे अंग्रेज़ी में हम 'क्रिएटिविटी' या सर्जनात्मकता कहते हैं, वह सर्जनात्मकता यहाँ लुप्त है। जबकि उसी सर्जनात्मकता का विस्फोट प्राचीन भक्तों में हुआ था, जो एक तरह से अन्तःप्रज्ञा और आन्तरिक प्रतिभा का प्रतिफलन है। इस पहचान को रेखांकित करने के लिए मैंने यह विषय चुना है। विषय चुनने का दूसरा कारण यह है कि मेरी समझ में भक्ति समूची भारतीय संस्कृति को दक्षिण की महत्त्वपूर्ण देन नहीं बल्कि सबसे महत्त्वपूर्ण देन है। आज आवश्यकता इस बात की है कि दक्षिण की ये जो सबसे महत्त्वपूर्ण देन समूचे भारत को रही है, उसको, उसके मूल मर्म को, उसके महत्त्व को आज के वातावरण में रेखांकित किया जाय। इन दो कारणों से आज चर्चा के लिए मैंने भक्ति साहित्य को विषय के रूप में चुना है।

भक्तों की परम्परा वाचिक परम्परा थी। मसि कागद छुओ नहीं। कविता लिख कर और काग़ज़ लेकर पढ़ने वाले आजकल के कवियों की तरह भक्त नहीं थे। बल्कि उनके यहाँ गान का स्वतःस्फूर्त ही विस्फोट होता था वो सामान्य-जनों के बीच में गान करते थे। हमारे यहाँ की पुरानी परम्परा यह रही है कि हम प्रस्थान के कुछ बिन्दु चुनते हैं। शंकर ने जब भाष्य लिखने का संकल्प किया तो ब्रह्मसूत्र, उपनिषद् और गीता को प्रस्थान बनाया। हमारे यहाँ परम्परा रही है कि भाष्य लिखकर ही लोग अपनी मौलिक बातें कहते रहे हैं। इसलिए प्रस्थान के लिए मैं अपने गुरुदेव आचार्य हजारी प्रसाद द्विवेदी को लूँगा, जिनके माध्यम से मुझे भक्ति साहित्य में प्रवेश प्राप्त हुआ है। मेरे गुरुदेव आचार्य हजारी प्रसाद द्विवेदी ने अपने सुप्रसिद्ध ग्रन्थ 'कबीर' का उपसंहार करते हुए एक बात लिखी है और आप लोगों में से बहुतों को शायद स्मरण भी हो। उन्होंने कहा कि कबीर और दूसरे सभी सन्तों और भक्तों को लोग 'समाज-सुधारक' और 'हिन्दू-मुस्लिम एकता का पैरोकार' कहते हैं। कबीर के वचनों का उपयोग समाज-सुधार के लिए किया गया है, किया जा सकता है। इसी प्रकार कबीर के वचनों को हिन्दू-मुस्लिम एकता के लिए भी उपयोग में लाया जा सकता है। आजकल दूरदर्शन पर यही कार्य हो रहा है। तमाम राजनीतिक नेता कर रहे हैं। लेकिन इस उपयोग के बावजूद सच्चाई यह है कि कबीर ने इन चीज़ों के लिए भक्ति नहीं की थी।

कबीर के भक्त हृदय से जो वाणी फूटी थी वह उनकी अपनी भावना की अभिव्यक्ति थी। इस सिलसिले में उन्होंने संस्कृत के एक श्लोक का हिस्सा उद्धृत किया है :

अब्धिर्लंघित एव वानरभटैः किन्त्स्य गम्भीरताम्।
आपाताल निमग्न पीवर तनुर्जानाति मन्द्राचलः ।।

[समुद्र को वानर भटों ने (बहादुर वानरों ने) छलाँग लगाकर पार कर लिया और शायद पार भी हो गये, लेकिन समुद्र की गहराई को नहीं जाना। समुद्र की गहराई को वह मन्दराचल पर्वत जानता है, जो पाताल तक गहरे धँसा हुआ था।] आज के अधिकांश शोधार्थी और समाज-सुधारक, जो भक्ति के श्लोक, दोहे और चौपाई उद्धृत करते रहते हैं, उन वानर भटों के समान हैं जिन्होंने समुद्र को ऊपर-ऊपर से छलाँग लगाकर पार कर दिया। जबकि आवश्यकता इस बात की थी कि समुद्र की गहराई में, उसकी धार में बैठकर उसके तत्त्व की बात हो। मेरे गुरुदेव का यह वक्तव्य मेरे लिए बराबर चुनौती रहा है। भक्ति साहित्य से कुछ इधर-उधर से नोचकर, कुछ टुकड़े निकाल कर उसे जात-पाँत के खण्डन के रूप में, धर्म के बाहरी आडम्बरों के बारे में और हिन्दू-मुसलमानों को एक करने के लिए उद्धृत करना ऊपर-ऊपर से चक्कर लगाना है। ये वानरों के समान छलाँग लगाकर समुद्र पार करने वाली बात है। सच्चाई यह है कि भक्ति के मर्म को समझकर, गहराई में जाकर और उस भक्ति तत्त्व और भक्ति भाव में निहित जो सामाजिकता है, जो सांस्कृतिक आयाम है, उसकी तलाश करने की कोशिश की जाये। और इसके लिए मैंने उस भक्ति भाव की चर्चा की।

भक्ति दक्षिण की समूचे भारत को एक देन है। मेरी कुछ ऐसी धारणा है और उसके लिए ज़रूरी है भक्ति को इतिहास में रखकर देखा जाये। समूचे भारतीय चिन्तन और भारतीय संवेदना के शताब्दियों लम्बे, वेद से लेकर आज तक के पूरे, इतिहास पर दृष्टिपात करें तो एक महत्त्वपूर्ण बात दिखाई पड़ती है। और वह है छठी से नवीं शताब्दी के बीच में एक शिफ्ट, अवसरण या परिवर्तन। हमारे यहाँ माना गया है कि जब कोई शास्त्र या ग्रन्थ कहे कि यह पंचम वेद है तो समझना चाहिए कि यह किसी परिवर्तन की सूचना है। भरत मुनि ने जब नाट्यशास्त्र लिखा तो नाट्यशास्त्र को उन्होंने पंचम वेद कहा। अर्थात् चार वेदों की परम्परा में एक नये वेद की आवश्यकता है। उस नये वेद की घोषणा के साथ इस देश का जन-समुदाय एक नये परिवर्तन की, एक नयी क्रान्ति की सूचना देता है। दक्षिण के आलवार भक्तों ने जो कहा, वह 'दिव्य प्रबन्धम्' नाम से बाद में जाना गया, इस दिव्य प्रबन्धम् को जब उन्होंने पंचम वेद कहा तो इस बात

की घोषणा हो गयी कि एक नयी चीज़ शुरू हो रही है। जो वेद में नहीं, वेद से भिन्न है। इसलिए छठी से नवीं शताब्दी के बीच पल्लव राजाओं का ज़माना केवल सुख-शान्ति का ही ज़माना नहीं था, युद्ध और कला भी बहुत थी। एक ओर राजनीतिक इतिहास में तलवारों की झंकारें सुनाई पड़ रही थीं, उसी बीच में नयी मधुर वाणी प्रस्तुत हुई थी, जिसे हम आलवार भक्तों के 'दिव्य प्रबन्धम्' के रूप में जानते हैं। जिसके शीर्षस्थ बारह आलवारों में दो ही ब्राह्मण थे। एक स्त्री और बाक़ी अब्राह्मण, जिनकी गणना शूद्रों में की जा सकती थी। इन लोगों ने इस नये वेद की रचना की, जिसको पंचम वेद कहते हैं। ये जो शिफ्ट है उसमें महत्त्वपूर्ण बात यह है कि यह वेद तमिल में है, हिन्दी में इनका अनुवाद तमिल वेद के नाम से हुआ है। वेद तो संस्कृत में है। संस्कृत वेद के विरुद्ध तमिल वेद। तमिल उस समय की लोकभाषा थी, जन-भाषा थी इसलिए एक लोकभाषा में लोक समुदाय एक नये वेद की रचना कर रहा था। ये भारतीय इतिहास में महत्त्वपूर्ण घटना है। पाँचवें वेद के नाम से और रचनाएँ तो हुई हैं पर वो सब संस्कृत में हुई हैं। ये कहना इसलिए ज़रूरी है कि भक्ति की चर्चा करते हुए आमतौर से हमारे आचार्यों ने, हिन्दी में ही नहीं बल्कि सभी भारतीय भाषाओं में, तेलुगु और तमिल के लोग भी अपनी हर परम्परा को वेद तक ले जाते हैं। बंगला में मुहावरा है कि वेद सबाची—वेद में सब है, ऐसा नहीं है। लेकिन एक बात याद रखिए वो ये कि इस देश में लम्बे समय तक वह परम्परा समाप्त नहीं हुई है, जिसे दक्षिण के एक समाजशास्त्री एम.एन. श्रीनिवास ने समाजशास्त्र की भाषा में 'संस्कृताइजेशन' कहा था। इस संस्कृताइजेशन पर हम जब तक ध्यान नहीं देंगे तब तक भक्ति के इतिहास को समझने में हमसे भूल होगी। लोकभाषा में जो चीज़ प्रचलित थी उच्च वर्ग के लोगों ने उसको एप्रोप्रिएशन करके उस भाषा में हज़म कर लिया और उसे संस्कृत रूपों में प्रचलित किया। उदाहरणस्वरूप मैं कहना चाहता हूँ आपसे कि 'दिव्य प्रबन्धम्' की जब रचना हो चुकी थी उसके बाद रामानुचार्य ने उसी के आधार पर एक शास्त्र की रचना की, एक दर्शन की रचना की, जिसको विशिष्टाद्वैत के नाम से सभी लोग जानते हैं। उन्होंने श्री वैष्णव द्वैत सम्प्रदाय स्थापित किया। यह नहीं भूलना चाहिए कि रामानुचार्य ने यद्यपि आलवार भक्तों की प्रशंसा की, उन्हीं के काव्यात्मक अनुभवों को शास्त्रों का रूप दिया लेकिन स्वयं तमिल में कुछ नहीं लिखा। तमिल के काव्य को संस्कृत दर्शन का रूप दिया, यह संस्कृताइजेशन है। यह सही है कि भक्ति का प्रसिद्ध ग्रन्थ श्रीमद्‌भागवत है। तमिलनाडु में छठी से नवीं शताब्दी में यह शिफ्ट हुआ। उत्तर में लगभग यही शिफ्ट गुप्त काल के राजाओं के समय हुआ,

जिन्होंने अपने को परम भागवत कहा था। अवतार के रूप में विष्णु की उपासना का प्रचार जितना गुप्त राजाओं के समय में हुआ, इसके पहले नहीं हुआ था। इसलिए गुप्त राजाओं के समय में विष्णु की उपासना के अनेक रूप दिखाई पड़ते हैं। विभिन्न अवतारों की उस समय की मूर्तियों को आप देख सकते हैं। उस समय की महावाराह की मूर्तियाँ उत्तर भारत में हर जगह मिलेंगी। आचार्य हजारी प्रसाद द्विवेदी ने 'बाणभट्ट की आत्मकथा' में महावाराह द्वारा धरती के उद्धार का चित्र एक श्लोक में खींचा है :

जलौघमग्ना सचराचराधरा विषणकोट्चारिवल-विश्वमूर्तिना।
समुद्धता येन वराहारूपिणा स मे स्वयम्भूर्भगवान प्रसीदतु।।

कहना न होगा कि गुप्तों ने लोक प्रचलित भक्ति का संस्कृताइजेशन किया। सारे शिलालेख, अभिलेख, मुद्राओं पर अंकन गुप्तों के समय के मिलते हैं। महाकवि कालिदास का सम्बन्ध गुप्त काल से ही है। छठी-सातवीं शताब्दी के आसपास भारतीय इतिहास में भक्ति की जो ऐतिहासिक क्रान्तिकारी घटना हुई थी उसका जन्म लोक जीवन में हुआ था, लोक भाषा में हुआ था। उसका श्रेय आदि-अद्विज अब्राह्मणों को है। इसे दलित और पिछड़े वर्ग के लोगों ने शुरू किया था। मैं आर्य-द्रविड़ को रेशियल कॉन्सेप्ट नहीं मानता, यह सांस्कृतिक है। अब तो यह मानवविज्ञान (एन्थ्रोपोलॉजी) और इतिहास के लोगों द्वारा भी प्रमाणित कर दिया गया है। आर्यों की यज्ञ प्रधान संस्कृति के समानान्तर द्रविड़ जाति की संस्कृति का सम्बन्ध कहीं-न-कहीं भक्ति भावना से होना चाहिए। इसलिए मैंने कहा कि छठी शताब्दी के आसपास एक सांस्कृतिक शिफ्ट था, एक परिवर्तन था, एक क्रान्ति हुई थी और इस क्रान्ति का ही एक प्रचलित नाम भक्ति है। इसलिए भक्ति को केवल क्रमिक विकास के रूप में देखना ऐतिहासिक भ्रम है, दोष है, बल्कि यह एक नये परिवर्तन का सूचक है। इस रूप में भक्ति को देखा जाना चाहिए।

यह क्रान्ति क्या थी? पुराने धार्मिक समुदाय में परिवर्तन को सूचित करने के लिए ज़रूरी होता था कि प्रचलित ईश्वर के स्थान पर एक नया ईश्वर स्थापित किया जाये। भक्तों ने एक नये ईश्वर की स्थापना की। उसे खोजा। उसकी रचना की। ये वही ईश्वर नहीं है, जो उपनिषदों या वेदों का ईश्वर है। सहसा विष्णु और विष्णु के साथ कई नये ईश्वर आये और धीरे-धीरे लोक जीवन में घुल-मिल गये। इतिहास में इसके प्रमाण मिलते हैं। कृष्ण के रूप में गोपियों के साथ खेलने वाला, बाँसुरी बजाने वाला और मोरपंख लगाकर गाय चराने वाला

एक लोक देवता—एक नये ईश्वर के रूप में अवतरित हुआ। नाम वही है, गुण भिन्न है। श्रीमद्भागवत का ईश्वर वही नहीं है, जो उपनिषदों में है। जब कोई नये ईश्वर की रचना करता है तो समझ लेना चाहिए कि ईश्वर के रूप में मनुष्य अपनी एक नयी मूर्ति गढ़ रहा है। कहने के लिए ईश्वर ने मनुष्य को बनाया है, लेकिन सच्चाई यह है कि बार-बार जितने ईश्वर बने हैं उन ईश्वर के रूपों का, प्रतिमाओं का निर्माण मनुष्य ने ही किया है। इसलिए इस नये लोक समुदाय ने एक ऐसे नये ईश्वर की रचना की जो बड़ा है, महान है, प्रभु है—किन्तु इन तमाम चीज़ों के होते हुए भी वह प्रेममय है। वह केवल करुणा करने वाला ही नहीं है। केवल रहीम नहीं है। यह वैसा ही प्रेम करने वाला है जैसे पिता पुत्र से करता है, पति पत्नी से करता है, भाई भाई से करता है। ईश्वर नये रूप में पहली बार प्रकट हुआ था—प्रेममय।

हमारे यहाँ आरम्भ में पुरुषार्थ तीन माने गये थे—धर्म, अर्थ, और काम। बाद में चलकर पुरुषार्थ चार हो गये। मोक्ष जुड़ गया। इसका भी इतिहास लिखा जाना चाहिए। सम्भवतः गौतम बुद्ध के बाद जो मोक्षधर्मी जैन और बौद्ध आये, इनके कारण मोक्ष का इतना महत्त्व बढ़ा कि आगे चलकर पुरुषार्थों में मोक्ष की भी गणना हो गयी और ऐसा मान लिया गया कि वैदिक परम्परा से ही चार पुरुषार्थ होते आये हैं। जबकि सच्चाई यह है कि पहले धर्म, अर्थ, काम आदि त्रिवृत की चर्चा ही शास्त्रों में मिलती है। चतुर्वृत के रूप में शिक्षा भी शास्त्रों में मिलती है। यह चौथा पुरुषार्थ क्रान्ति का सूचक है। भक्तों ने कहा ठीक है, चार पुरुषार्थ से हमें कोई एतराज़ नहीं, लेकिन सबसे बड़ा पुरुषार्थ तो पाँचवाँ पुरुषार्थ है—'प्रेमा पुमर्थो महान' —प्रेम से बड़ा कोई पुरुषार्थ नहीं। धर्म, अर्थ, काम, मोक्ष सभी इसके नीचे हैं। इसलिए तुलसीदास जैसे भक्त मुक्ति का निरादर करते हैं और भक्त ही बने रहना चाहते हैं। भक्त से कहा जाये कि तुम मोक्ष ले लो तो वह मोक्ष नहीं चाहता, बार-बार जन्म लेना चाहता है और बार-बार राम के चरणों में रहना चाहता है। वो मोक्ष नहीं चाहता है। इसलिए मैंने कहा कि यह बहुत बड़ा शिफ्ट था। पाँचवें वेद की स्थापना ही नहीं हुई। पाँचवें पुरुषार्थ की भी स्थापना हुई और वो पुरुषार्थ 'प्रेम' है। श्रीमद्भागवत में स्पष्ट कहा गया है कि प्रेम सबसे बड़ा पुरुषार्थ है। धर्म, अर्थ, काम, मोक्ष इसके नीचे हैं। जिस तरह चार वेद नीचे हैं—पाँचवें वेद से, उसी तरह यह चारों पुरुषार्थ उस पाँचवें पुरुषार्थ से नीचे हैं। इस पंचम पुरुषार्थ प्रेम के साथ जो सबसे बड़ी चीज़ आयी थी वह थी नये ईश्वर की रचना और उसके साथ अपना रिश्ता या सम्बन्ध। यह सम्बन्ध वही नहीं था जो उपनिषदों में आत्मा और परमात्मा का या ब्रह्म और जीव का सम्बन्ध था।

भक्ति की कविताएँ पढ़ते हुए आपने देखा होगा कि भक्त अपने ईश्वर से लड़ते हैं, झगड़ते हैं, खीजते हैं, रिझाते हैं, गुस्सा करते हैं। यह उपनिषद् की आत्मा नहीं कर सकती थी, उसकी हिम्मत नहीं थी। इन भक्तों ने उस ईश्वर को जैसे ब्रह्माण्ड से उतारकर गोद में बिठा लिया, अपने घर में रखा और इस तरह अपना बना लिया कि उससे लड़-झगड़ करके भी प्रेम करते रहे तथा इस लोकजीवन में एक नया रिश्ता क़ायम किया। ईश्वर की सारी ईश्वरता और विभुता के विभूत्व के बावजूद कवि देव ने कहा है कि सम्पूर्ण ब्रह्म एक साथ और सारे लाव-लश्कर के साथ पूरे ब्रजमण्डल में छा गया। कृष्ण अकेले नहीं आये। यह लगभग वैसे ही है जैसे देश का राष्ट्रपति सहसा एक दरिद्र की झोपड़ी में आकर कहे कि हमें एक सूखी रोटी दो। यह एक नया रिश्ता था जो इन भक्तों ने ईश्वर के साथ क़ायम किया। इसको क्या क्रान्ति से कम कहा जायेगा। इसलिए मैंने कहा कि छठी से आठवीं शताब्दी के मध्य यह क्रान्तिकारी घटना हुई थी। उस घटना के महत्त्व को समझाना ज़रूरी है।

सबसे बड़ी बात यह है कि कोई भी क्रान्ति आरम्भ होती है भाषा से। मुझे गुरु से सुना हुआ ध्रुव का प्रकरण याद आता है। बालक ध्रुव अबोध था भाषा नहीं जानता था और भगवान को खोजने के लिए जंगल से जा रहा था। पैर में काँटे, ठोकरें लग रही थीं। अचानक चतुर्भुज वेदधारी भगवान जब प्रकट हुए तो वो अवाक् रह गया। चाहता था कि उनकी स्तुति में कुछ कहे, लेकिन वाणी उसके पास नहीं थी। श्रीमद्‌भागवत में है कि भगवान ने उसके गले से अपना शंख छुआ दिया और 'वाचमताम माम अन्तःकरण' में जो छुपी हुई वाणी थी वो सहसा शंख से छूने के बाद सजीव हो उठी और धाराप्रवाह श्लोकों में आयी।

ये नया ईश्वर जब आया और उससे जब नया रिश्ता क़ायम हुआ तो वह भाषा जो बोलचाल की थी, साहित्य जिसमें लिखा नहीं गया था, वह भी साहित्यका, कविता का माध्यम बनी। पहले से समृद्ध संस्कृत के समानान्तर जो भाषा थी, उस तमिल में सहसा वह वाणी जो प्रसुप्त थी, इस नये ईश्वर के छूने से संजीवनी प्राप्त कर जीवित हो उठी। यह उदय केवल भाषा का नहीं है, हमारे चारों ओर के परिवेश का भी है। सच्चाई यह है कि भक्ति आन्दोलन के साथ ही आधुनिक भाषाओं ने पहली बार साहित्यिक जीवन प्राप्त किया। ऐसा नहीं है कि भक्तों के पहले तमिल भाषा नहीं थी लेकिन तमिल को जो जीवनी शक्ति आलवार भक्तों से मिली, वो संगम काल में नहीं थी। वो प्राचीन तमिल नहीं है जो प्रसिकल है (मैं इसका विशेषज्ञ नहीं हूँ, थोड़ा-सा ही भाषा विज्ञान पढ़ा है)। भक्तों ने उस तमिल की रचना की जो आधुनिक है। आज भी वही तमिल है।

यह बात मैं इसलिए आपसे कहना चाहता हूँ कि पहली बार इस भक्ति साहित्य ने दलितों व पिछड़े हुए लोगों को, जो अपनी भाषा तो बोलते थे लेकिन वो भाषा काव्य का गौरव नहीं प्राप्त कर सकी, काव्य की प्राण शक्ति नहीं बन सकी थी, भक्ति आन्दोलन के बाद संस्कृत के समानान्तर भारत की सभी भाषाएँ एक-एक करके, जहाँ-जहाँ भक्ति पहुँची वहाँ-वहाँ वो जी उठीं और काव्य की भाषा बनीं। आप भारत के भाषायी नक़्शे पर ज़रा ध्यान दें—सबसे पहले भक्ति का उदय तमिल में हुआ है और तमिल उस नयी जीवनी शक्ति के साथ प्रकट हुई छठवीं से नवीं शताब्दी के बीच। ठीक उसके बाद भक्ति कर्नाटक पहुँची। लगभग 1000 ई. के आसपास ग्यारहवीं-बारहवीं शताब्दी के आसपास कन्नड़ में भक्ति का सहसा विस्फोट दिखाई पड़ता है जिसकी निकटतम भाषा कन्नड़ थी। ठीक उसके बाद मराठी में नामदेव और ज्ञानेश्वर के साथ बारहवीं शताब्दी में भक्ति आती है। इसी के आसपास तेलुगु और फिर जैसे-जैसे हम आगे बढ़ते हैं, महाराष्ट्र से गुजरात की ओर, सिन्ध की ओर और फिर हिन्दी में कबीर आते हैं। पंजाबी में गुरुनानक देव के साथ पहली बार पंजाबी भाषा अपनी मूर्त स्थिति में आती है। लल्लेश्वरी के साथ कश्मीरी आती है। कबीर के साथ हिन्दी आती है।उसके और पहले विद्यापति मैथिली में आते हैं जिन्हें आज भी लोग विवाद की चीज़ समझते हैं वो शृंगार के कवि हैं या भक्ति के। मैं अब भी मानता हूँ कि विद्यापति के गीतों में जो तारतम्यता है वह भक्त की तरह है। पंद्रहवीं शताब्दी के आसपास उड़ीसा, असम, बंगाल और बांग्लादेश में भी चिटगाँव जैसे दूर प्रदेशों में दिखाई देती है।

इस भक्ति-भावना के साथ लोक समुदाय को, पिछड़े हुए वर्गों को और दलितों को वाणी मिली। महत्त्वपूर्ण बात यह है कि इस भक्ति के प्रसार में इतनी ताक़त थी कि शूद्रों से इतर द्विज भक्त भी इसमें आये और उन्होंने भी इसे समझ लिया। इस देश की परम्परा रही है कि लोक और शास्त्र लगातार संवाद करते रहे हैं। वेद और लोक इन दोनों के बीच संवाद के द्वारा भारतीय संस्कृति का विकास हुआ है। कभी तनाव भी रहा है, द्वन्द्व भी रहा है। लेकिन चाहे वो द्वन्द्व हो, चाहे वो तनाव हो, इन सबके साथ बराबर एक संवाद बना रहा है। भाषा में यदि डायलॉग नहीं है तो फिर भाषा मर जाती है।

हम-आप सभी जानते हैं कि हमारी भाषा के मुहावरे वो दो ही जगहों पर सुरक्षित हैं या तो हमारे घर-परिवार में, औरतों के बीच या उन लोगों में जो हाथ का काम करते हैं, जो मेहनत करते हैं। जीवट की भाषा उनके बीच होती है, और जैसे-जैसे उससे हम दूर होते जाते हैं—चाहे वो तेलुगु बोलने वाले हों,

चाहे वे तमिल बोलने वाले हों, चाहे हिन्दी बोलने वाले हों—भाषा मरती जाती है। लेकिन भाषा का वो मूल रूप स्त्रियों और श्रमिकों के बीच जीवित रहता है। वे ही भाषा को बनाते हैं। इसलिए भाषा मूलतः जीवित रूप में वहाँ से प्राप्त हुई। कच्चा लोहा वहीं से मिला और उस कच्चे लोहे को इस्पात का रूप देने के लिए ज़रूरी है कि हमारे पास एक खराद हो। सौभाग्य से हमारे देश में एक ऐसी भाषा थी जो सुसंस्कृत थी और उस सुसंस्कृत भाषा के खराद पर चढ़ाये बिना कच्चे लोहे से रेल की पटरियाँ नहीं बनाई जा सकतीं। उस लोहे को इस्पात की भट्ठी में डालकर इस्पात बनाना ही पड़ता है। इसलिए जब ये दो भाषाएँ मिलीं और अपनी विरासत में मिलीं तो संस्कृत से लेकर इन भक्तों ने एक अलग भाषा गढ़ी। इसीलिए आचार्य शुक्ल ने लिखा है कि यद्यपि बोलचाल की अवधी तो जायसी ने लिखी लेकिन अवधी भाषा के वैभव को देखना हो तो तुलसीदास को ही पढ़ना पड़ेगा। यही बात जो तमिल भाषा के सबसे बड़े कवि हैं उनके सम्बन्ध में भी लागू होती है। उन्होंने तमिल को केवल बोलचाल तक सीमित नहीं रखा बल्कि नयनारों की भाषा में वह संस्कार भी मौजूद है जिसके कारण उनका काव्य समृद्ध हुआ। मैं इसलिए कहना ज़रूरी समझता हूँ कि जब से संस्कृत और लोक भाषाओं के बीच संवाद समाप्त हुआ है भाषाओं की क्षति हुई है। तमिलनाडु ने जब से चुन-चुन कर संस्कृत के शब्दों को निकालना शुरू किया है तब से तमिल भाषा अपनी वह रचनात्मकता लगभग खोने लगी है। ये स्वयं तमिल के साहित्यकार कहते हैं। जहाँ-जहाँ ऐसा नहीं हुआ वहाँ संवाद क़ायम है। भाषा की सामयिकता को इस रूप में भी समझने की ज़रूरत है। इसलिए मैं ये कहना चाहता हूँ कि पहली बार भक्ति ने एक और बड़ा काम किया वह यह कि देश ने अपनी भाषायी अस्मिता को उभारा।

भौगोलिक रूप से प्रत्येक भक्त लोकेल है। तमिल के आलवार भक्त जहाँ-जहाँ घूमे, उन स्थानों का उनकी रचनाओं में ज़िक्र है। ये इतिहास के साथ ही अपने भूगोल की उपासना और पूजा करते थे और उन्हें देवत्व प्रदान करते थे। वे नदियों तथा पहाड़ों को भी भगवान के रूप में पूजते थे। भूमि, नदी, पहाड़, झरना, नगर, गाँव, क़स्बे—मूर्त रूप में इन्होंने कविता में रख दिये। यह बात आपको उत्तर के भक्तों में दिखाई पड़ेगी। कबीर निर्गुण थे, लेकिन कबीर की रचनाओं में काशी और मगहर, जिस रूप में आता है वह देखने की चीज़ है। तुलसी के राम बार-बार कहते हैं कि अवध जितना प्रिय है उतना और कोई नहीं। ये बात आपको मराठी शब्दों में तुकाराम में भी मिलेगी। प्रत्येक भक्त अपने स्थान को, अपने लोकेल को, अपने भूगोल को, दिव्यता और गरिमा प्रदान करता है।

भक्तों ने इस देश के सम्बन्ध में कहा कि जब अन्धकार रहता है तो अन्धकार में सब कुछ का एक ही हल दिखाई पड़ता है, लेकिन जब प्रकाश आता है तो हर चीज़ का एक-एक रूप प्रकट होता है। अन्धकार की स्थिति में यही शहर एक धुन्ध मालूम होता है। लेकिन सूरज की पहली किरण आते ही हर मकान, हर पेड़, हर सड़क, हर गली, हर कूचा अपने-अपने रूप में उद्भासित होने लगता है। भक्ति के इस प्रकाश के उदित होते ही लगा, भारत केवल एक रूपरेखा नहीं है बल्कि एक ऐसा भरा-पूरा देश है जिसमें तमिलनाडु है, कर्नाटक है, आन्ध्र प्रदेश है, महाराष्ट्र है, बंगाल है, गुजरात है, अवध है, ब्रज है, कश्मीर है—एक-एक चीज़ अपने मूर्त रूप में प्रकाशित है। आदमी की पहचान केवल नाम से ही नहीं होती रूप से भी होती है। इसलिए भक्तों ने भगवान को रूप ही नहीं दिया बल्कि भगवान जिस देश में आये, उन्होंने उस देश को उसके अंचल प्रदेश को और उसकी भाषायी अस्मिता को आत्मसात किया।

भक्ति को केवल काव्य तक सीमित रखना, उसे अधूरा रखना है। भले ही आरम्भ उसका काव्य के रूप में हुआ है लेकिन अगर आप ध्यान दें कि उसका अन्य कलाओं में भी विस्तार हुआ। भारतीय संगीत के इतिहास में भक्ति के आने के साथ भजन और कीर्तन से एक नये संगीत की शुरुआत हुई। यह ध्रुपद गायकी नहीं है। ध्रुपद को भक्तों ने नये रूप में ढाला। इसलिए आज भी संगीत सभा में हम देखते हैं कि भक्ति संगीत, भजन-कीर्तन अपने नये संगीत शास्त्र के द्वारा पहचाना जाता है। कहना न होगा कि भक्ति के साथ एक नया संगीत आया है। साथ-साथ नाट्य रूपों का अद्भुत विकास हुआ है। सच्चाई तो यह है कि भक्ति एक तरह से कविता में भाषा का नृत्य है। यह एक उन्माद है। चैतन्य महाप्रभु का सम्बन्ध साक्षात् रूप से उसके साथ जुड़ा हुआ है। वो भक्ति के आवेश में नाचने लगते थे। कबीर जैसा आदमी 'नाच रे मन मद नाच' कहते हुए नाचता हुआ-सा दिखाई पड़ता है। इसलिए भक्ति के साथ नृत्य कला का विकास हुआ। नाट्य रूपों में से रास और जात्रा के अलावा सभी प्रकार के नाट्य रूप भौतिक साबित हुए। उल्लेखनीय बात यह है कि यह गुप्त काल से शुरू हुआ। दुनिया में ग्रीक कल्चर के बाद हमारी संस्कृति और इस देश में एकमात्र मूर्ति कला है, उससे भी चुनौती लेती हुई। उसके समानान्तर अगर भारत की मूर्ति कला को निकाल दीजिए फिर बचता क्या है? भक्ति की प्रेरणा ने, भक्ति की संजीवनी ने एक नया कला रूप प्रदान किया। भक्ति के कारण मूर्ति कला का विकास हुआ है। भक्ति का स्थापन विशेष रूप से दक्षिण के मन्दिरों में और क्रमशः उत्तर में भी हुआ है। चाहे कोणार्क में हुआ हो, चाहे खजुराहो के रूप में

हुआ हो, एक नये स्थापत्य का विकास हुआ है। आर्यों के समय में चाहे जिस प्रकार के स्थापत्य रहे हों लेकिन गुप्तों के बाद इस भक्ति भावना का विकास हुआ वो भी नये कला रूपों में।

मैं ये कहना चाहता हूँ कि भक्ति को केवल काव्य तक सीमित रखना सही नहीं है। यह काव्य से अधिक बड़ी चीज़ है। यह एक सर्जनात्मक विस्फोट था। सर्जनात्मक विस्फोट की व्यापकता इसी बात में निहित है कि वह कितनी अधिक कलाओं में अभिव्यक्त होता है। अगर कोई विचारधारा केवल गद्य में अपने को अभिव्यक्त करे तो समझ लीजिए कहीं कोई कमी है। प्रगतिशील आन्दोलन के दौरान उपन्यास और कहानियों में ज़्यादा विस्फोट हुआ, कविता आरम्भ में उतनी दूर नहीं गयी। लेकिन प्रगतिशील आन्दोलन की तुलना आप भक्ति आन्दोलन से करें तो क्या ये समग्र कला अनुभव बन सकी थी? क्या इसके साथ नया स्थापत्य, नयी मूर्ति कला, नयी चित्रकला, नया संगीत, नया नाट्य–रूप ये सब प्रस्फुटित हुए थे।

भक्तों के साथ एक नया काव्यशास्त्र और एक नया सौन्दर्य-शास्त्र आया है। बाद में उसे एप्रोप्रिएट भी किया गया। इसका एक साक्ष्य यह है कि उसे रस बनाने की कोशिश की गयी। यद्यपि भक्त लोग भी रस की ही चर्चा करते हैं। परवर्ती शास्त्रों में भी इस पर बहुत विचार हुआ है कि भक्ति को एक अलग रस बना दिया जाये। हमारे देश में ऐसी परम्परा पुरानी है। जात-पाँत को तोड़ने वाले साधु-सन्त-महात्मा इस देश में प्रकट हुए और थोड़े दिनों के बाद पाया गया कि वो एक जात बनकर रह गये। उस जात की एक ख़ास जगह है। भक्ति ने एक नया काव्यशास्त्र, एक सौन्दर्यशास्त्र रचा। रस के आचार्यों ने कहा कि ठीक है, भक्ति बहुत अच्छी चीज़ है। रस के चक्र में भक्ति के लिए भी हम स्थान बना देंगे। आठ रस की जगह नौ हुए थे, चलो, दसवाँ बना देते हैं। यानी आप 10 में से एक हैं। जैसे कोई पुराने राजा और बादशाह स्त्रियों का अपहरण करके ले आते थे–जहाँ नौ रानियाँ, एक तुम भी आ जाओ, दस हो जाओ–ये है हमारे यहाँ का प्रभुत्वशाली वर्ग, जो हर नयी चीज़ की शुरू में तो भरसक कोशिश करता है कि उपेक्षा करे, रिजेक्ट करे, जब दिखता है कि अब काम नहीं चलेगा तो एप्रोप्रिएशन करता है। हर चीज़ को अपने अन्दर ले आने का, यह प्रयास भयानक है।

इस काव्यशास्त्र के लिए भी लोगों ने कहा, चलो भक्ति में रस होता है भई, इसे कैसे इनकार कर सकते हैं तो इसे दसवाँ रस मान लेते हैं। इस बात को भूल गये अगर आप रूप गोस्वामी की 'उज्ज्वल नीलमणि' पढ़ें या मधुसूदन शास्त्री

का 'भक्ति रसायन' आप पढ़ें उन दोनों ग्रन्थों में बताने की कोशिश की गयी है कि बाक़ी को लौकिक रस कहा गया है। भक्ति महारस है और यह नाट्यशास्त्र के विभिन्न रसों में से एक है। वह रस ऑब्जेक्टिव निर्वैयक्तिक हो सकता है। कालिदास ने कहा है कि ये भावयिक रस है इसमें भक्ति के अनुभव पर ज़ोर है। भाव पर है। भक्ति-भाव शब्द का प्रयोग आमतौर पर व्यवहार में होता है। मराठी सन्तों ने प्रसिद्ध ग्रन्थ 'अनुभवामृत' लिखा है इसलिए महत्त्वपूर्ण चीज़ अनुभव है। निर्गुण सन्तों ने बार-बार 'अनभय साँचा, अनभय साँचा' कहा है। ये अनभय साँचा जो है वह श्रेष्ठ है। अनभय माने—भय रहित, निडर। अनभय का दूसरा अर्थ है अनुभव साँचा—'तू कहता काग़ज़ की लेखी, मैं कहता आँखिन देखी', ये आँखिन देखी जो है इंप्रीसिज़्म है, इम्प्रीकल है इसलिए आप देखें कि भक्त का जो रस था, जो पोयटिक्स था, उसका आधार नाट्यशास्त्र में निरूपित प्राचीन भाव चक्र नहीं है, बल्कि भाव की अनुभव आधारित एक नयी कल्पना है, एक नया शास्त्र है, नया पोयटिक्स है। उस नये पोयटिक्स में देखें तो यह पोयटिक्स एक दृष्टि से इतना सेंसपर्स है चाहे वो निर्गुण भक्त हो, चाहे वो सगुण भक्त हो। भक्त की निरक्षित कला जैसे संगीत सुने आप तो उसमें रमते हैं लेकिन ख़याल गायकी की कारीगरी के क्या कहने हैं? मैं काशी का रहने वाला हूँ। सिद्धेश्वरी देवी या गिरजाबाई या किशोरी अमोनकर या पण्डित भीमसेन जोशी जब भजन गाते हैं, उस भजन में जो तन्मयता होती है, वो डूब जाना ख़याल गायकी में नहीं होता, ध्रुपद गायकी में नहीं होता, ध्रुपद गायकी हमको उदात्त भूमिका पर ले जाती है जबकि भक्ति का मूल अर्थ ही है डूब जाना, डुबा देना।भगवान में और भगवानमयी विश्व में। ये डूबने वाला जो भाव है एक नया पोयटिक्स है।

इस नये पोयटिक्स का निर्माण भक्तों ने किया, जिसका एक रूप ऐन्द्रियता है। श्रीमद्भागवत पढ़ते हुए आप लोगों ने देखा होगा, गोपियाँ कृष्ण से जो सम्बन्ध रखती हैं उसमें एक तरह की ऐन्द्रियता है। यहाँ भक्ति साहित्य जात-पाँत के विरुद्ध विद्रोह करता है। जात-पाँत के खण्डन का सबसे बड़ा प्रमाण है कि भक्ति भगवान के साथ भक्तों को स्पर्श कराना चाहता है। गोपियाँ उनके चरणों से अपना गाल मलना चाहती हैं, उरोज मलना चाहती हैं, वक्ष मलना चाहती हैं, रगड़ना चाहती हैं। ये जो छू लेने की, स्पर्श की प्रवृत्ति है वह उनके यहाँ ज़्यादा दिखाई देती है। छुआछूत जिस समाज का श्राप रहा हो वहाँ तो भगवान से वही चीज़ ज़्यादा चाहते हैं, जैसे—उनके साथ खाना खाना, उनको खाना खिलाना, उनका जूठा खाना। ये छुआछूत भक्त और भगवान के बीच के सम्बन्धों के माध्यम से तोड़ देने की कोशिश है। यह स्पर्श की प्रवृत्ति कबीर के यहाँ भी है। वे कहते हैं :

हम वासी उस देश के जहाँ जात वर्ण कुछ नाहिं,
सुबद मिलावा होई रहा देह मिलावा नाहिं।

भक्त सबद मिलावा से सन्तुष्ट नहीं थे, 'सबद मिलावा हुई रहा देह मिलावा नाहिं।' वे भगवान से देह मिलावा चाहते थे। इस छुआछूत के विरुद्ध वे वचन उद्धृत नहीं करने चाहिए, जो कबीर ने कहे हैं। वहाँ छुआछूत को तोड़ना तो सबसे ज़्यादा है, जहाँ भक्ति भाव में भगवान के साथ प्रगाढ़ के रूप में एकमेक हो जाना है और उनके चरणों से गोपियाँ अपने को रगड़-रगड़कर मलना चाहती हैं, उनका जूठा खाना चाहती हैं, अपना जूठन खिलाना चाहती है। भगवान राम शबरी से मिलके और बोल-बतिया के भी आ सकते थे। जैसे प्रधानमन्त्री बहुत से लोगों से मिलकर चले जाते हैं। लेकिन वे उससे तृप्त नहीं हुए थे। शबरी थाली सजा के देती है लेकिन वो अपने जूठे बेर खिलाती है। यहाँ आकर छुआछूत, खाने-पीने का भेद मिट गया। भक्तों ने इस एकमयता की मिसाल दी है।

ये नया एस्थेटिक्स है, नया पोयटिक्स है, नया ऐथिक्स है, नयी नैतिकता है और नया सामाजिक मूल्य है। इसलिए मैंने कहा कि भक्तों ने एक नये काव्यशास्त्र की रचना की, नये सौन्दर्यशास्त्र की रचना की और इस नये काव्यशास्त्र और सौन्दर्यशास्त्र में एक नयी नैतिकता जुड़ी हुई है, सामाजिक मूल्य जुड़ा हुआ है। इस सामाजिक मूल्य को मैं एक संस्कृति मानता हूँ। भक्ति अपने-आप में एक सम्पूर्ण कल्चर था, सम्पूर्ण संस्कृति थी। यह समझना कि भक्त अकेले रहे, साधना करके और भगवान से प्रार्थना करके सन्तुष्ट हो जाये तो वो भक्त नहीं है। आमतौर से देखेंगे कि भक्त अपना कीर्तन भजन समुदाय में करते थे। एक सामुदायिक और सामूहिक जीवन जीना उनके बीच रहना—भक्तों ने रहनि को (रहन-सहन को) वे ऑफ़ लाइफ़ को महत्त्व दिया है। कल्चर और क्या है? जबकि सारा ज्ञान, सारा अनुभव, सारा सौन्दर्य, प्रेम जब तक हमारे आचार का अंग न बन जाये। तुलसीदास कहते हैं—'कबहुँक हौ यह रहनि रहौंगौ'—ये जो रहनि है इसे ही कल्चर कहते हैं। यह रहनि यह नहीं है कि कैसे रहेंगे। यह नित्यकर्म करना नहीं है।

भक्त के लिए अलग से घण्टी टुनटुनाने की ज़रूरत नहीं पड़ती। हम जो कर रहे हैं वो सब भगवान का ही काम है। इसके लिए उन्होंने समुदाय का निर्माण किया है। इसलिए भक्ति केवल अकेले की चीज़ नहीं थी बल्कि एक सामूहिक चीज़ है। सामूहिक जीवन के द्वारा भक्तों ने एक कल्चर का निर्माण किया था। इसलिए देखेंगे कि वे भक्त जो समाज में तो वर्ण व्यवस्था को सुरक्षित रखना चाहते थे जैसे तुलसी उनके यहाँ भी वर्ण व्यवस्था तो थी लेकिन ऊँच-नीच नहीं है।

वहाँ निषाद से भी राम गले मिलते हैं। अयोध्या में होते तो नहीं मिल सकते थे। इसलिए आचार्य शुक्ल ने चित्रकूट सभा को आध्यात्मिक घटना कहा है। अयोध्या में शायद गुरु वशिष्ठ केवट को दूर से ही भगा देते, लेकिन वहाँ आने पर चित्रकूट में गुरु वशिष्ठ भी केवट को गले लगाते हैं अर्थात् भक्ति एक ऐसा कल्चर है जिसमें सामाजिक बन्धन शिथिल हो जाते हैं। लगभग वैसे ही समझ लीजिए कि कम्युनिस्ट पार्टी के लोग जब शादी करने जायेंगे तो परिवार में जात-पाँत का भी ख़याल रखेंगे, कर्मकाण्ड करेंगे। लेकिन पार्टी दफ़्तर में यह नहीं हो सकता है। पार्टी दफ़्तर में तो आपको दूसरा ही व्यवहार करना पड़ेगा। भक्तों ने भी लगभग यही सिस्टम उस ज़मीन में लागू किया था। एक हज़ार साल के बाद आप भी कर रहे हैं और कहते हैं कि आप बड़े प्रगतिशील हैं। भक्तों की दुनिया में मूल है प्रेम। यहाँ सब राममय है 'सिया राम मय सब जग जानि'। केवट श्रीराम में, राम भी राम में, वशिष्ठ भी राम में हैं तो कम-से-कम वशिष्ठ जी अयोध्या में चाहे जो पुरोहिती चलायें लेकिन वहाँ आने के बाद उनको वही करना पड़ेगा, जो भक्ति कल्चर के नियम हैं, जो उस नियम के अन्तर्गत है। इसलिए भक्ति अपने-आप में टोटल कल्चर है केवल कविता नहीं है। यह संस्कृति उन लोगों ने दी। इस कल्चर का शुभारम्भ निचले और पिछड़े वर्गों के लोगों द्वारा हुआ, किन्तु इनमें इतनी उदारता थी कि उन्होंने दूसरों का बहिष्कार नहीं किया। भक्ति के मूल्यों के आधार पर गोस्वामी तुलसीदास या राजरानी मीरा उसी तरह से थे जैसे रैदास चमार थे। उनके चरणों में राजरानी मीरा को बैठना पड़ता था। इसलिए चाहे नायनार भले ही द्विज न रहे हों लेकिन ब्राह्मणों को भी नायनार के सम्मुख नतमस्तक होना पड़ा, ये कल्चर भक्ति ने बनाया था। इसलिए मैंने कहा कि यही सामाजिकता है जो इस संस्कृति का मूल्यवान रूप है।

अन्तिम बात। आमतौर से इतिहासकारों, समाजशास्त्रियों की धारणा है कि आधुनिकता का आरम्भ उन्नीसवीं शताब्दी में हुआ है। अब नये सिरे से भारत का सांस्कृतिक इतिहास लिखा जाना चाहिए। बहुत-सी चीज़ों को जिन्हें हम उपनिवेशवाद की देन मानते हैं शायद प्राक् उपनिवेशवादी दौर में शुरू हो चुकी थीं। मेरा ऐसा मानना है कि भक्ति के साथ भारत ने, उस सामन्ती समाज व्यवस्था ने, अर्थतन्त्र में भले ही बड़ा फेरबदल न किया हो लेकिन सांस्कृतिक स्तर पर और मानसिकता के स्तर पर उसमें आधुनिकता का उदय हो गया था और उस आधुनिकता की मैं एक पहचान मानता हूँ, वो पहचान है, मानव की गरिमा को महत्त्व। वह व्यवस्था अनाधुनिक है जिसमें किसी का महत्त्व उसके कुल के कारण होता है, किसी का महत्त्व उसके पद के कारण होता है,

किसी का महत्त्व उसकी जाति के कारण होता है, किसी का महत्त्व उसके धर्म के कारण होता है। भक्तों ने पहली बार यह स्थापित किया कि भक्त का महत्त्व जात के कारण नहीं, कुल के कारण नहीं, पद के कारण नहीं, सम्पत्ति के कारण नहीं, धर्म के कारण नहीं होता बल्कि उसका महत्त्व होता है उसके भक्ति भाव के कारण। इसलिए वह व्यक्ति रूप में महत्त्वपूर्ण है। यही वजह है कि भारतीय साहित्य में पहली बार सभी भक्तों को उनका अपना मान मिलता है। कबीर, तुलसी, मीरा आदि सारे भक्त अपना नाम लेकर कहते हैं। और नाम लेकर कहते हुए जब जाति का भी नाम लेते हैं तो उन्हें कोई संकोच नहीं होता। वे 'कहे रैदास चमारा' जब कहते हैं तो खुलकर अपने को चमार कहते हैं। बहुतों की तरह से उनमें हीनता की भावना नहीं है। आजकल अपनी जात बताते हुए लोगों को संकोच होता है। भला हो गाँधी जी का उन्होंने इनको हरिजन नाम दे दिया। बहुत से लोगों ने जात-पाँत के सारे भेद को मिटाकर एक दलित शब्द दे दिया है। भक्त अपना नाम गर्व से कहता है। कबीर अपने को 'काशी का जुलाहा' कहते हैं —'तू ब्राह्मण मैं काशी का जुलाहा।' अपने को जुलाहा या चमार कहते हुए कोई हीनता की भावना इन पर असर नहीं करती। प्राचीन समाज व्यवस्था में चाहे आदमी जिस जाति का हो, लेकिन उस जाति को छिपाता नहीं था। उस जाति का होने में भी अपने-आप में एक सम्मान अनुभव करता था। आज वह मनुष्य ज़्यादा उपेक्षित, पीड़ित, दलित और पतित मान लिया गया है। पुराने समय में कम-से-कम भक्तों के बारे में मिलता है कि अपनी जाति का उल्लेख करते हुए उनमें हीनता की भावना नहीं थी। इसलिए कि वे जानते थे कि व्यक्ति का महत्त्व भक्त के रूप में है, चमार के रूप में नहीं, जुलाहे के रूप में नहीं, नाई के रूप में, धोबी के रूप में नहीं, धुनिया के रूप में नहीं।

यूरोपीय समाज कहता है कि यूरोपीय समाज की सबसे बड़ी देन है इंडिविजुअल व्यक्ति का महत्त्व। एक विडम्बना देखिए। आप व्यक्ति के रूप में एडमिशन लेने के लिए कॉन्वेंट में जाते हैं, तो वो लोग कहते हैं कि पेरेंट्स की परीक्षा हम लेंगे। आप किस परिवार से आये हैं यह जानने के बाद आपको एडमिशन देंगे। उसपर तुर्रा ये है कि हम लोग बड़े विकसित हो गये हैं। कबीर ने जब कहा कि

जात न पूछो साधु की पूछ लीजिए ज्ञान।

काम करो तलवार का पड़ा रहने दो म्यान। तलवार से आपका मतलब है कि आप देखना चाहते हैं कि तलवार काटती है कि नहीं। हीरो से जड़ी हुई म्यान में भोथरी तलवार रखी हो तो तलवार किस काम की, लेकिन चमड़े की म्यान में रखी तलवार अगर गर्दन उड़ा सकती है तो उसी का महत्त्व है।

तलवार की धार देखिए। म्यान से उसका मूल्य मत आँकिए। म्यान जो है वो जात है और तलवार की धार जो है उसका भक्ति भाव है। इसलिए व्यक्ति मानव की गरिमा की स्थापना भारतीय इतिहास में पहली बार जिस दृढ़ता के साथ भक्ति ने की, ये उसकी आधुनिकता का प्रमाण है। इंडिविजुअल ह्यूमन बीइंग्स—जिस पर यूरोप को गर्व है कि उनकी देन है, मैं कहना चाहता हूँ कि भारत में वो भक्ति की देन है। वो अंग्रेज़ों का तोहफ़ा नहीं है। हमारे यहाँ कुछ लोग मानते हैं कि नये क़ानून बनने के कारण, कॉन्स्टिट्यूशन बनने के कारण यह हुआ। कॉन्स्टिट्यूशन में लिख दिया इसलिए भारत में ज़्यादा भक्ति का महत्त्व हो गया। जेंडर तक का महत्त्व भक्तों ने तोड़ दिया। बड़े-बड़े भक्त हुए लेकिन मीरा की महिमा बड़ी है। ये आधुनिकता भक्ति के साथ आयी थी।

एक आख़िरी बात और चलते-चलते मैं ये कह दूँ कि मैंने जब कहा कि भक्ति ने भाषायी अस्मिता प्रदान की तो भक्ति ने एक बहुत बड़ा काम किया था, जिसे आज हम लोगों को याद रखना बहुत ज़रूरी है। भक्ति ने पहली बार भारतीय कल्चरल के फ्रंटियर्स निर्धारित किये थे। सांस्कृतिक राष्ट्र के रूप में भारत एक है, राजनीतिक रूप में भले ही एक न हुआ हो। ये राजनीतिज्ञों का काम है कि राजनीतिक एकता क़ायम करें। लेकिन पहले आप जानते हैं कि कोई मकान बनता है तो ब्लू प्रिंट तैयार किया जाता है। भारत एक राष्ट्र है। भक्तों ने उसका एक मानसिक-सांस्कृतिक नक़्शा तैयार किया और ये काम राजनीतिज्ञों के लिए छोड़ा कि आगे चलकर उसे ये राजनीतिक राष्ट्र के रूप में स्थापित करें। मैं ये इसलिए कह रहा हूँ क्योंकि भक्ति आन्दोलन शुरुआत में क्षेत्रीय था, क्रमशः लहर के रूप में, तरंग के रूप में फैलता हुआ धीरे-धीरे दक्षिण से कश्मीर तक गया। गुजरात के कच्छ से लेकर चिटगाँव तक गया। इसने जो फ्रंटियर क़ायम किया उस पर ध्यान देना चाहिए। भक्ति अफ़ग़ानिस्तान में नहीं पहुँची। भक्ति ईरान में नहीं गयी। इसलिए ईरान और अफ़ग़ानिस्तान से लगी हुई जो सांस्कृतिक सीमा है, भक्तों ने पश्चिम में यह सीमा स्थापित की—सिन्ध में है, पंजाब में, कश्मीर में, चिटगाँव में, लेकिन ब्रह्म देश (बर्मा) में नहीं है, सीलोन में नहीं है। राष्ट्र की यह सांस्कृतिक सीमा, एक तरह से चौहद्दी, भक्तों ने पहली बार स्थापित की। उसके बीच में प्रत्येक भाषायी और जातीय अस्मिता की स्थापना की। अर्थात सांस्कृतिक राष्ट्र की चौहद्दी के भीतर हर प्रदेश की अपनी सांस्कृतिक अस्मिता की विशिष्टता है। मैं मानता हूँ कि भारत की राष्ट्रीय एकता, जिसे अंग्रेज़ी मुहावरे में लोग 'यूनिटी इन डाइवर्सिटी' कहते हैं, उसे क़ायदे से भक्तों की भाषा में देखें। अर्थात तमिल विशिष्ट भारत, तेलुगु विशिष्ट भारत, हिन्दी विशिष्ट भारत।

इसलिए प्रत्येक प्रदेश की विशिष्टता के साथ भारत की सांस्कृतिक निकटता बनी हुई है। मैं उसे भिन्नता में एकता नहीं कहता। जैसा मैंने कहा कि भारत सच पूछिए तो राष्ट्र के रूप में विशिष्ट रूप पर आधारित है। भक्तों ने तमाम विभेदों के बीच भक्ति भाव की एकता स्थापित की थी। शिव की भक्ति करने वाला भी भक्त है, कृष्ण की भक्ति करने वाला भी भक्त है, राम की भक्ति करने वाला भी भक्त है, निर्गुण ब्रह्म की भक्ति करने वाला भी है, सगुण की करने वाला भी है। चाहे जिस देवता की करें। ये विग्रह है। इस विग्रह का महत्त्वपूर्ण भाव है। इस भाव के द्वारा आप चाहें शिव की भक्ति करें, चाहे जैन भक्त हों, चाहे बौद्ध भक्त हों। यही नहीं बल्कि सूफ़ी सन्तों का एक दूसरा ईश्वर हुआ करता था वो भी इसलिए चाहे वो सूफ़ी हो, चाहे हिन्दू भक्त हो, चाहे जैन हो, चाहे बौद्ध हो—देवता का विग्रह कोई भी हो भाव महत्त्वपूर्ण है। बार-बार भक्त कहा करते थे भगवान भाव के भूखे हैं। विचित्र बात है कि मनुष्य उस भाव को छोड़कर रूप का भूखा हो रहा है और ईश्वरों को लड़ा रहा है।

(2)

भक्तों का काव्य पढ़ते हुए एक बात मेरे मन को बराबर कुरेदती रही कि सभी भक्तों में दुख की अनुभूति इतनी प्रबल क्यों है? कबीर का प्रसिद्ध दोहा है—

सुखिया सब संसार है, खावै अरु सोवे।
दुखिया दास कबीर है जागे अरु रोवे।।

यह अकेली उक्ति नहीं है, बल्कि कबीर के पदों से कुछ और उदाहरण आप दे सकते हैं—

जीयरा तेरा फिरे रे उदास जीयरा तेरा फिरे रे उदास

जात जुलाहा नाम कबीरा बन-बन फिरों उदासी।

ये बन-बन उदास फिरते हैं। कबीर के यहाँ ऐसे अनेक वर्णन मिलेंगे, यहाँ तक कि सुख और दुख में से सुख को छोड़कर वो दुख को चुनने के लिए तैयार रहते थे:

कबीरा सुख को जाये था आगे मिलिया दुख।
जाहि सूख घर आपने, हम जाणैं और दुख।।

सुख मिला और सुख को छोड़ दिया, तू अपने घर जा अब हम और दुख दो ही हैं। ये कबीर का वचन है। अकेले कबीर का ही होता तो हम समझते कि कबीर कुछ ख़ास तरह के आदमी थे। शायद यह भी कि वो जात के जुलाहे थे,

समाज में छोटे समझे जाते थे, नीचे समझे जाते थे, अपमान और लांछन भोगते थे इसलिए वो दुखी थे। तुलसीदास तो जाति के ब्राह्मण थे, तुलसी भी दुखी दिखाई पड़ते हैं। सम्भवतः कबीर से अधिक दुख के पद तुलसीदास की 'विनय पत्रिका' में हैं। 'कवितावली' का उत्तरकाण्ड पढ़ते समय यह दुख ज़्यादा गहन रूप में आया है। कबीर तो गीत लिख रहे थे, तुलसीदास की 'विनय पत्रिका' में और ख़ासतौर से 'कवितावली' में ये गुंजाइश थी कि वे अपने दुख के आधार, वातावरण और परिवेश का ज़िक्र कर सकते थे। इसलिए काशी का जो वर्णन उन्होंने किया है, जहाँ खलों की बाढ़ आ गयी है, दुष्ट ही भरे पड़े हैं, तरह-तरह से सता रहे हैं। उन तमाम लोगों का भी विस्तार से तुलसी ने वर्णन किया है। तुलसीदास को पढ़ने से मालूम होता है कि कोई भला आदमी ऐसा नहीं है जो सुखी दिखाई पड़ता है। किसान, भिखारी और दूसरे तरह-तरह के लोग हैं, जो पीड़ित और दुखी दिखाई पड़ रहे हैं। इन तमाम लोगों की लम्बी गाथा तुलसीदास ने लिखी है। वे यहाँ तक कहते हैं कि भगवान के रहते हुए 'सकल जीव जग होई दुखारी'। इस दुनिया में भगवान है, यह संसार 'सिया राममय' है। बावजूद इसके 'सकल जीव जग होई दुखारी'। सभी जीव दुखी हैं। इतने निराश, हताश होकर तुलसीदास कहते हैं कि मेरी जीने की लालसा ही समाप्त हो गयी है। सारा जीवन बिता दिया राम के लिए। फिर भी 'जीव कौन लालसा दयालु महादेव मोही'। सम्पूर्ण जीवन पर दृष्टिपात करते हुए तुलसीदास कहते हैं कि 'कियो न कछु'? कहिबो ना कछु, करिबो ना कछु, मणिबो रह्यो कर'। आज तक न मैंने कुछ किया है न आगे कुछ करूँगा न कुछ कहूँगा अब केवल मरना चाहता हूँ।' कहने वाले कहते हैं कि आख़िरी दिनों में महामारी के प्रकोप के कारण तुलसीदास को एक ऐसी असाध्य बीमारी हो गयी थी जिसके कारण शायद महाकवि निराश हो गये हों। कहने वाले ऐसा कहते हैं। लेकिन कबीर को तो ऐसी कोई बीमारी नहीं थी। तुलसी—इतना बड़ा भक्त, राम में जिसकी आस्था हो वो स्वयं अपनी जीने की लालसा छोड़ बैठा है और बार-बार कहता है कि 'जाऊ कहाँ ठोर' कोई जगह नहीं है कहाँ जाऊँ? यह एक स्थिति है, जो तुलसीदास की दिखाई पड़ती है। 'मेरो दर्द ना जाने कोए'—मीरा का दर्द इतना सर्वविदित है कि इसका उदाहरण देकर समझाने की ज़रूरत नहीं है। दूसरे एक सन्त रैदास हैं— 'जो मोहि वेदन अपनी आँखों हरी बिन जीवन रहे कैसे राघव'। आर्द्र स्वर में रैदास पुकारते हैं—'त्राहि त्राहि त्राहि त्राहि ध्रुवन पावन अतिशय शूल सकल बलि जाऊँ'। इस अतिशय शूल से रैदास भी पीड़ित दिखाई पड़ते हैं।

भक्ति साहित्य की चर्चा में बार-बार कहा जाता है कि भक्ति आनन्द का सागर है। इस आनन्द के सागर में यह जो दुख का, वेदना का, दर्द का, पीड़ा का, शूल का कण है, जो चुभता रहता है, वो क्या है? उसका क्या कारण है? मित्रो, भक्ति के सामाजिक, सांस्कृतिक आयाम पर विचार करते समय कुछ लोगों ने दुखों के जिन कारणों की चर्चा की, वो सतही लगती है। वे वानरभट के समान समुन्दर को छलाँग लगाकर पार करते हैं। उनके पास इसका उत्तर बड़ा स्पष्ट है। दरिद्रता या छोटी जाति। उनका मानना है कि रैदास और कबीर उस सामाजिक अपमान के कारण दुखी थे या पूरे समाज में कवि की भक्ति की उपेक्षा हुई। जैसे आजकल के बहुत से साहित्यकारों को वर्तमान समाज में लौकिक और सांसारिक दुख हैं। भक्तों में भी वही दुख ढूँढ़ लें और देखें कि इन्हीं लौकिक दुखों की वजह से वे भी दुखी रहे हों जैसे हम आज भी हैं। मुझे बार-बार लगता है कि यह उस वेदना का अपमान है, उपहास है, अति सरलीकरण है। जैसी गहरी वह वेदना थी। उस वेदना का सम्भव है कि एक सामाजिक आधार यह रहा होगा। किन्तु ये भौतिक वेदना इतने बड़े काव्य की रचना नहीं कर सकती। एक मार्क्सवादी विचारक ने कहा कि अगर किसी कंजूस आदमी का पैसा खो जाये और उसके बारे में कविता लिखे तो लोग हँसेंगे। कोई सेठ दिवालिया हो जाये और उस पर उपन्यास लिखे तो क्या सचमुच उपन्यास बनेगा? कोई मन्त्री अपने पद से हटा दिया जाये और उसकी व्यथा में वह कुछ गीत लिखे तो क्या काव्य का दर्जा पा सकेगा? लेकिन प्रेमी टूटे हुए दिल को, खोए हुए प्रेमी की व्यथा को गाये तो काव्य बनता है। क्यों? इसलिए तुलसीदास दरिद्र होने के कारण और कबीरदास जुलाहा होने के कारण दुखी होते तो भक्ति काव्य में वो गहराई, वो खनक, वो लोकव्याप्ति नहीं होती। मीरा राणा के द्वारा दिये गये विष की ही गाथा गातीं तो मुम्बइया फ़िल्मों के लिए भले ही आकर्षक बन जातीं लेकिन मीरा की इस व्यथा में गहराई नहीं होती जो लोगों को छू लेती। और किसी शब्द के अभाव में मैं यही कहूँगा कि ये लौकिक से ज़्यादा बड़ी कोई अलौकिक या कोई आध्यात्मिक वेदना रही होगी जिस वेदना ने उस उदात्त और ऊँची भूमि पर काव्यों को प्रतिष्ठित करने की कोशिश की। इस तरह की वेदना अन्य देशों में भी सन्तों और भक्तों में दिखाई पड़ी है। पासकास जो प्रसिद्ध ईसाई सन्त और भक्त थे, मैथमेटिक्स के विद्वान थे; उनमें भी दिखाई पड़ती है। कुछ ईसाई सन्त हैं, कुछ सूफ़ी सन्त हैं उनमें यह वेदना है। सूफ़ियों के यहाँ भी अनेक प्रेम की पीर के ही गायक थे। बौद्धों की थेरी गाथाओं को आप पढ़ें तो उनमें भी वो गहरी वेदना मिलेगी। मैं कहना चाहता हूँ कि संसार के तथाकथित धर्म के अन्तर्गत मिस्टिक

अर्थात् रहस्यधर्मी प्रत्येक धर्म में हुए हैं। एक ओर उन धर्मों के पुरोहित, बिशप, फादर हुआ करते थे। बड़े सुखी-सन्तुष्ट होते थे। किसी ने कहा था कि सुखी सूअर के समान हुआ करते हैं। इसके समानान्तर ये रहस्यधर्मी हैं। चाहे वो ईसाइयत हो, चाहे वो इस्लाम हो, चाहे वो हिन्दुत्व हो, इसके भीतर जो एक बात समान दिखाई देती है वह गहरी वेदना है।

कबीर को समझने की एक कुंजी मुझे प्रेमचंद में मिली। शंकराचार्य के मायावाद का इस देश के लोगों ने बड़ा खण्डन किया है कि शंकर ने विनाश कर दिया, संसार को माया कहते हैं। यह सतही ढंग से माया को समझने के कारण है। कबीर ने माया के बारे में बहुत लिखा है। इस माया को समझने के लिए प्रेमचन्द की 'कफ़न' कहानी को हम देख सकते हैं। जब समाज से पीड़ित घीसू और माधो कलवरिया में जाते हैं। अन्त में उस दुख को भुलाने के लिए शराब पीते हैं। उसके बाद वो झूमकर नाचते हैं और ठगनी का नाटक करते हैं। वो ठगनी और माया बार-बार कबीर में आती है। यह क्या चीज़ है, कौन-सी माया है, जिस माया के कारण हम लोग परेशान रहते हैं। माया के अनेक अर्थ हैं। ये माया भी कई तरह की होती है। घर जोड़ने की माया होती है। इसलिए इस संसार में माया के अनेक रूप हैं, लोगों ने माया को कई रूपों में स्वीकार किया है। कोई आदमी कुर्सी से चिपका रहे तो कहते हैं कि माया से चिपका है। कोई आदमी पढ़ाई-लिखाई छोड़कर केवल कार, बंगला वग़ैरह की सोचे तो हम कहते हैं कि घर जोड़ने की माया में लगा हुआ है। कबीर बार-बार कहते हैं सारा जगत् माया का भुलाया हुआ है और विचित्र बात है कि कबीर उस माया से छेड़छाड़ करते हैं। मायावाद का खण्डन करते हों, ऐसा कभी साफ़-साफ़ नहीं लगता। एक ओर ऐसा लगता है कि उस माया से उनका लव-हेट का रिलेशनशिप है। उसी माया के पुतले वो ख़ुद भी हैं। ऐसा प्रतीत होता है कि भगवान की माया हर तरफ़ द्वन्द्व मचाती है। ये माया हरि की ही है जो द्वन्द्व मचा रही है। इसलिए कबीर माया से भी छेड़छाड़ करते हैं। ऐसा लगता है जैसे देवर-भाभी का सम्बन्ध हो और वे उस भाभी से छेड़छाड़ करते हुए दिखाई पड़ते हैं। इसलिए उस दुख को समझने की कोशिश में मुझे लगा कि कहीं कुंजी उस माया में तो नहीं, जिस माया में मैं अपनी आज की समस्या समझता हूँ।

एक विद्वान ने कहा था—'रेशनल इज़ रीयल, रीयल इज़ रेशनल'। इसका ठीक उलटा होगा कि जो इररेशनलिज़्म है, जो बुद्धि की पकड़ में नहीं आता है, संसार में बहुत कुछ हो रहा है जो हम बार-बार देखते हैं पर जो समझ की पकड़ से बाहर है। आज की भारतीय राजनीति में भी कभी-कभी आपको दिखाई पड़ेगा।

मैं उस माया को समझने की कोशिश करता हूँ तो मुझे लगता है कि माया एक तरह का जाल है, वो इररेशनल है, वह सत्य पर पर्दा डाला जाता है। वह एक प्रकार की माया का रूप है और शायद उस माया में ही दुख का कारण है। कबीर एक जगह कहते हैं—'देह धरे को दण्ड है सब काहू को होय, ज्ञानी भुगतै ज्ञान कर मूरख भुगतै सोय'—यह संसार जिस आदमी को इररेशनल दिखाई पड़ता है, वह सचमुच सुखी होना चाहिए पर वो दुखी दिखाई पड़ता है। जिस आदमी को क़ायदे से पाप का दण्ड भोगना चाहिए उसी को हम सबसे ज़्यादा सक्सेसफुल और सफल देखते हैं, ये इररेशनल नहीं तो क्या है? जिस आदमी को हम समझते हैं कि दण्ड नहीं मिलना चाहिए, हम देखते हैं कि उसको दण्ड मिलता है और ठीक इसके उलटा जिस आदमी को क़ायदे से दण्ड दिया जाना चाहिए वह छूट जाता है। अन्यायी जिस समाज में फलते-फूलते हैं वो सोसायटी इररेशनल है। यह एक विचित्र-सी स्थिति दिखाई पड़ती है कि भक्त इस संसार में हरि की माया के साथ रहने को मजबूर है। कबीर कहते हैं कि ऐसे समाज में रहने के कारण दुखी तो होना ही पड़ेगा। देह धारण करके इस संसार में रहना, जीना है इसलिए दुख तो होगा ही। संसार हमारे मन के मुताबिक नहीं बन सकता। हम अपने-आप को तो भक्त बना सकते हैं मगर सारे संसार को भक्त नहीं बना सकते। सारा संसार राम का, भगवान का या निर्गुण का भक्त बन जाये, सुधर जाये, ये तो नहीं हो सकता। अपने को तो मैं सुधार सकता हूँ, सारी दुनिया को तो नहीं सुधार सकता। ऐसे समाज में जीवित रहते हुए दण्ड तो भोगना ही पड़ेगा। फ़र्क़ इतना ही है कि यह ज्ञान हो जाने के बाद 'आफ़्टर सच लाइट्स व्हाट फोर दिस'। इसलिए ईसाई धर्म में तो प्रसिद्ध है कि ज्ञान का ज्ञान ही पाप है। उसी का दण्ड भुगतते हैं। इसलिए भक्तों के दुख की एक सीमा है और वो यह मुझे दिखाई पड़ता है कि संसार माया में रचा हुआ है। इसलिए सारी दुविधा और द्वन्द्व इस बात का है कि न इस संसार को पूर्णता से स्वीकार कर सकते हैं और न इस संसार को एकदम त्याग सकते हैं। उन लोगों का काम बहुत आसान है, जिन्होंने संसार को ज्यों का त्यों स्वीकार कर लिया या संसार को ख़ारिज कर दिया, तिरस्कृत कर दिया, रिजैक्ट कर दिया और संन्यास लेकर चले गये। इस दुनिया को त्यागने के बाद, संन्यास लेने के बाद वो कितना सुखी रहते हैं? —ये एक अलग प्रश्न है। लेकिन भक्तों की पूरी व्यथा और द्वन्द्व ही इस बात का है कि न इस संसार को पूर्णतः स्वीकार कर सकते हैं और न इस संसार को पूर्णतः ख़ारिज कर सकते हैं। भक्त स्वीकार और ख़ारिज के द्वन्द्व में रहते हैं। तुलसी स्पष्ट हैं कि राम के सिवा मेरा कोई नहीं। वे कहते हैं—'मैं हर देवी-देवता के पास गया और सबको

छोड़ करके अन्त में मैं तुम्हारे पास आया। तुम्हारे पास आने के बाद अब भी मैं दुखी हूँ। मेरा दुख दूर नहीं हो रहा है।' मूर्त रूप में कहा जाये कि तुलसी ब्रह्म रूप राम के पैर पकड़े हुए हैं फिर भी हाथ उनके काँप रहे हैं, हिल रहे हैं और जम नहीं पा रहे हैं। पूरी 'विनय पत्रिका' में यह दिखाई पड़ता है कि ईश्वर है और ये संसार ईश्वरमय है। सियाराममय है। बावजूद इसके एक तो दुविधा यह है कि यदि यह संसार सियाराममय है तो इसको आनन्द का सागर होना चाहिए, फिर दुख के लिए कोई जगह नहीं होनी चाहिए। दुख है। इसलिए एक ओर न तो वे संसार को स्वीकार करते हैं न अस्वीकार करते हैं। दूसरी ओर जिस ईश्वर को स्वीकार किया है उस ईश्वर के प्रति अडिग आस्था रहते हुए भी कुछ ऐसा वे सोचते हैं कि जितनी अपेक्षाएँ तुमसे हैं वे सारी की सारी अपेक्षाएँ संसार में पूरी हों या न पूरी हों ये अलग सवाल है—स्वयं तुम मेरे लिए भी उस हद तक कल्याणकारी नहीं साबित हो रहे। इसलिए ईश्वर और संसार दोनों के बीच इस रिश्ते को लेकर एक व्यथा और दुविधा है।

अंग्रेज़ी में एक बहुत अच्छी किताब ऑक्सफोर्ड यूनिवर्सिटी प्रेस से क़रीब दस साल पहले छपी थी। किताब का नाम है—'विरह भक्ति'। यह पुस्तक मुख्यतः तमिल भक्ति पर केन्द्रित है। यह भक्ति के एक पहलू पर प्रकाश डालती है। भक्ति काव्य—चाहे वह निर्गुण हो, चाहे सगुण, उसका मूल स्वर और उसका प्राण है विरह। भक्ति में अन्तिम मिलन काम्य है, लेकिन अनुभव के धरातल पर विरह ही भक्ति है। यदि सम्पूर्ण भक्ति काव्य आप देखें तो विरह का ही काव्य है। अब इस विरह को समझने का तो एक तरीक़ा हमारा पुराना क्लासिकल शृंगार रस है। रस के दायरे में, हिन्दी में रीतिकाल में लौकिक नायक-नायिका भेद की सीमा में विरह इतना सिकुड़ गया है कि भक्ति के सन्दर्भ में विरह की गरिमा और उदात्तता जैसे हम भूल ही बैठे हैं। क्लासकीय रस-सिद्धान्त के अन्तर्गत मान लिया गया है कि शृंगार के दो पक्ष होते हैं—संयोग शृंगार और वियोग शृंगार। परन्तु प्रमुख वियोग शृंगार ही होता है, विरह ही होता है। यद्यपि दोनों प्रकार के काव्य लिखे गये हैं।

'रामचरितमानस' में देखें तो अयोध्या काण्ड से विरह शुरू होता है। मेरा ख़याल है कि भारतीय इतिहास में राम से बड़ा अभागा कोई नहीं हुआ। राजगद्दी मिलने वाली थी और अचानक छिन गयी। फिर राजसिंहासन के स्थान पर वन मिला। वन में भी गये तो प्राणप्रिया पत्नी सीता छिन गयी। पूरे वन के प्रसंग में सुख के क्षण कुछ ही बीते होंगे। अन्त में इतना बड़ा युद्ध लड़कर उन्होंने रावण को पराजित करके सीता को प्राप्त किया। लेकिन उसी प्राणप्रिया सीता को लोक के लिए अग्निपरीक्षा देनी पड़ी और दोबारा जब फिर लेकर आये तो

पुनः सीता को वनवास देना पड़ा। आख़िर में फिर उसी वियोग की स्थिति में यज्ञ किया। और अन्त में भाई से विमुक्त होना पड़ा। उसने आत्महत्या की। स्वयं राम का अन्त भी लगभग इसी प्रकार हुआ। इतना बड़ा अभागा चरित्र मैंने नहीं देखा। इसलिए राम को लोक ने इतना मान दिया है। राम से बड़ी ट्रेजडी किसी के जीवन में हो, ऐसा कोई दूसरा नायक दिखाई नहीं पड़ता। उसकी तुलना में कृष्ण को उतने दुख नहीं हुए जितने कि राम को हुए थे। लेकिन राम जैसे दुखी चरित्र को जिसने स्वयं विरह का अनुभव किया उसको नायक बनाया था। इसलिए इस विरह की व्याख्या अपेक्षित है कि यह किस प्रकार का विरह है। प्रेमी-प्रेमियों के सामान्य लौकिक धरातल का विरह—भक्तों का विरह क्या उसी जाति का है, उसी कोटि का है या इस विरह का कोई और रूप है। ख़ासतौर से जब प्रिय ईश्वर हो—चाहे वह निर्गुण हो या सगुण हो। उस निर्गुण और सगुण के रूप में पूरी कल्पना और दार्शनिक स्तर पर जिसका विवेचन करने के लिए रामानुजाचार्य और अन्य आचार्यों ने जीव और ब्रह्म के सम्बन्ध दिखलाये हैं। मुख्य रूप से यह दिखाई पड़ता है कि ईश्वर और जीव दोनों का अलगाव सनातन है, जीव अपनी परमसत्ता से अलग हुआ है, इस लोक में आया, लोक में रहा। इसलिए उस परम सत्ता से अलगाव सनातन है। भक्ति का कोषगत अर्थ है—विभाजन। जहाँ अलगाव है वहीं भक्ति है। इसलिए भक्ति का एक अर्थ जो विभाजन है, वह जीव और ब्रह्म का शाश्वत विभाजन है। प्लेटो के डायलॉग का एक कथन प्रसंगवश याद आता है। जैसा कि मैंने कहा कि इस मूल तत्त्व को समझने के लिए अलग-अलग दायरों से अलग-अलग कोणों से गुज़रना पड़ेगा। जैसे किसी जगह हम रोशनी डालते हैं तो उन तमाम पढ़ी हुई चीज़ों की याद आती है। प्लेटो के डायलॉग्स के एक एम्पोज़ियम में सुकरात से लोगों ने पूछा कि प्रेम क्या होता है? तो सुकरात ने कहा कि प्रेम की दीक्षा लेने के लिए दायोत्मा उस बूढ़ी औरत के पास मैं गया था तो उसने मुझे एक कहानी सुनाई थी। उसने कहानी ये सुनाई थी कि सृष्टि के आरम्भ में ऐसा प्राणी था जिसके चार पैर थे, चार हाथ थे और वह नर और मादा दोनों था। वह इतना शक्तिशाली था कि द्युलोक को जीतने के लिए आगे बढ़ा। द्युलोक का देवता ग्रीक माइटहौजी में ज़्योस हुआ करता था। जिसको हम लोग अपनी भाषा में द्यूोस कहते हैं। महाप्रतापी ज़्योस ने जब देखा कि ये चार हाथ, चार पैर वाला नर-मादा से संयुक्त एक प्राणी हमारी तरफ़ आ रहा है—द्युलोक को जीतने के लिए तो उसने वज्र का प्रहार किया। उसके दो टुकड़े हुए—दो पैर दो हाथ के साथ पुरुष अलग, दो पैर दो हाथ के साथ स्त्री अलग। दोनों अलग हुए, शक्ति कम हुई। इन्द्रासन पर विजय असम्भव हो गयी।

तब से ये दोनों टुकड़े एक-दूसरे से मिलने के लिए जो बढ़े चले आ रहे हैं यही प्रेम है। आज तक वो नहीं मिल सके हैं। इन मिथकों के द्वारा हम उन भावनाओं को समझने की कोशिश करेंगे। ईश्वर और जीव अलग है। यही संसार की विडम्बना है। जिस दिन ये दोनों ताक़तें एक होंगी (वह परम प्रेमी और परम प्रिया) निश्चित रूप से (जिस दिन मिलन होगा) उस दिन संसार में न माया का राज्य होगा, न दुख का राज्य होगा और वे स्वर्गलोक जय कर लेंगे, जो ग्रीक गाथाओं में सुरक्षित है। ईश्वर और जीव का अलगाव एक्ज़िस्टेंशियल है। यह अस्तित्व मात्र में निहित विभाजन है। इसी को कबीर ने अपनी भाषा में बाँटकर देखा। शायद इसीलिए भक्ति की गहरी वेदना हमारे स्त्री भक्तों में जैसी दिखाई पड़ी है पुरुष भक्तों में वह गहराई नहीं आयी है। मीरा जैसी वेदना सब कुछ के बावजूद कबीर में नहीं आ सकी है। इसीलिए सारे भक्त अपनी कल्पना भगवान की स्त्री के रूप में करते हैं। चैतन्य महाप्रभु भी यही कहते हैं। कबीर भी अपने को स्त्री के रूप में–'हरि मेरो पिउ मैं हरि की बहुरिया' के रूप में देखते हैं। क्योंकि स्त्री ही है जो इस विभाजन को अपने अस्तित्व में जानती और अनुभव करती है। अस्तित्व के जानने को जिस रूप में भक्तों ने चित्रित किया है, ख़ासकर कबीर ने उसको दो हिस्सों में बाँटा है–एक नैहर और दूसरा सासुर। ये संसार जीव के लिए नैहर है और जहाँ प्रिय रहते हैं वह ससुराल है। इस नैहर और ससुराल दोनों में स्त्री की विडम्बनापूर्ण स्थिति है। वह विभक्त है। यद्यपि कबीर बार-बार कहते हैं कि नैहर में मेरा मन नहीं लग रहा है–'बाबुल मोरा नैहर छूटा जाये।' यदि नैहर इतना बुरा है, प्रिय इतना प्रिय है तो फिर ये रोना काहे का है। फिर 'बाबुल मोरा नैहर छूटा जाये' में आप रो क्यों रहे हैं। भक्तों की ये स्थिति है कि नैहर और सासुर दोनों में से ससुराल काम्य है वहीं जाना है, प्रिय के पास। नैहर उसकी जगह नहीं ले सकता है। आजीवन हमको यहाँ नहीं रहना है। बावजूद इसके नैहर छूटने में भी व्यथा होती है। नैहर और सासुर दोनों में से किसी को भी नहीं छोड़ सकते। पास्कल ने कहीं कहा है कि बड़ा वह नहीं होता जो दो छोरों में से एक को छोड़ दे। ऐसे ही लोगों को मैं एक्सट्रीमिस्ट कहता हूँ। जो दो छोरों में से एक छोर को पकड़ते हैं वह एक एक्सट्रीम को पकड़ते हैं। चाहे संसार हो, चाहे व्यवस्था के बारे में भी कोई आदमी एक एक्सट्रीम चुने। जो दो छोरों में से एक छोर को छोड़ दे और एक को पकड़े, वह एक्सट्रीमिस्ट है। बड़ा वह होता है जो दोनों में से किसी छोर को छोड़ न सके, दोनों को बाँधने की कोशिश करे। यद्यपि दोनों छोरों को बाँधने में दर्द होता है, व्यथा होती है, टूटन होती है। लेकिन ये टूटन ज़्यादा काम्य है, उसकी अपेक्षा जो एक को छोड़कर छुट्टा हो जाना चाहता है।

छुट्टा हो जाने पर भी बहुत सुख मिलता हो, ऐसा कहना कठिन है। किसी एक्सट्रीमिस्ट से पूछना चाहिए। मैं उसके बारे में नहीं कह सकता। इसलिए भक्ति साहित्य को समझने की कोशिश में मुझे बार-बार यह दिखाई पड़ा कि यह सासुर और नैहर, यह लोक और परलोक के बीच जो विरह की भावना है, जो सेपरेशन है—इस विरह की गहरी पीड़ा महत्त्वपूर्ण है। केवल प्रिय से वियोग ही नहीं बल्कि स्वयं इस संसार से भी वियोग है जो नहीं सहा जा सकता है। इसीलिए भक्तों का कार्य और भक्ति काव्य असंसारी नहीं है, असामाजिक नहीं है। शुद्ध पारलौकिक होता तो दूसरे प्रकार का होता। जैसा कि आमतौर पर देखने को मिलता है, बड़ा खराब-सा ही होता। इसीलिए भक्ति में जहाँ केवल उसी तरफ़ ध्यान रहे, नज़र रहे वह भक्ति काव्य शायद हलका होगा। जिस भक्त की नज़र भूलोक से द्विलोक तक दोनों जगह समतरण करती है, दोनों में से किसी को नहीं छोड़ती, दोनों को समेटकर चलती है, वही भक्ति काम्य है।

कबीर ने इसी संसार के बारे में कहा है—'साधो, ई मुर्दन कै गाँव' अर्थात् ये गाँव मुर्दों का गाँव है। इस भारतभूमि की जैसी व्यवस्था है, उस व्यवस्था को देखकर लगता है—इस देश के लोगों में अपार धैर्य है कि इतना अन्याय सहने के बाद भी क्रान्ति नहीं कर रहे हैं तो ये कहना पड़ता है कि—साधो ई मुर्दन कै गाँव—ये मुर्दों का गाँव है। बावजूद इसके हम इन मुर्दों के गाँव में आग लगा देना नहीं चाहते हैं। इन मुर्दों के गाँव को हम छोड़ नहीं देना चाहते हैं। कबीर ने छोड़ा नहीं है। ये मुर्दों का गाँव है बावजूद इसके ये दुनिया रहने लायक है, जीने लायक है और इसी के बीच रहकर उन्होंने इसे साबित किया। मैं इसलिए लोक और अलौकिक इन दोनों के बीच भक्ति काव्य को अलौकिक कहता हूँ। अलौकिक कहने का मेरा मतलब क्या है? जितनी थोड़ी-सी संस्कृत मैं जानता हूँ, उसके अनुसार 'अ' निषेधवाचक उपसर्ग नहीं हुआ करता बल्कि वह 'ह' और 'न' दोनों होता है। जो लौकिक होते हुए भी लौकिक न हो, वह अलौकिक है। अलौकिक का अर्थ यह नहीं होता है कि जो लौकिक नहीं है वह अलौकिक है। जी नहीं। अलौलिक वह है जो लौकिक होते हुए भी पूर्णतः लौकिक न हो, वह अलौलिक है। इस अर्थ में मैं भक्ति काव्य को अलौकिक मानता हूँ। इसीलिए यह वेदना भी अलौलिक है। लौकिक होते हुए भी यह पूर्णतः लौकिक नहीं है, बल्कि अतिक्रमण करती हुई दिखाई पड़ती है।

इस दुख की विलक्षणता को समझने के लिए एक और बात समझना ज़रूरी है। हमें ध्यान देना होगा कि बावजूद इस दुख के, इस वेदना के, ये भक्ति काव्य हमें निराश नहीं करते। हताश नहीं करते। ये वेदना इतनी सर्जनात्मक, इतनी क्रिएटिव है,

इतनी ताक़त देती है कि सुख का सन्देश देने वालों की अपेक्षा इस दुख का सन्देश ज़्यादा प्रभावी है। 'विनय-पत्रिका' पढ़ करके कोई आदमी आत्महत्या नहीं करता है। मीरा के विरह का काव्य पढ़कर वह मूर्ख लड़की होगी जो विष का प्याला पी लेती होगी—भली-भाँति जानते हुए भी कि यह अमृत नहीं होने वाला है। इतने दुख का काव्य जिजीविषा पैदा करने वाला, शक्ति पैदा करने वाला, आत्मबल देने वाला क्यों हुआ? यह समझने के लिए हमें बुद्ध की ओर जाना होगा। इस देश में सबसे पहले जिस आदमी ने दुख को मानव अस्तित्व में स्थापित किया था और पहचाना था वह सिद्धार्थ (गौतम बुद्ध) थे। जिन्होंने कहा कि दुख ही सत्य है। उन्होंने कहा था कि चार आर्य सत्यों में पहला आर्य सत्य है—दुख। मगर यही आर्य सत्य है तो इसमें नया क्या है? ये तो आजीवक भी मानते थे कि दुख है। मखखली गोशाल, पूरण कश्यप, अजित केशकम्बली भी मानते थे कि दुख है। इसीलिए जब बुद्ध ने कहा कि दुख है तो पहला आर्य सत्य था। उन्होंने कहा कि अन्तिम आर्य सत्य दुख से निर्वाण है। इसलिए बुद्ध बड़े हुए। उस निर्वाण के लिए बुद्ध ने संघ क़ायम किया। जीवधारी को संन्यास का दुख, संसार के त्याग का दुख है इसीलिए दुखों को धर्म कहा जाता है। जिसे उन्होंने अपनाया। आगे चलकर योग, ध्यान, समाधि आदि-आदि चीज़ें इसमें जुड़ती चली गयीं। भक्ति ने इसका दूसरा विकल्प ढूँढ़ा। दुख है लेकिन योग के द्वारा यह दुख दूर नहीं होगा। इन्द्रियों के निरोध से दूर नहीं होगा।

अनेक लोग कहते हैं कि भक्ति तो गीता में भी है और गीता महाभारत का अंग है। आलवार भक्तों से भी पहले भक्ति गीता में मौजूद है। मित्रो! मैं यही कहना चाहता हूँ कि गीता में भक्ति योग है। वह ज्ञानयोग, कर्मयोग के समान भक्तियोग है। आलवार भक्तों की भक्ति योग नहीं है बल्कि वह भाव है, अनुभव है। भाव व अनुभव का अर्थ है कि दुख है और इस दुख का भावों, मनोविकारों और इन्द्रियों के दमन से समाहार नहीं हो सकता। चित्त-वृत्ति निरोध को ही योग कहते हैं—योगः चित्त-वृत्तिः निरोधः। भक्तों ने कहा कि दुख का निवारण चित्तवृत्तियों के निरोध से नहीं होगा बल्कि दुख का निवारण होगा समस्त इन्द्रियों के द्वार खोलकर। इसीलिए भक्ति में भाव ही सबसे बड़ा ज्ञान है। राग ही सबसे बड़ा दुख है। इसीलिए भक्ति काव्य दुख को दूर करने के लिए दुख के मूल भाव अनुभव, इन्द्रिय बोध और संवेदन पर बल देता है। बौद्धों ने कहा था कि संवेदन ही दुख का मूल है। इसलिए इन इन्द्रियों का निरोध करो। इन्द्रियों से भाव पैदा होता है, इमोशंस होते हैं इसलिए इनका निरोध करो। अफ़ीम का सेवन आप कीजिए या ट्रैंक्युलाइज़र या डॉक्टर लोग सिरेटिम दे देते हैं ताकि दुख की वेदना न हो।

योग लगभग यही कार्य कर रहा था। भक्तों ने कहा कि नहीं, हमको इस दुख से मुठभेड़ करनी पड़ेगी और उस मुठभेड़ का तरीक़ा है—समस्त इन्द्रियों के द्वार खोलो। ये रूप, रस, गन्ध, स्पर्श से भरा हुआ जो पूरा संसार है, इस संसार का अनुभव करते हुए। उसके भाव के माध्यम से। इन तमाम इन्द्रियों के रूप-रस का सबसे बड़ा जो हमारा आधार है वह तो भगवान स्वयं हैं। इसलिए जो भगवान लीला पुरुषोत्तम है जो सुन्दर है, आनन्दमूर्ति है उसके तमाम भावों के साथ तन्मय होकर, तादात्म्य होकर उसको अपने-आप में समेट करके ही इस रूप का आनन्द लिया जाय तो दुख का ज्ञान हमको होगा और यह ज्ञान ही उस वियोग से मुक्ति का मार्ग है। ज्ञान से उसे भोगो, भक्ति भोग ही है। इसलिए भक्ति भोगने की चीज़ है। भोगने से अगर भागोगे तो चाहे ये संसार हो, चाहे ईश्वर हो, तुम नहीं पा सकते। इसलिए बौद्धों के दुखवाद से आलवार भक्तों की भक्ति और आलवारों के बाद की भक्ति को आप देखें तो ये भक्त भाव-मनोविकारों को दबाने वाले नहीं हैं।

भक्तों ने एक काम ये भी किया कि भक्ति के लिए प्रमाणान्तर की आवश्यकता नहीं है। भाव ही प्रमाण है। इसके लिए और किसी प्रमाण की आवश्यकता नहीं है। इस भक्ति का अनुभव ही प्रमाण है। इस आधार पर दुख की गहरी अनुभूति के द्वारा कवि यही कर सकता है। कलाकार की क्रिएटिविटी, रचनाकार की सर्जनात्मकता इसी बात में है कि दुख हो, या सुख हो पूर्ण अनुभव के द्वारा ही आप उसका अतिक्रमण कर सकते हैं। वह अतिक्रमण होता है सर्जनात्मक कृतित्व के द्वारा, गान लिखकर या नाट्य से। दुख से मुक्ति होती है—दुख को संगीत में ढालकर, कविता में ढालकर, स्थापत्य में ढालकर! इसलिए समूचे दुख को अनुभव में उतारकर सर्जनात्मक रूप, मूर्त रूप देने में ही दुख का निवारण होता है। इसीलिए बौद्ध लोगों में कोई कविता तब लिखी गयी जब वह महायानपरक हुआ। जो भक्ति के मूल में आया। वर्ना बुद्ध ने जितने वचन दिये थे बड़े अच्छे उपदेश थे। साधु चरित्र है बौद्धों का। प्रकृति में इतने रंग हैं। सारे रंगों को छोड़कर के भले आदमियों ने एक रंग का झण्डा बना लिया है। इतने रंगों को छोड़कर जीवन में आप एक ही रंग चुनें—क्या यह सम्यक् है? ये सृष्टि रंगारंग बनाई है सभी रंगों से खेलने के लिए। सोचिए कोई कलाकार केवल भगवा रंग में ही सारे चित्र बनाये तो कैसा चित्रकार होगा और कौन उसको पूछेगा। इसलिए बौद्धों ने जो दुख का निवारण ढूँढ़ा और जिस रूप में ढूँढ़ा वह 'निरस विषद गुणमय फलजासू' हैं। लेकिन चरित्र जब महायानपरक हुआ तो फिर उसमें वह काव्य रचना हुई और थेरी गाथाओं को जिसने पढ़ा होगा वे समझ सकते हैं कि कितनी गहरी वेदना उन बौद्ध भिक्षुओं ने अपने गान में निचोड़कर रखी है।

मित्रो, इस भक्ति की वेदना को समझने के लिए, मैंने कल भी कहा था कि इसका सूत्र मार्क्स से ही मुझे मिला था। मार्क्स का एक वाक्य सभी लोग दोहराया करते हैं। पूछा जाये कहाँ का है तो नहीं जानते। मार्क्स उस समय छब्बीस साल के युवक थे। 1844 में जब उन्होंने 'हीगल्स फ़िलॉसफ़ी ऑफ़ लॉ' लिखा। पीएच.डी. के ठीक बाद पहला ग्रन्थ। उसका जो इंट्रोडक्शन लिखा है उसमें रिलिजन के बारे में एक कमेंट किया है जिसका एक वाक्य अक्सर दोहराया जाता है। लेकिन उसके ठीक पहले का वाक्य लोग नहीं दोहराते हैं। बाद का वाक्य है 'रिलीजन इज़ एन ओपियम' अर्थात् 'धर्म अफ़ीम है।' मार्क्स ने ठीक उसके पहले जो कहा है, वह आपके सामने अंग्रेज़ी अनुवाद में आपको पढ़के मैं सुनाता हूँ :

'रिलीजस डिस्ट्रेस इज़ एट द सेम टाइम द एक्सप्रेशन ऑफ़ रिअल डिस्ट्रेस ऐंड ऑल्सो द प्रोटेस्ट अगेंस्ट रिअल डिस्ट्रेस। रिलीजन इज़ द साइ ऑफ़ द ऑप्रेस्ड। क्रीचर द हार्ट ऑफ़ ए हार्टलेस वर्ल्ड जस्ट इज़ इट इज़ द स्पिरिट ऑफ़ स्पिरिटलेस कंडीशंस। इट इज़ द ओपियम ऑफ़ द पीपुल।'

अर्थात् 'धर्म जो वास्तविक डिस्ट्रेस है, उसकी अभिव्यक्ति है और वास्तविक डिस्ट्रेस वेदना या पीड़ा के विरुद्ध विद्रोह भी है। वह ऑप्रेस्ड पीपुल की आह है। वह ग़रीब की आह है। हिन्दी का वह प्रसिद्ध दोहा है। जाने किसका है। मान लीजिए रहीम का ही है या उसी काल के किसी भक्त का है। यह लोक प्रचलित है :

रहिमन आह ग़रीब की हरि सो सही न जाय

रहीम का नाम मैंने जोड़ दिया है। लेकिन इसकी अमरता में ही ताक़त है। बहुत-सी पुरानी कविताएँ अज्ञात हैं। इसलिए आप 'तुलसी आह ग़रीब की' भी कह सकते हैं, 'कबिरा आह ग़रीब की भी', 'रहिमन आह ग़रीब की भी।' महत्त्वपूर्ण यह है कि 'आह ग़रीब की हरि सो सही न जाय, मरे चाम की खाल सो सार भसम हुई जाय'। वह भाठी जिससे लुहार अपना लोहा गर्म करता है वह मरा हुआ चाम है लेकिन उससे जो साँस निकलती है उससे लोहा तक भस्म हो जाया करता है। मार्क्स ने कहा था कि धर्म ग़रीब की आह है। ऐसे ही हम कह सकते हैं भक्ति ग़रीब की आह है और उस ग़रीब की आह में इतना ताप, इतनी आँच है कि लोहा भी पिघल सकता है। भक्तों की जो कविता है और भक्तों का जो दुख है यही वह ताक़त है जो केवल छोटे-मोटे अभाव, रुपये-पैसे, धन-दौलत, जात-पाँत का नहीं था बल्कि वह गहरी आह थी। इसीलिए भक्ति कविता की जो आह है, व्यथा है वह आधुनिक मालूम होती है। आज भी हर आदमी के—चाहे वह जिस

जाति-पाँति का हो, जिस कुल का हो कहीं-न-कहीं लगता है कि उसकी व्यथा में हमारे हृदय की व्यथा व्यक्त है।

संवाद

प्रश्न : धर्म को लेकर जो भ्रम मार्क्सवाद विरोधियों में और उन मार्क्सवाद समर्थकों में भी है जो कि सचमुच ही एक अर्धवाक्य के सहारे गालियाँ निकालते रहते हैं, वह स्पष्ट हुआ। प्रश्न यह है कि यदि भक्ति भाव है, वियोग है और भाव प्रकट होता है कर्म में, तो मात्र कवियों की सृजनात्मकता कविता में ही है या कुछ और है। आज बीसवीं सदी के अन्त में जब हम भक्ति काव्य के सामाजिक-सांस्कृतिक आयाम की बात करेंगे तो उस भाव तक ही आकर रुक जायेंगे जो असन्तोष लगेगा। कर्म में उसके क्या आयाम होंगे। वह मात्र कवि ही थे या पॉलिटिकल क्रिएटिविटी या आर्टिस्टिक क्रिएटिविटी तक भी उनकी पहुँच थी। मुझे लगता है कि नामवर जी इस तरफ़ कुछ रोशनी डाल सकें तो हमारे लिए वे सामाजिक-सांस्कृतिक आयाम प्रासंगिक भी होंगे। मीरा की एक पंक्ति है कि 'भगत देख राजी हुई जगत् देख रोई।' तो इस जगत् को देखकर रोना आता है क्योंकि यह इररेशनल है। नामवर जी ने दो छोरों की बात की और किसी भी एक छोर को पकड़ने वाला व्यंजना में या लक्षणा में नामवर जी ने कहा कि वह एक एक्सट्रीमिस्ट है। सवाल है कि छोर को छोड़ना तो वे लोग चाहते हैं जो द्वन्द्वग्रस्त हैं, जो वेदना में तन्मय हैं, वेदना में डूबे हुए हैं वे दोनों छोरों को स्वीकार नहीं करते हैं। एक छोर को छोड़ने की घोषणा करते हैं। जो भक्ति काव्य में जगह-जगह घोषणाएँ मिलती हैं कि छोड़ देना है—नहीं छोड़ पाते हैं। यह एक सच्चाई है कि नहीं छोड़ पाते हैं। नामवर जी ने बहुत अच्छी तरह से भक्ति काव्य के सन्दर्भ में उस इररेशनेलिटी की जो झलक दिखाई है माया के द्वारा; मुझे हमेशा ऐसा लगता रहा है कि ये पश्चिमी दृष्टि और पूर्वी दृष्टि का अन्तर है। वे तो यहाँ पर तुरन्त एक्सेप्टिडिटी की बात करेंगे लेकिन यहाँ हम एक्सेप्टिडिटी की बात नहीं कर सकते। हमारे पास माया है या माया से भी ज़्यादा, क्योंकि माया के भी दो रूप होते हैं। भगवान के—विद्या, अविद्या आदि-आदि। ऐसे में सुपर हार्मोनी के लिए जिसे किसी एक अन्य विचारक ने कहा कि माया को फ़िलॉसफ़िकल टर्म नहीं माना जाना चाहिए वह साइकोलॉजिकल टर्म है। कहने वाले का जो तात्पर्य है, वह सामने वाले को चेतावनी देने के लिए है। मैं समझता हूँ कि भक्ति काव्य के कवियों ने हमें जो चेतावनियाँ दीं, वे कविता से बाहर आकर भी दीं। नामवर जी ने भी भक्ति के पूरे कल्चर का संकेत किया है। मुझे लगता है कि नामवर जी के द्वारा ही इस

पर प्रकाश पड़ सकता है कि मात्र वेदना की अभिव्यक्ति जो प्रोटेस्ट मार्क्स के उद्धरण में था भी। प्रोटेस्ट का आयाम मात्र क्रिएटिविटी और वह भी स्वर या शब्द तक ही सीमित नहीं रह जाती है प्रोटेस्ट बाहर भी आता है।

इस व्याख्यान की सबसे बड़ी ख़ूबी यह रही और मैं समझता हूँ कि हिन्दी के छात्रों के साथ-साथ विशेष रूप से अध्यापकों के लिए, जो पढ़ाने वाले हैं उनके लिए उपयोगी रही। इस मामले में कि भक्ति काव्य के विश्लेषण में होता यह है कि हम लोग उसमें डूब जाया करते हैं या कई बार डूबते नहीं हैं तो डूबने का छद्‌म करते हैं। कई ऐसे भी लोग मिलेंगे जो रीतिकालीन मानसिकता से सूरदास की कविता का विश्लेषण करते हैं। मानसिकता वही होती है जिसको अलगाने की कोशिश नामवर जी के व्याख्यान में हमको दिखाई पड़ती है। जैसा कि भवभूति ने कहा है कि—'ऋषिनाम पुरनाद्या नाम वाचम अड़तून धावति।' हम लोगों का यह लक्ष्य होना चाहिए कि हम उनका निर्वचन करें। एक बात हमको जाननी है कि आपने तन्त्र की कोई चर्चा नहीं की है। हिन्दी में डॉ. रामविलास शर्मा ने लिखा कि योग से जैसे भक्ति भिन्न है वैसे ही वह तन्त्र से भिन्न है। लेकिन तन्त्र में जो रागतत्त्व है, हम कहीं-न-कहीं वह रागतत्त्व उस भक्ति में पाते हैं। क्या इस सन्दर्भ में उसको इससे जोड़कर विवेचन किया जा सकता है। दूसरी बात ये कि भागवत आचार्य की रचना है। ज़ाहिर है उसमें जगह-जगह गोपीगीत, वेणुगीत सबके बाद जब आचार्य विराम लेता है तो उसके बाद वह कृष्ण के बारे में कहता है कि वह आत्माराम है। वह गोपियों के साथ रमण कर रहा है, वह केवल लीला करता है। भागवत में इन तमाम चीज़ों की जो उन्मुक्तता है वो सब आलवार भक्तों से आयी। क्या उस ज़माने में सामाजिक बन्धनों में कोई शिथिलता आ रही थी, इस मामले में इतिहास का सच क्या है? इस बारे में लोगों ने विचार किया क्योंकि इम्पिरिकल एविडेंस चाहिए। आलवार भक्तों की रचना में जो उन्मुक्तता हमको दिखाई देती है जिसको नामवर जी ने कहा कि क्रिएटिव ऑप्सर्ज है तो उस ज़माने में समाज में जो आर्थिक सम्बन्ध थे क्या उनमें कोई परिवर्तन आ रहा था और इसमें इम्पिरिकल एविडेंस क्या है? इतिहास का सच क्या है?

नामवर जी : तन्त्र और भक्ति के सम्बन्ध में डॉ. रामविलास शर्मा ने लिखा है दोनों विरोधी हैं। मैं दोनों को भिन्न मानूँगा विरोधी हैं। अनिवार्यतः मैं नहीं कह सकता। तन्त्र की जो एन्थ्रोपोलॉजिकल स्टडी लोगों ने की है ये ट्राइबल ओरिजिन की है और अगर देवीप्रसाद चट्‌टोपाध्याय की पुस्तक 'लोकायत' आप लोगों ने देखी हो और उसके बाद तन्त्र का सम्बन्ध देखा है तो उससे कुछ चीज़ें समझ में आयेंगी। आजकल जेंडर स्टडीज वाले कई लोग काम कर रहे हैं।

यह मातृसत्ता और मातृकेन्द्रित साधना रही है। एक ट्राइबल समाज की अपनी भावनाओं की अभिव्यक्ति तन्त्र के रूपों में हुई है और तन्त्र उतना ही क्रिएटिव रहा है इसका प्रमाण है मूर्तिकला में और पेंटिंग में। यहाँ तन्त्र तो अद्भुत रूप में व्यक्त हुआ है। तन्त्रों का प्रभाव भक्ति पर पड़ा होगा इसका उदाहरण ये है कि कई भक्त तन्त्र से भली-भाँति परिचित थे। महाराष्ट्र के ज्ञानदेव क्या थे? नाथपन्थी ही तो थे। नामदेव क्या थे? इसलिए कुछ ऐसे भक्त हुए हैं, ख़ासतौर से शैव भक्ति का गहरा सम्बन्ध शाक्तों की परम्परा से रहा है। इसलिए मैं तन्त्र और भक्ति को भिन्न मानता हूँ लेकिन परस्पर विरोधी नहीं। 'म्यूचुअली एक्सक्लूसिव' जिसको कहते हैं ये मैं नहीं मानता। कुछ तत्त्व आया होगा। ख़ासतौर से राग को राग से नष्ट करना ये सिद्धों का कथन रहा है। इसको सहज यान के लोग मानते थे। तन्त्र एक बड़ा दर्शन था। इनका अपना एक स्वतन्त्र दर्शन था जो बौद्ध भी था, शैव भी था, वैष्णव भी था। इसका मतलब है कि तन्त्र ओवर राइडिंग था। अत्यन्त विनम्रता से कहूँगा कि रामविलास जी तन्त्र के बारे में वक्तव्य देकर अपने घोर अज्ञान का परिचय दे रहे हैं। तन्त्र के बारे में वह कुछ नहीं जानते हैं। तुलसीदास तान्त्रिक नहीं थे तो इसका मतलब यह नहीं हो जाता है कि तन्त्र बड़ी ख़राब चीज़ थी—एक तो ये कहूँगा।

आरम्भ में वेणु गोपाल जी कर्म पर बल दे रहे थे। वेणु गोपाल जी ऐक्टिविस्ट रह चुके हैं। अंग्रेज़ी में आजकल एक शब्द चलता है। आमतौर से जो कर्मवादी लोग या कर्मयोगी लोग हैं वे काव्य को समझते हैं कि शब्द ही कर्म है। डॉ. मैनेजर पाण्डेय की पुस्तक भी है। कर्म अनेक प्रकार के होते हैं। उस कर्म का एक रूप यही नहीं है कि तमंचा और गोली लेकर के चलें और किसी पुलिस अफ़सर को मार दें। कर्म की व्याप्ति बहुत दूर तक है। हमारे यहाँ का एक दूसरा शब्द है। आजकल लोगों ने छोड़ दिया है। कर्म बहुत अच्छा शब्द नहीं माना जाता है। कर्म का बन्धन हुआ करता है। बौद्धों का सत्य है क्रिया। 'क्रिया केवलं उत्तरं।' इसलिए क्रिया, सर्जना, क्रिएशन ये बुनियादी चीज़ है। मार्क्स की रचनाओं को अगर पढ़ें तो उसकी बुनियादी जो अवधारणा थी—'दैट वाज़ प्रोडक्शन।' उत्पादन बुनियाद थी मार्क्स की।

मैं एक बात कहना चाहूँगा वो ये कि भक्त पहले यूटोपियन थे और उन्होंने उस आदर्श लोक की भी कल्पना की। मैंने कल कबीर का एक दोहा उद्धृत किया था 'हम वासी उस देश के जहाँ जाति वरण कुल नाहिं,' तुलसीदास ने रामराज्य के रूप में एक यूटोपिया की सृष्टि की है। भक्त इस लोक को अपर्याप्त समझते थे। उन्होंने एक स्वप्न देखा था। स्वप्नदर्शी भी थे इसलिए उन्होंने एक ऐसे

लोक की भी कल्पना की, कम-से-कम उसका स्वप्न देखा और समाज के सामने आदर्श रखा। उस आदर्श को भक्तों ने व्यवहार में भी उतारा था। भक्तों का एक समुदाय हुआ करता था। भक्ति मण्डली हुआ करती थी, सत्संग के रूप में, विहार के रूप में, समागम के रूप में। 'इट यूज टू बी ए कम्युनिटी'। वेणु गोपाल जी के ऊपर एक और टिप्पणी मैं करना चाहता हूँ कि दो छोरों में से ये लोक और परम प्रिय भगवान में से लोक न छोड़ने का दुःख और भगवान को पूर्णतः न पाने का दुःख। एक छूटता नहीं है और दूसरा मिलता नहीं है। ये दुःख था दो एक्स्ट्रीम्स का। ऐसा नहीं है कि दोनों को छोड़ना चाहते हैं। एक छूटता नहीं है, क्योंकि हमारी स्थिति ही ऐसी है कि आत्महत्या करके ही छूट सकती है। भक्त कर्म बन्धन से मुक्ति नहीं चाहते थे। बार-बार जन्म लेना चाहते थे। भगवान के चरणों में प्रेम करना चाहते थे और मुक्ति का निरादार करते थे। ये अपने-आप में प्रमाण है कि दुखी रहते हुए भी इस संसार में उनकी आस्था थी। जिसको सूर ने कहा है कि 'जैसे उड़ि जहाज़ को पंछी पुनि जहाज़ पै आवै' तो वह जहाज़, वह भगवान भी हो सकता था और संसार भी। कबीर ने एक दोहे में अपने को भाड़ का चना कहा है। जायसी भी कहते हैं 'फिरि-फिरि भूँजे'। जैसे भड़भूजा बालू में चना डालता है और वह तप करके उछलता है, फिर उसी में गिरता है। ये संसार उस भाड़ के समान है जहाँ हम तपते भी हैं। और 'फिर-फिर भूँजसि' बार-बार वह भूँजें। फिर कूद कर उसी में आयेंगे। तमाम चीज़ों के बावजूद ये देश बचा रह गया है तो इसीलिए कि बेघर होने, उजड़ने वाले भुखमरी पड़ने, अकाल पड़ने के बावजूद किसान ज़मीन से जुड़ा रहता है। हम शहरातू लोग तो भागकर के अमेरिका और इंग्लैंड चले जाते हैं। अगर हिन्दुस्तान के किसानों ने भी यही किया होता और सब लोग एन.आर.आई. हो गये होते तो क्या हालत होती। इसलिए भक्ति कविता का संसार से जो सम्बन्ध है मुझे एक किसान की टिनेसिटी (तपस्या) मालूम होती है कि तकलीफ़ होने के बावजूद भी खेत से जुड़ा है। मरेंगे, जियेंगे—रहेंगे इसी शहर में। मैं समझता हूँ कि तमंचा चलाने वाले लोगों की अपेक्षा जो किसानों और आदिवासियों के नायक बनके काम करते हैं वे ज़्यादा बड़े योद्धा हैं। किसान और आदिवासी समुदाय लगातार लड़ता चला आ रहा है, सारे संघर्षों के बावजूद। वे योद्धा हैं, सक्रिय हैं। मैं उन लोगों की ताक़त समझता हूँ।

प्रश्न : मध्यकाल भारतीय साहित्य का, भारतीय इतिहास का ऐसा काल था जब बाहर से आक्रमणकारी आ रहे थे, विदेशी आ रहे थे और इसके साथ-साथ यहाँ की जो सभ्यता और संस्कृति के स्मारक थे उनको गिरा रहे थे, लूट रहे थे

और यहाँ की सम्पदा को बाहर ले जा रहे थे। उस समय क्या इस काल का कोई ऐसा कवि भी था जिसने इस चीज़ के ख़िलाफ़, इस परिस्थिति के ख़िलाफ़ आवाज उठायी? क्या इन भक्त कवियों में कोई ऐसा कवि था जिसने कि इन भौतिक परिस्थितियों की ओर भी समाज का ध्यान खींचा और एक नया जीवन उनमें देने की कोशिश की जिससे कि इन परिस्थितियों का मुक़ाबला हो सके।

नामवर जी : कल जो मैंने व्याख्यान दिया था उसमें इस बात का ज़िक्र मैंने इसलिए नहीं किया कि हिन्दी साहित्य में इस विवाद का लगभग अब समाधान हो चुका है। भक्ति को आचार्य रामचन्द्र शुक्ल, जो हिन्दी साहित्य के सबसे बड़े इतिहासकार और समालोचक हैं, उन्होंने कहा था कि भक्ति का उदय इस्लाम के आक्रमण के विरुद्ध हिन्दुओं में फैली हुई निराशा की भावना के कारण हुआ। जब हम लोग हार गये और ये तय हो गया कि मुसलमान आक्रमणकारी यहाँ जीत गये और जम गये तो निराशा हुई। इसलिए इस लोक को छोड़कर भगवान की शरण में गये। ये आचार्य शुक्ल ने लिखा है। लेकिन आचार्य शुक्ल की स्थापनाओं में ही ये निहित है कि भक्ति के उदय का ये पर्याप्त कारण नहीं है। और दूसरे विद्धानों ने उसके बारे में कहा कि अगर ऐसा था तो फिर तमिलनाडु में जब भक्ति उपजी थी उस समय तो मुसलमान दूर-दूर तक परिदृश्य में कहीं नहीं थे। तमिलनाडु में पल्लवों के ज़माने में और पाण्डु लोगों के ज़माने में कोई बाहर का आक्रमण नहीं हुआ था। राजा लोग आपस में ही लड़ रहे थे। इसलिए मुस्लिम आक्रमण से भक्ति का सम्बन्ध नहीं है। ये तथ्य से प्रमाणित हो गया। इसलिए भक्ति की उत्पत्ति देशज है। न ये बाहर से आयी है और न ये बाहर की प्रतिक्रिया है। ये सारी चर्चा इसलिए हुई। हर थीसिस की एक सोशल ओरिजिन होती है। उपनिवेशवादी दौर में अंग्रेज़ी हमले के बाद हम लोगों की ऐसी मानसिकता बनी कि अपने हर इतिहास को हम लोग बाहरी आक्रमणकारियों के सन्दर्भ में देखने लगे। हम लोगों की दृष्टि इतनी अन्धी हो गयी कि हम लोगों ने कहा कि आर्य आक्रमणकारिकयों ने द्रविड़ों को भगाया, यानी अपने इतिहास को हम लोगों ने बाहरी आक्रमणकारियों की रोशनी में देखा। मैं इसे क्लोनिलीज़्म का हैंगओवर समझता हूँ। इसलिए हम लोगों ने आर्यों को आक्रमणकारी कहा। फिर हूण आये। इस संस्कृति में जितने परिवर्तन हुए हमने उन्हें बाहरी आक्रमणों की रोशनी में देखना शुरू किया। ईसा पूर्व 4000 से लेकर के आज तक के अंग्रेज़ी इतिहास को ही आरोपित क्या, प्रोजेक्ट किया, पास किया। उसका नतीजा था कि हमने भक्ति को इस्लामिक आक्रमण के रूप में देखा। ध्यान रखिए कि आक्रमण दक्षिण में नहीं उत्तर में हुआ था।

विचित्र बात है कि गोस्वामी तुलसीदास के सम्पूर्ण साहित्य में मुसलमान शब्द कहीं नहीं आया है, ज़िक्र तक नहीं हुआ है, यद्यपि फ़ारसी के बहुत से शब्द उनके यहाँ हैं। तुलसीदास ने मुसलमानों से या इस्लाम से एक इतना अच्छा शब्द लिया, ख़्वाजा मोइनुद्दीन चिश्ती अल्लाह को—'ग़रीबनवाज' कहते थे। अपने परमप्रिय राम को तुलसीदास ने विशेषण दिया 'ग़रीबनेवाज'। 'गयी बहोर ग़रीबनेवाजु'। ग़रीबनेवाज मोइनुद्दीन चिश्ती अपने अल्लाह को कहते थे, तुलसी अपने राम को कहते हैं। एक जगह उन्होंने केवल मुसलमान का प्रयोग किया है—जाजरो जराजवन। सूकर को सावक ढके, ढका ढकेलो मग में। एक बूढ़े यवन को सूअर ने धक्का दे दिया और जब वो गिरा तो हारकर के उसने हराम हो, हराम हो कहा। तुलसीदास कहते हैं कि भगवान राम ने हराम-हराम कहने के कारण उसको भी देखा। पूरे तुलसी साहित्य में मुझे यवन कहीं मिला नहीं। कहीं म्लेच्छ शब्द नहीं मिला। नानक में बाबर के आक्रमण का और कून का ज़िक्र करते हुए एक प्रसिद्ध गीत है। कबीर हिन्दू-मुसलमान दोनों मुल्ला और पाण्डे को फटकारते हैं। खुद मुसलमान थे। लेकिन किंवदन्ती है कि सिकन्दर लोदी ने उनको हाथी के पाँव से कुचलवा देने का प्रयास किया था—किंवदन्ती है, सच है या झूठ, शायद झूठ ही है।

विचित्र बात है कि हमारे इस देश के लोगों ने चाहे बाहरी आक्रमणकारी हो, चाहे भीतर का आततायी राजा हो उनकी उपेक्षा की, क्योंकि मध्यकाल में जो हमारी व्यवस्था थी उस व्यवस्था में राजनीतिक सत्ता अपेक्षाकृत आकस्मिक थी। एक बलिभाग या कर नाम की चीज़ होती थी और छठवाँ भाग होती थी। आज जिस तरह से हम लोग टैक्स से भरे हुए हैं, मारे हुए हैं—कुछ डायरेक्ट कुछ इनडायरेक्ट। उस ज़माने में राजसत्ता हमारे लिए इतना ही मायने रखती थी कि एक बलिभाग वो लिया करते थे। इसके अतिरिक्त जो ग्राम समुदाय था, जो गाँव था वह अपने-आप में स्वतः सम्पूर्ण हुआ करता था। समाज धर्म द्वारा अनुशासित होता था और धर्म एक आचार-संहिता का नाम था, जिसमें कुछ नियम स्थानीय थे और कुछ सार्वदेशिक। इसलिए इस्लामिक आक्रमणकारियों की सन्तों ने परवाह नहीं की। मेरा ख़याल है कि उनकी ओर देखा ही नहीं। किसी सुल्तान को उन्होंने महत्त्व दिया। तुलसीदास के शब्दों में हमारी स्थिति यही थी कि, 'कोउ नृप होइ हमैं का हानी, चेरि छोड़ि अब होउ की रानी'। जिन ग़रीब भक्तों ने कविता लिखी वे कहते थे कि हमको तो शूद्र का शूद्र ही रहना है, चाहे वह धर्म परिवर्तन कर भी ले तब भी जुलाहा अंसारी ही रहेगा। ध्यान रखिए कि मुग़लकाल में अकबर के पहले तक शासन में उस ज़माने के आई.ए.एस. ईरान

से आये हुए और बाहर के लोग ही रहा करते थे। यहाँ के स्थानीय मुसलमान कन्वर्ट हो गये लेकिन उनकी क़िस्मत नहीं बदली। कबीर जुलाहा के जुलाहा रहे। कबीर जो हैं वो मुसलमान शासकों से पंचहजारी खिताब पाने वाले नहीं हुए। वैसे ही अंग्रेज़ों के आने के बाद उनके साथ ईसाई चर्च आया और यहाँ बहुत से लोग ईसाई बने। लेकिन वे ईसाई अंग्रेज़ी हुकूमत में ऊँचा पद पाने वाले नहीं थे। एंग्लो-इंडियन लोगों को भले ही मिल गया हो। इसी वजह से भक्तों, ग़रीबों तथा छोटी जाति के पिछड़े हुए लोगों का कहना था कि हमारी ज़िन्दगी तो जो है वो है। हमको इसी व्यवस्था के बीच लड़ना है जिसको मोटे तौर से हम 'भारतीय सामन्तवाद' कहते हैं। बाहरी आक्रमणकारियों में चाहे मुसलमान हों, लेकिन उनका कोई उल्लेख नहीं मिलता। इसलिए इस देश के लोगों ने कभी भी शासकों को वह महत्त्व नहीं दिया। क्षमा कीजिएगा मैं बनारस का रहने वाला हूँ और एक ज़माना था लाट साहब आये और चले गये और गमछा पहनकर भाँग घोटने वाले बैठे हुए हैं। होंगे लाट साहब, ठेंगे पर रखते हैं हम। वहाँ बड़े से बड़े राष्ट्रपति और प्रधानमन्त्री चले जायें ऐसे लोग हैं जो कह रहे हैं आये होंगे, होंगे अपने घर के लाट साहब। राष्ट्रपति हुआ करते हैं। हम परवाह नहीं करते। अब भी बहुत कुछ यही स्थिति है। दिल्ली का तख़्त जीत लिया, होंगे तुम राजा। हम अपने घर के कुछ कम हैं? ये एक अद्‌भुत मनोवृत्ति थी, शायद इन भक्तों के मन में कि 'हम चाकर रघुबीर के पटौ लिखौ दरबार, अब का तुलसी होयेंगे नर के मनसबदार'। सूर को बुलाया सूर नहीं गये। कुम्भनदास को बुलाया फतहपुर सीकरी में। कुम्भनदास ने कहा कि 'सन्तन को कहा सीकरी सो काम, आवत जात पनहिंयाँ टूटी बिसर गयो हरि नाम'। इस बात को वे लोग नहीं समझ सकते हैं, जो ज़रा-ज़रा सी बात पर दिल्ली दौड़े हुए जाते हैं। इसलिए अगर सन्तों और भक्तों ने इस्लाम आक्रमणकारियों की नोटिस नहीं ली तो ये अपने-आप में उनकी अवज्ञा का एक सबूत है न कि उनके अज्ञान का अथवा उनकी परमुखापेक्षता का या उदासीनता का।

प्रश्न : कल मैंने नामवर जी से प्रश्न किया लोग कहते हैं कि 'भक्ति द्राविड़ ऊपजी लाये रामानन्द'। ये कैसे है कि भगवान कृष्ण उत्तर में हुए और भक्ति दक्षिण में हुई। मेरे प्रश्न के जवाब में नामवर जी ने एक चमत्कारी बात कही कि सोलहवीं शताब्दी तक कृष्ण की उपासना मथुरा में नहीं थी। वल्लभाचार्य जी के आने के बाद हुई। तो ये मेरे लिए एक रिवोल्यूशनिंग चीज़ है कि भई कृष्ण की उपासना मथुरा में न हो। दूसरा मैं भक्ति के बारे में सोच रहा था, कि भक्ति के साथ दुख इसलिए है क्योंकि भक्ति में विरह है और विरह जहाँ होगा वहाँ दुख होगा।

इसीलिए कबीरदास जी कहते हैं—'कबीरा हँसना दूर कर रोने से कर प्रीति, बिनु रोये क्यों पायेगा प्रेम प्यार और प्रीति।' जब तक रोयेंगे नहीं तब तक भगवान कैसे पास आयेगा। मेरा तो सिम्पल कैलकुलेशन यह है कि भई हम भक्त हैं तो विरह है, प्रिय नहीं मिल रहा है तो हमें दुःख है। नहीं मिल रहा है इसलिए हम उसके लिए रोते हैं, तड़पते हैं। आपने कहा कि भक्तों ने अधिकतर स्त्री के रूप में अपने-आप को कहा है—'हरि मेरा पिउ मैं हरि की बहुरिया।' लेकिन सूफ़ियों को अगर हम भक्त मानते हैं तो सूफ़ियों ने तो अपने-आपको पुरुषों के रूप में देखा है।

नामवर जी : ये वैसे शोध का विषय है। आपने जो पहला प्रश्न किया जिसका मैंने कल उत्तर दिया था कि क्यों तमिलनाडु में भक्ति उत्पन्न हुई थी। उसको दोहराने की आवश्यकता नहीं है। व्यक्तिगत बातचीत में कुछ बातें कही हैं, कुछ और बात मैं कहूँगा। लेकिन मुझे यह दिलचस्प बात लगी कि देवता उत्तर के और वैष्णव भक्ति मुख्य रूप से कृष्णगत भक्ति पैदा हुई तमिलनाडु में, क्या रहस्य है? तब मैंने ये कहा कि ये उत्तर-दक्षिण का जो विभाजन है, ये भी कोलोनियल हैंगओवर है। उत्तर-दक्षिण का इस प्रकार विभाजन इस देश में नहीं रहा है। भौगोलिक कठिनाइयों के बावजूद विन्ध्य की मालाओं के दोनों तरफ़ से आना-जाना लगातार बना रहा। कहते हैं कि अगस्त्य के साथ एक नया परिवर्तन आया था। वह हमारे मिथक में सुरक्षित है। इसलिए यदि देवता उत्तर में थे और भक्ति दक्षिण में हुई तो दोनों का क़ायदे से विश्लेषण किया जाना चाहिए। दक्षिण ने जिस कृष्ण की मूर्ति श्रीमद्भागवत में गढ़ी और जो दक्षिण में रचा गया था वह महाभारत के कृष्ण से अलग है। महाभारत के गोपी-कृष्ण के बारे में कहा जाता है कि ये लोक देवता थे। मुरुगन यहाँ का स्थानीय देवता था उससे जुड़ी हुई जो प्रेम की कथाएँ हैं। कई लोक कथाएँ सिलप्परिकारम पर आधारित हैं। अभी मैंने दिल्ली में एक नाटक देखा 'अन्तर्यात्रा' नाम से। उस पर एक टेलीफ़िल्म भी बनी है। श्रृंगार की, प्रेम की लोक प्रचलित कथा को उसमें लिया गया है। उसमें जो लोक देवता है वह प्रेम की मूर्ति है। यह और महाभारत का कृष्ण, इन दोनों को मिलाकर के एक नये कृष्ण को जन्म वैष्णवों ने दिया। मैं एक उदाहरण दे सकता हूँ। आर्ट आर्किटेक्चर के इतिहासकार इसे प्रामाणिक रूप में बता सकते हैं कि महाबलिपुरम में गोवर्धन धारण की जो मूर्ति शिलाखण्ड पर बनी हुई है, वह सम्भवतः गोवर्धन धारण की सबसे पुरानी मूर्ति है और वह दक्षिण में है। उत्तर में जो इस प्रकार के स्ट्रक्चर बने हैं वह बहुत बाद में बने हैं। इसका मतलब है कि इन्द्र पर कृष्ण की विजय की कहानी पुरानी है।

आर्य संस्कृति और आर्यों में ऋग्वेद का प्रमुख देवता इन्द्र था। यद्यपि ब्रह्मा, विष्णु, महेश तीनों का नाम लिया जाता है। ब्रह्मा की महिमा धीरे-धीरे घटती गयी। इन्द्र की महिमा घटती गयी और कृष्ण आते गये। इसका मूल स्रोत कहीं लोक जीवन से जोड़कर देखना चाहिए।

संक्षेप यह कि वैष्णवों का कृष्ण लोकल और क्लासिकल का संयुक्त रूप है, विग्रह है जो दक्षिण में गढ़ा गया है। उस प्रतिमा को नया रूप भी दिया गया है। हमें कृष्ण के विभिन्न रूपों का अध्ययन करना चाहिए। जो तन्त्र की बात आप पूछ रहे थे, उड़ीसा के जगन्नाथ के मूल में तन्त्र भी शामिल है और जगन्नाथ के द्वारा उन्होंने कृष्ण का एक अद्‌भुत रूप गढ़ा। बंगाल में चैतन्य गौणीय वैष्णव ने कृष्ण का बिल्कुल ही एक दूसरा रूप गढ़ा। वृन्दावन के कृष्ण का एक दूसरा स्थानीय रूप है। लाँगूल के द्वारा गढ़ा गया था। वह बिल्कुल एक दूसरा ठेठ ब्रज का कृष्ण है। यही स्थिति गुजरात के द्वारिका के कृष्ण की है। महाराष्ट्र के विट्‌ठल की दूसरी स्थिति है। इसलिए वैष्णव भक्ति ने कृष्ण के अनेक रूप गढ़े और सब स्थानीय हैं। इसी अर्थ में मैंने कहा कि भक्ति बहुत अधिक लोकल है। अगर हम इस पर ध्यान नहीं देंगे तो हम अपना जो देशगत वैशिष्ट्य है, इसको भूल जायेंगे। लेकिन उनका दोनों में योगदान हुआ है। उस पर ध्यान दिया जाना चाहिए।

विरह के बारे में आपने जो कहा वह ठीक ही है। उस विरह की केवल ईश्वर और जीव के सम्बन्धों के स्तर पर व्याख्या करना ज़्यादा ज़रूरी है। केवल पुरुष और स्त्री के रूप में नहीं। सूफ़ियों के बारे में जो आपने कही वह दिलचस्प बात है। हम-आप बहुत अच्छी तरह जानते हैं कि ईरान की ग़ज़ल की परम्परा में आशिक़ और माशूक़ दोनों पुल्लिग हैं। जयशंकर प्रसाद की कविता है—'शशि ऊपर घूँघट डाले अंचल में दीप छिपाये, जीवन की गोधूलि में कौतूहल से तुम आये'। लोगों ने कहा कि फ़ारसी प्रभाव है। जयशंकर प्रसाद ने कविता के माध्यम से इसका जवाब दिया कि 'ओ मेरे प्रेम बता दो कि तुम नारी हो कि पुरुष हो'। प्रेम न नारी होता है न पुरुष होता है। आजकल मैं दिल्ली में देखता हूँ कि महिलाएँ एक-दूसरे को पुल्लिग में सम्बोधित करती हैं—कहो तुम कहाँ गये थे, कैसे रहे? संस्कृत में बड़ी भारी छूट है कि संस्कृत की क्रियाएँ, सांस्कृत्य क्रिया में लिंग विधान नहीं होता है इसलिए पहचाना नहीं जा सकता कि वे पुरुष के रूप में कह रहे हैं या स्त्री के रूप में कह रहे हैं। ईरान की संस्कृति में एक दोहरापन मिलता है। परम प्रिय जो है वो पुरुष भी है और माशूक़ भी। शायद प्रेम की परिकल्पना में यह बात ईरान में जुड़ी जो हमारे यहाँ नहीं थी।

शायद उतने उग्र रूप में नहीं थी। इसका कारण मैं समाज व्यवस्था को इतना नहीं मानता। मैं ये नहीं कहना चाहता कि वेस्ट एशिया के लोग होमोसेक्सुअल हैं और हमारे यहाँ के नहीं हैं। मैं इस रूप में इसकी व्याख्या नहीं करता। इसकी व्याख्या रिलीजस और मेटाफ़िज़िकल टर्म्स में की जानी चाहिए। और वो ये है कि अल्लाह की जो परिकल्पना वहाँ है जो एकेश्वरवाद में हुआ करती है वो हमारे यहाँ की भगवान की परिकल्पना से बिल्कुल भिन्न है। वहाँ अल्लाह एक डिक्टेटर के रूप में आता है। वो दण्ड देता है। शासन करता है। ये बात ज्यूइश ट्रेडिशन में है। कहीं न कहीं ईश्वर का जो रूप वहाँ है उस रूप पर एक बात उर्दू शायरी ने और सूफ़ियों ने उद्धृत की। ऐसे ईश्वर के साथ एक और परिकल्पना जुड़ी और वह बेवफ़ा होने की थी। माशूक़ बेवफ़ा होता है। कृष्ण बेवफ़ा नहीं हैं। बहुगोपीरमण हैं, ये सारी चीज़ें हैं लेकिन कृष्ण बेवफ़ा नहीं हैं। उपेक्षा कर सकते हैं, उसके यहाँ से जा सकते हैं। आपको इस शब्द बेवफ़ाई की परिकल्पना उर्दू शायरी का आशिक़ों में मिलेगी। ईश्वर बेवफ़ाई कर रहा है। इस परिकल्पना के साथ जुड़ी हुई माशूक़ की कल्पना स्त्री रूप के कारण होनी चाहिए। इसलिए भगवान को उन्होंने स्त्री के रूप में ही समझा। और परिकल्पना की। मैं इसकी बहुत विस्तृत और सन्तोषप्रद व्याख्या तत्काल नहीं कर सकता। लेकिन मैं यह कहना चाहता हूँ कि इन दोनों को ओवर सिम्पलीफाई (अति सामान्यीकरण) न करें। प्रिय ईश्वर है या पुरुष है इससे कोई फ़र्क़ नहीं पड़ता है। दक्षिण में सोसायटी मुख्य रूप से मातृसत्तात्मक रही है, केरल में आज भी है। सम्भवतः इसका स्रोत एन्थ्रोपोलॉजी में ढूँढ़ना पड़ेगा। इसका स्रोत अगर आप सतही सोशल कनविन्स ट्रेडिशन पर ढूँढ़ेंगे, ओवर सिम्पलीफाई करेंगे तो आप समाज और मुस्लिम समाज के बारे में ग़लत धारणा ही बनायेंगे।

(हिन्दी विभाग, उसमानिया विश्वविद्यालय, हैदराबाद द्वारा आयोजित पं. वंसीधर विद्यालंकार स्मृति व्याख्यानमाला में दिये गये वक्तव्य। अब तक अप्रकाशित। पहली बार प्रकाशित।)

हिन्दी संस्कृति : आत्मसमीक्षा

मार्क्सवादी होने के नाते हम मानते रहे हैं कि मनुष्य का मन, उसकी सोच और उसकी मानसिकता अर्थतन्त्र से प्रभावित एवं निर्मित होती है। पुराने ज़माने में लोग सरल भाषा में समझाते थे कि तुम्हारे पॉकेट में क्या है, अगर बता दो तो मैं बता सकता हूँ कि तुम्हारे मन एवं दिमाग़ में क्या है? जिस आदमी का पॉकेट ख़ूब भरा हुआ हो, उसका दिल और दिमाग़ वैसा ही नहीं हो सकता जैसा उस आदमी का होगा जिसका पॉकेट एकदम ख़ाली है। बैंक में अगर आपकी कुछ जमा पूँजी हो तो, आपका मन और आपका ख़याल कुछ और होगा, और जो फटेहाल है जिसके घर में गगरी खाली पड़ी हुई है, उसका दिल और दिमाग़ वही नहीं रह सकता। इसलिए समझा जाता था कि आर्थिक स्थिति या व्यवस्था से मोटे तौर पर आदमी का मन प्रभावित होता है। लेकिन जिस बात पर ध्यान बहुत कम जाता है वह यह है कि आप जो भाषा बोलते और लिखते हैं वह अनजाने ही आपका संसार बनाती है। भर्तृहरि, छठवीं शताब्दी के व्याकरण दर्शन के प्रसिद्ध आचार्य थे। उन्हें सारी दुनिया जानती है। उन्होंने कहा था :

न सोऽस्ति प्रत्ययो लोके यः शब्दानुगमादृते
अनुबिद्धमिव ज्ञानं सर्वं शब्देन भासते।

अर्थात् "लोक में जो कुछ हमारा ज्ञान है, प्रत्यय है वह शब्द के बिना नहीं है।" अंग्रेज़ी बोलने-लिखने वालों का एक अलग कल्चर है, जो आज के समाज में भारत में भी दिखाई पड़ेगा। भोजपुरी बोलने-लिखने वालों का भी एक कल्चर है।

भाषा कितनी दूर तक दिमाग़ को बनाती है—चोमस्की का पूरा सिद्धान्त यही बताता है। आदमी के दिमाग़ का जो ढाँचा है, वो ढाँचा स्वयं उस भाषा से बना होता है जिस भाषा में वह बोलता है। आपके शब्द आपका संसार बनाते हैं। इसलिए हिन्दी भाषा का अपना एक कल्चर है। हिन्दी भाषा या हिन्दी शब्द के अनेक संकेतों द्वारा किसी आदमी को देखकर पहचाना जा सकता है कि वह हिन्दी क्षेत्र का है या अहिन्दी क्षेत्र का। आसानी से आप उसे पहचान सकते हैं।

बोलने से वह जाना और पहचाना जा सकता है। भाषाएँ दूर तक संस्कृति का निर्माण करती हैं। केवल एक आदमी भाषा नहीं बनाता है या वह एक दिन में नहीं बनती है। कबीर, तुलसी, हरिश्चन्द्र, प्रेमचन्द, निराला, मुक्तिबोध व नागार्जुन आदि की भाषा वह इन लोगों से होते हुए आज जहाँ तक पहुँची है, बढ़ी है। इस भाषा का समाज है। सुपरिचित कवि और संस्कृतिकर्मी अशोक वाजपेयी ने इसी विषय पर एक व्याख्यान दिया था। उस व्याख्यान में उनकी बहुत बड़ी शिकायत थी कि ऐसा साहित्य विमुख समाज भारत में कोई नहीं है। उन्होंने अपना महाराष्ट्र का अनुभव बताया था, जहाँ नारायण सुर्वे, मराठी साहित्य परिषद् के सभापति को पालकी में बिठाकर हाथी पर सवारी निकाली थी। जिस तरह से कई हज़ार या लाख लोगों ने उनका स्वागत किया था, हिन्दी प्रदेश में ऐसा नहीं देखा गया। यहाँ हिन्दी प्रदेश में प्रेमचन्द का, निराला का भी वह सम्मान नहीं हुआ, जिसके वे हक़दार थे। हम लोगों की बात तो छोड़ ही दीजिए। हिन्दी समाज में अपने साहित्यकारों के प्रति वो अनुराग, वो प्रेम नहीं है जो अन्य प्रान्तों में है। मैं उस ब्योरे में नहीं जाना चाहता। खण्डन भी नहीं करना चाहता। कारण बताने वाले बता सकते हैं कि साक्षरता सबसे कम इसी हिन्दी प्रदेश में है। मैं नहीं जानता कि और जगह क्या स्थिति है, कुछ कविता संग्रह मलयालम में ज़्यादा बिक जाते हैं, बंगला में ज़्यादा बिक जाते हैं, हिन्दी में कम बिकते हैं तो क्या यही कसौटी है?

मुझे ऐसा लगता है कि इसको और गहराई में जाकर के, इन चीज़ों के बारे में ये कहने से पहले, मैं स्वयं एक लेखक के नाते सोचना और जानना चाहूँगा। मैं अगर पाठकों से प्यार की उम्मीद करता हूँ, तो स्वयं गिरेबाँ में झाँककर मुझे देखना चाहिए कि मैं अपने पाठकों को कितना प्यार करता हूँ। प्यार तो दोतरफ़ा होता है। आप इस जनता को, इन लोगों को कितना प्यार करते हैं। यह आपके लेखन और आपकी भाषा से प्रकट होगा। आप ऐसी भाषा लिखेंगे कि पढ़े-लिखे लोगों के गले न पड़े और फिर उम्मीद करें कि लोग आपको पढ़ें और प्यार करें—ये नहीं हो सकता। हिन्दी भाषाभाषी प्रदेश के बारे में मैं कहना चाहता हूँ कि उसमें जो एक सामुदायिक जीवन है, वह सामुदायिक जीवन साधारण है। यहाँ जनसमूह और साहित्यकारों के बीच सम्बन्ध टूटा है। स्वयं साहित्यकारों का जो समाज है, समुदाय है, वो जितना विखण्डित व टूटा हुआ आज है, उतना पहले कभी नहीं था। ऐसा नहीं है कि प्रदेश सहसा इतना व्यक्तिवादी हो गया है। नतीजा यह हुआ कि साहित्यकार सामुदायिक संस्थाओं और सामाजिक जीवन से विरक्त हो गया है। लेकिन यह भी है कि एक-एक करके राजनीतिक संस्थाएँ जुड़ रही हैं।

जहाँ पार्टियाँ टूट रही हों, वहाँ सांस्कृतिक संस्थाएँ, साहित्यिक संस्थाएँ एवं शैक्षिक संस्थाओं में भी विखण्डन समानान्तर हो रहा है। ये नहीं हो सकता कि परिवार टूटें, पार्टियाँ टूटें और साहित्य सम्मेलन या कोई दूसरी साहित्यिक संस्था या प्रगतिशील संस्थान अखण्ड अविभाज्य बना रह जाये। कोऑपरेटिव तो आप चला नहीं सकते हैं। साहित्य में आप कोऑपरेटिव चलाने की बात करेंगे तो कैसे चलेगा। जिन प्रदेशों की बात हम करते हैं वहाँ साहित्यिक प्रकाशनों की अच्छी कोऑपरेटिव सोसायटी हैं और वहाँ सहकारी संस्थाएँ उत्पादन के अन्य क्षेत्रों में भी पहुँची हैं।

मैं कहना चाहूँगा कि चिन्ता ये नहीं है कि पचास के दशक में नागार्जुन जितने पढ़े जाते थे, आज इस नब्बे के दशक में वे उतने नहीं पढ़े जा रहे हैं। रेणु उस समय जितने पढ़े जाते थे, आज उतने नहीं पढ़े जा रहे हैं। प्रेमचन्द पहले जितने पढ़े जाते थे, आज नहीं पढ़े जाते हैं। अत्यन्त नम्रता के साथ मैं कहना चाहूँगा कि श्री रामचरितमानस वे लोग पढ़ रहे हैं, जिन्हें नहीं पढ़ना चाहिए और जिन्हें पढ़ना चाहिए, वे रामचरितमानस नहीं पढ़ रहे हैं। जिस हिन्दी जाति की पहचान तुलसी से बनी हो, जिस हिन्दी जाति की पहचान कबीर से बनी हो वह हिन्दी जाति आज इस स्थिति में पहुँच गयी है। एक ख़ास तबका एक समय कबीर को उतना भले न पढ़ता-गुनता हो, लेकिन कबीर को दूसरी जाति के छोटे लोग बराबर पढ़ते रहे हैं। स्वयं तुलसीदास हमारे ही समाज में, हमारे ही गाँव में एक समय जिस तरह घरों में पढ़े जाते थे, आज उस तरह रामायण की पोथी मैं अपने गाँव में नहीं देखता। इसका मतलब है कि उनकी जड़ें ज़्यादा गहरी हैं। आज का साहित्य यदि नहीं पढ़ा जा रहा है तो मुझे कोई चिन्ता नहीं है, लेकिन वह साहित्य जो हिन्दी जाति की पहचान है, वह न पढ़ा जा रहा हो तो ज़रूर चिन्ता करनी चाहिए। यह वह साहित्य है जिसे गिरमिटिया मज़दूर बिहार और पूर्वी उत्तर प्रदेश से लेकर मॉरिशस, फिजी और न जाने कहाँ तक गये थे। दिन भर खटने के बाद रात में ढिबरी जलाकर दो चौपाई पढ़कर इतनी ताक़त पा सके और सदियों तक जीवित रह सके। पढ़ते थे रामचरितमानस और बोलते थे भोजपुरी। वह चीज़ चली गयी। यह गहरी चिन्ता का विषय है। इसलिए हिन्दीभाषी प्रदेश और संस्कृति की वर्तमान स्थिति के बारे में हम ये कहकर जान नहीं छुड़ा सकते कि समाज का पतन हुआ है। इस समाज में इतनी दूर तक राजनीतिक पतन व भ्रष्टाचार बढ़ गया है। सामाजिक-राजनीतिक पतन के क्रम में ही संस्कृति और साहित्य का पतन हुआ है। मैं इस बात को स्वीकार नहीं करता।

अठारहवीं सदी के अन्त में जर्मनी में, जिसके बारे में एंगेल्स ने लिखा है कि जर्मनी 1800 के आसपास राजनीतिक भ्रष्टाचार और चाटुकारिता की दृष्टि से अधोपतन पर था। बगल में फ्रांस में राज्यक्रान्ति हुई थी। जर्मनी बहुत नीचे गिरा हुआ था। राजनीतिक रूप से बिखरा व टूटा हुआ जर्मनी सभी मोर्चों पर पतन का शिकार था। लेकिन अजीब बात है कि उसी जर्मनी में के.के. हुए, शिलर हुए, पान्त हुए, हैडर हुए। एंगेल्स ने लिखा है कि अन्धकार के ऐसे गर्भ में ही—हीगल के कथनानुसार, 'मिनर्वा का उल्लू अन्धकार में ही अपने को तोलता है। अन्धकार के दौर में साहित्य ऊँचाइयाँ छूता है।' इसका सबूत दुनिया के इतिहास में तो है ही, स्वयं हिन्दी साहित्य के इतिहास में बहुत है। यदि निराला को प्रमाण मानें तो 'तुलसीदास' नाम की उनकी कविता का आरम्भ ही पतन के चित्र से होता है। उनका स्पष्ट मत था कि भारत का सांस्कृतिक सूर्य डूबा हुआ था। आज हम लोग भले ही बड़ी रोशन तस्वीर रखें, लेकिन दिल्ली सल्तनत की तबाही के बाद भारत का स्वर्णिम युग नहीं रह गया था। जिस दौर में कबीर पैदा हुए थे और सन्तों की पूरी क़तार पैदा हुई थी, वह भारत का कोई सुनहरा युग नहीं था। दिल्ली सल्तनत का दौर घनघोर अराजकता का दौर था। उसी पन्द्रहवीं शताब्दी में साहित्य की, संस्कृति की, दर्शन की विभूतियाँ पैदा हुई थीं। इसलिए ये कहकर, कोई बचकर नहीं निकल सकता है कि राजनीति में ह्रास हुआ है, देश का पतन हुआ है, इसलिए साहित्य में भी पतन अवश्यम्भावी (स्वाभाविक) है। इतिहास में राजनीति के समानान्तर न सामाजिक तन्त्र रहा करता है, न ज़रूरी है कि सामाजिक तन्त्र के समानान्तर संस्कृति का तन्त्र भी रहे। सच पूछिए तो ऐसे ही अन्धकार से, ऐसे ही संकट से, सच्चे बुद्धिजीवियों और लेखकों को चुनौती मिलती है। कभी-कभी साहित्य और कला के लिए वैभव घातक हुआ करता है। पन्त ने लिखा है—'अपने अपने मधु में लिपटा भ्रमर न कर सकता गुंजन।' आपके मुँह में शहद भरा हो तो आप राग यमन नहीं गा सकते। जिस कुत्ते का मुँह सोने के तीरों से बिंधा पड़ा हो, वह भौंक नहीं सकता है। इसलिए ये कहना कि साहित्य आर्थिक उत्कर्ष, वैभव व राजनीतिक स्थिरता की अपेक्षा रखता है, सही नहीं है। राजनीतिक स्थिरता की माँग डाँवाडोल कुर्सी वाले राजनीतिक राजनेताओं को ही करने दीजिए। सच पूछिए तो अच्छा साहित्य किसी हड़बड़ी में, चलाचली में, ऐसे ही कुछ के मरते और कुछ के जन्म लेते दौर में लिखा गया है, ऐसे दौर आये हैं। शर्त यह है कि हम इसे चुनौती मानते हैं सर्जना के लिए या हम इसे एक भाग्य मानते हैं और मानते हैं कि भाग्य निज ध्येय से बदला नहीं जा सकता।

सर्जनात्मक प्रतिभा और उसके विकास के लिए जीवन के प्रति विशेष दृष्टि की भी आवश्यकता पड़ती है। मुझे लगता है कि हिन्दीभाषी प्रदेश तब से साहित्य संस्कृति में गिरावट का अनुभव कर रहा है जबसे वह दृष्टिशून्यता और दिशाहीनता को आभूषण मानने लगा है, सर्जना का अनिवार्य तत्त्व और गुण मानने लगा है।

मेरा ख़याल है, हो सकता है यह ग़लत हो। हो सकता है इससे भिन्न मत रखने वाले लोग हों। आज हमारे लेखन की आँखें खुली हुई हैं। साहस की कमी नहीं। साहित्य में समाज और राजनीति की आलोचना का प्रखर स्वर जैसा हिन्दी में दिखाई पड़ता है वो अखिल भारतीय साहित्य के लगभग मेल में ही है। ये भी होता है कि ऐसे दौर में पहले के बहुत से क्रान्तिकारी निराशावादी और यथास्थितिवादी हो जाया करते हैं।

एंगेल्स के जिस लेख का मैंने हवाला दिया है वह 1845 में लिखा था। उसी में उन्होंने लिखा है कि इतने बड़े-बड़े लोग तो हुए लेकिन जिन लोगों ने एक समय फ्रांस की राज्यक्रान्ति का स्वागत किया था, आज वही लोग फ्रांस की राज्यक्रान्ति के दुश्मन हो गये। हमारे यहाँ भी कुछ ऐसा माहौल बदला है। एक ज़माने में लेखकों ने 'लन्दन की एक रात' जैसी कहानी लिखी थी, जिन लेखकों ने भाषा और साहित्य के क्षेत्र में कुछ ऐसे काम किये थे, वे आज भी अविस्मरणीय हैं। अनेक लेखक इस दौर में अपनी उस दिशा को छोड़ करके पीछे लौटने लगे हैं। जड़ों को खोजते हुए वेद-उपनिषद में लौट रहे हैं। स्वर्णिम अतीत की तलाश में हैं। रहते हैं शहरों में और आंचलिकता के नाम पर कल्पनालोक के पुराने गाँव में जहाँ मनुष्य और प्रकृति में कोई भेद नहीं था, उन स्वप्नों की दुनिया की ओर लौटते हुए दिखाई देते हैं और कहते हैं कि वे पर्यावरण की रक्षा करना चाहते हैं। जो लोग किसी समय ईश्वर में कोई दिलचस्पी नहीं रखते थे, आज एक नये ईश्वर की तलाश करने लगे हैं। जिन लोगों ने गीता के दर्शन तक नहीं किये थे, सहसा हिन्दू धर्म और हिन्दुत्व के उस चिन्तन में उनकी गहरी आस्था होने लगी है। लोहिया जी के शब्दों में 'आगे देखूँ' वाली दृष्टि होनी चाहिए, ये चुनौती आज हम में से बहुतों को 'पीछे देखूँ' बना रही है। एक ज़माना था जब हम, मुक्तिबोध के शब्दों में, भविष्य का नक़्शा लिए घूमा करते थे। आज हम अतीत की विरासत खोदते दिखाई पड़ रहे हैं। अजीब बात है, तमाम लोग परम्परा की, अतीत की, विरासत की जड़ खोद रहे हैं। इसके सामने जबकि चुनौती यह है कि इक्कीसवीं शताब्दी में दुनिया का नक़्शा क्या होगा? उसमें हमारी क्या जगह होगी? यह हम सोचें।

साहित्य में जब भी महत्त्वपूर्ण लिखा गया है तब-तब ग़लत ही सही, कोई यूटोपिया रहा है। प्रेमचन्द के 'सेवासदन' को आप झूठा इल्यूज़न कहिए, निराला के 'राम की शक्ति पूजा' को आप एक मिथ्या चेतना कहिए, मुक्तिबोध की 'अँधेरे में' कविता जिस क्रान्ति का स्वप्न देखती है उसको आप भ्रम कहिए। ये भ्रम, ये मोह, ये भविष्य, झूठा साबित हो जाये, लेकिन यह रहना चाहिए। लोहिया जी उचित ही कहते थे कि 'आगे देखो' दृष्टि होनी चाहिए। आगे देखने की चिन्ता ज़रूरी है, भले ही वो कल्पना हो, मायालोक हो, मृग मरीचिका हो। मृग मरीचिका के लिए आगे दौड़ने वाले लोग शायद गिर भी जायें, न पहुँच पायें, फिर भी दो क़दम ख़ुद आगे जाते हैं और लोगों को अपने साथ ले जाते हैं। जो लोग इतने सावधान, समझदार और बुद्धिमान हैं कि अभी से हर चीज़ को मृग मरीचिका मान बैठे हैं, वे पीछे किसी खोह में बैठे दिखाई पड़ेंगे।

मुझे आज साहित्य और संस्कृति के बारे में जो चीज़ सबसे ख़ौफ़नाक और दहशत भरी लगती है, वो यह कि हम लोग इतने अक्लमन्द और समझदार हो गये हैं कि भविष्य मात्र में सपना देखने का, खुली आँखों सपना देखने का हौसला ही छोड़ रहे हैं। ये चिन्ता अकेले हिन्दी प्रदेश की चिन्ता नहीं है। शुरू से हिन्दी प्रदेश प्रान्तीयता की चेतना से मुक्त सारे भारत के लिए सोचता रहा। यही उसकी ताक़त रही। जिस दिन हिन्दी प्रदेश अपने बारे में सोचने लगेगा, उस दिन वह कूपमण्डूक बनकर रह जायेगा। अब तक हिन्दी प्रदेश ने जो हासिल किया है, वही उसकी ताक़त रही है। और लोग भले ही सिर्फ़ अपने प्रदेश के बारे में सोचते रहे हों, हिन्दी प्रदेश पूरे भारत के रूप में एक साथ सोचता रहा है। भारत का भाग्य हिन्दी का भाग्य है। हिन्दी में खुलापन और एक विशाल दृष्टि रही है। यदि हम लोग छोड़ देंगे और बिहार और यूपी के लिए सोचने लगेंगे तो तय समझिए कि हम लोग भी दूसरे दिनकर नहीं पैदा कर सकेंगे। निराला पैदा करना तो दूर की बात है।

इन थोड़े से शब्दों के साथ जिनमें मैंने कोशिश की है कि आत्मसमीक्षा भी हो। ऐसी आत्मसमीक्षा, जहाँ उसके साथ हमारी आकांक्षाएँ व आशाएँ भी हों—उनको भी आपके सम्मुख रखने की कोशिश मैंने की है।

(बिहार हिन्दी साहित्य सम्मेलन द्वारा पटना में आयोजित व्याख्यान में सम्भवतः 2002-03 में दिया गया वक्तव्य। अब तक अप्रकाशित। पहली बार प्रकाशित।)

भारतीय भाषाओं का समकालीन परिदृश्य

रहीम का एक दोहा मुझे अक्सर याद आता है :

दोनों रहिमन एक से, ज्यों लौं बोलत नाहि।
जान परत है काक पिक, ऋतु बसन्त के माहि।।

इस दोहे में मुझे 'अस्मिता' शब्द का अर्थ मिला। जब तक बोलते नहीं, तब तक सब एक जैसे मालूम होते हैं। लेकिन वे पहचाने तभी जाते हैं जब वे बोलते हैं। यहाँ भी यद्यपि सभी लोग हिन्दी ही बोल रहे थे, अगर प्रदेश और भाषा का नाम नहीं बताया जाता तब भी उनके हिन्दी उच्चारण से आप पहचान सकते थे कि उनकी मातृभाषा कौन-सी है? मैं अभी 'पहचान' शब्द का प्रयोग कर रहा हूँ 'अस्मिता' शब्द का प्रयोग नहीं कर रहा हूँ। हिन्दी में 'अस्मिता' शब्द पहले नहीं था। 1947 से पहले की किताबों में मुझे तो नहीं मिला, और संस्कृत में भी 'अस्मिता' का यह अर्थ नहीं है। संस्कृत में यह शब्द 'अहंकार' के अर्थ में आता है, जिसे दोष माना जाता है। 'आइडेंटिटी' का अनुवाद 'अस्मिता' किया गया। जहाँ तक मेरी जानकारी है, हिन्दी में पहली बार अज्ञेय ने 'आइडेंटिटी' के अनुवाद के रूप में 'अस्मिता' शब्द का प्रयोग किया था। मराठी में 'अस्मितादर्श' नाम की पत्रिका नागपुर से निकलती है। लेकिन हम पासपोर्ट बनाते हैं तो, क्या कहते हैं—पहचान-पत्र। अस्मिता-पत्र कोई नहीं कहता।

मैं बैठे-बैठे यही सोच रहा था कि 'अस्मिता' और 'संकट' इन दोनों शब्दों को भारतीय भाषाओं में क्या इसी रूप में स्वीकार किया गया है। एक बहुत अच्छा काम होता अगर, हर आदमी अपनी भाषा में बताता कि हमारी भाषा में 'अस्मिता' को क्या कहते हैं? 'संकट' को क्या कहते हैं? अब एक शब्द है 'ख़तरा' और दूसरा शब्द है 'संकट'। ख़तरे के लिए 'डेंजर' शब्द का प्रयोग करते हैं और संकट फिर, अनुवाद है 'क्रायसेस' का। अभी गोविन्द देशपाण्डे जी ने बताया कि हिन्दी में जिसे संकट आप कहते हैं हमारे यहाँ वह 'अरिष्ठ' शब्द है।

और भी शब्द हो सकते हैं। अन्य भाषाओं में इतनी विविधता है, बहुलता है। इसलिए मैं शब्दों के विश्लेषण में न जाकर पहली बात जो मुझे महत्त्वपूर्ण लगती है। जिसका पूरा अहसास हम लोगों को नहीं है, या जितनी गहराई से होना चाहिए, नहीं है।

हर जनसमुदाय की अपनी पहचान उसकी भाषा है। उसके बिना वह भाषा केवल भाषा नहीं है बल्कि, वह भाषा ही उसकी संस्कृति भी है और वह पहचान बनकर उसके साहित्य और संस्कृति में समाई है। यह इतनी दूर तक है कि बोलियों तक से जुड़ा हुआ है। हिन्दी प्रदेशों में आप देख रहे हैं कि तीन राज्य अभी नये बने हैं। माँग अन्य बोलियों की ओर से भी उठ सकती है। राजस्थानी क्यों नहीं उठा सकती है? भोजपुरी की है, अवधी की है, ब्रज की है, मैथिली बहुत दिनों से आग्रह कर रही है। हर भाषा में अलग-अलग समस्या होती है। स्वयं हिन्दी प्रदेश बोलियों की दृष्टि से द्विभाषी है। साहित्य की रचना खड़ी बोली में करता है और अपनी माँ से, दादी से, दादा से जिस बोली में बात करता है वह उसकी ठेठ गाँव की बोली होती है। मसलन मेरी बोली भोजपुरी है। भोजपुरी और खड़ी बोली दोनों ही बोलियाँ वह बोलता है।

अभी जिस बात की ओर इशारा कर रहा था उस दृष्टि से देखें तो भारत को बहुभाषी देश कहते हैं। अनेक भाषाएँ बोली जाती हैं। लेकिन मैं इसके साथ यह कहना चाहता हूँ कि भारत का हर आदमी एक लम्बी परम्परा से, बहुभाषी है। अभी काँग्रेस प्रेसिडेंट के बारे में बताया कि वह छः भाषाएँ जानती हैं। हमारे यहाँ जिनको अनपढ़ कहते हैं वे भी, एक लम्बी परम्परा से इस देश में घूमने के कारण, चाहे तीर्थाटन के लिए जाते रहे हों, भ्रमण के लिए जाते रहे हों, एक लम्बे अरसे से एक साथ कम-से-कम द्वि-भाषी तो हैं। तीन भाषाएँ, चार भाषाएँ वह बोलता है, जानता है। यह बहुभाषिकता हमारे यहाँ संस्कार में है।

पहला जो मुख्य मुद्दा है जिस पर बड़ी चर्चा हुई थी, पहचान की। और वह पहचान, हर जनसमुदाय की, हर व्यक्ति की अपनी पहचान, पासपोर्ट, उसकी भाषा है। व्यक्ति मुँह खोलता है और पहचान लिया जाता है कि, किस क्षेत्र का है? कहाँ से आया है? किस समुदाय से जुड़ा हुआ है? इस पहचान में स्वाभिमान ज़रूरी है। लेकिन इस पहचान में 'अहंकार' का शब्द भी जुड़ता है। फिर वह अहंकार बढ़ करके इस सीमा तक जाता है जो देश के समुदाय से अपने को अलग करने की सीमा तक ले जाता है। इस पहचान का एक उदाहरण मैं दे सकता हूँ कि हड़प्पा नाम की संस्कृति जो हमारे यहाँ की सबसे पुरानी संस्कृति कही जाती है। आज तक मालूम नहीं हो सका कि उसकी भाषा क्या है?

यद्यपि मूर्तियों के, स्थापत्य के अन्य जो उपकरण मिले हैं, उनसे उस संस्कृति की रूपरेखा बनाई गयी। लेकिन आज भी वह विवाद के दायरे में इसलिए है कि, उसकी भाषा क्या थी, भाषा के लोभ से इतना बड़ा संकट उत्पन्न होता है कि पहचान लुप्त हो जाती है। हड़प्पा सभ्यता की पहचान ज़रूरी है आज भी, क्योंकि उसकी भाषा नहीं मालूम। वैदिक संस्कृति की भाषा मालूम है, इसलिए उसके बारे में विस्तार से चर्चा की जाती है। इस प्रसंग में यह भी कहा गया है कि भाषा लुप्त होती है किसी वजह से तो, लुप्त होने के साथ लगभग वह पूरी संस्कृति भी समाप्त होती है।

भारतीय भाषा सर्वेक्षण ने जो सूची तैयार की है उसमें भाषाओं की सूची अगर आप देखें तो उसमें से अनेक भाषाएँ नहीं है। यानी देखते-देखते पिछले दो सौ वर्षों में कई भाषाएँ लुप्त हो गयी हैं। इसलिए एक बहुत बड़ा मुद्दा है। अभी डोगरी के बारे में कहा जा रहा था। कश्मीरी के बारे में चर्चा हुई थी कि वह भी उस कगार पर है। जवाहरलाल नेहरू विश्वविद्यालय में एक गोष्ठी हुई थी। संविधान में जो आठवीं सूची है, उसको लेकर। उस आठवीं सूची से यह धारणा बनती है कि उसमें और उसके लिए अनेक भाषाओं ने संघर्ष किया है कि हमको शामिल किया जाये। अनेक आदिवासी भाषाएँ हैं जिन्हें हम आदिवासियों की भाषा कहते हैं उनकी भाषाएँ उसमें शामिल नहीं हैं। कई भाषाएँ हैं, जो शामिल नहीं हैं। जो आज भी आगे चलकर बहुत बड़ा मुद्दा विवाद का बन सकता है। यद्यपि आठवीं सूची का उद्देश्य भाषाओं को मान्यता देना नहीं है। दूसरे सन्दर्भ 351 के सिलसिले में उसका उल्लेख किया गया है। हिन्दी को राजभाषा के रूप में विकसित और समृद्ध करने के लिए जिन भाषाओं को लेना चाहिए, उनकी सूचियाँ बनी ही नहीं हैं। उसका उद्देश्य भाषाओं को मान्यता देना नहीं है, लेकिन उसकी हैसियत लगभग यह हो गयी है कि, आठवीं सूची में जो भाषाएँ हैं वह तो मान्यता प्राप्त हैं। उस सूची में जो भाषाएँ नहीं हैं वे ख़ास ही नहीं हैं। उसमें झारखण्ड की अनेक भाषाएँ नहीं हैं, मुंडारी नहीं है, सन्थाली नहीं है, छोटा नागपुरी नहीं है, अनेक भाषाएँ नहीं हैं।

एक शब्द इस्तेमाल किया गया 'अस्तित्व' का। जब तक उस अस्तित्व को आप स्वीकार नहीं करेंगे कि, आप हैं। तब तक आपकी पहचान कैसे बनेगी? इसलिए इस बीच दुनिया के पैमाने पर अनेक लोगों ने कहा है कि जो नया भूमण्डलीकरण है और यूरोप के लोग कह रहे हैं कि 'रेड इंडियन' की भाषा लगभग लुप्त हो गयी है। अमेरिका में यह स्थिति है। हमारे यहाँ भी हो सकती है। इस देश में उर्दू की अस्मिता का संकट है और वह संकट अनेक रूप ले रहा है जैसा कहा गया है कि राजनीति उसको तरह-तरह से इस्तेमाल कर रही है।

उस जगह ले जाने की ज़रूरत नहीं है। हममें से अनेक लोग जानते हैं कि, उर्दू की ठीक से पढ़ाई भी नहीं हो रही है। नतीजा यह है कि उर्दू मदरसों में पढ़ाई जा रही है। जिन मदरसों का मक़सद है मदरसई करना। लेकिन, चूँकि उर्दू को पढ़ाने की व्यवस्था नहीं है इसलिए बहुत बड़े पैमाने पर ऐसा हो रहा है। मैं कहना चाहता हूँ कि भारतीय भाषाओं की पहचान पर विचार करते समय यह ध्यान में रखा जाना चाहिए कि, इसका दायरा बहुत बड़ा है। इस दायरे में केवल यही नहीं है कि भूमण्डलीकरण के कारण हम लोग हिन्दी या मानी हुई भाषाएँ भूल जायें। ज़्यादा बड़ा दायरा है, भारतीय भाषाओं की पहचान का।

भारत भाषाओं का संग्रहालय या म्यूज़ियम बन के न रह जाये। बल्कि, वे भाषाएँ जो जीती-जागती, फलती-फूलती रही हैं, सदियों से रही हैं, और हज़ारों साल से रही हैं, वे विकसित होती रहें। आदिवासियों की भाषा कोई आज की नहीं है। इसलिए उन भाषाओं को, उनके साथ मैं कहूँगा कि, कभी-न-कभी अपनी भाषाओं की बोलियों पर ज़रूर हमारा ध्यान जाना चाहिए, जिन्हें लोक भाषाएँ कहते हैं। लोक भाषाओं को भुला करके साहित्यिक भाषाएँ अपनी पहचान क़ायम नहीं रख सकतीं। पहचान का मतलब है, उसी संविधान में कहा गया है कि, हिन्दी विकास करे, समृद्ध हो, सब से ले। लेकिन एक शब्द अंग्रेज़ी का इस्तेमाल किया गया है अपने 'जीनियस' को ध्यान में रखते हुए अर्थात् अपनी प्रकृति को न छोड़कर वो समृद्ध हो। दूसरों से इतना न ले कि, उसका स्वभाव ही बदल जाये। पहचान एक बार मिल गयी तो, हमेशा क़ायम नहीं रहती है। यह कोई ज़रूरी नहीं है।

आदमी ख़ुद कभी-कभी आत्म विस्मरण का शिकार होता है और अपनी पहचान भूल जाता है। ऐसा नहीं है, हमारे गुरुजी कहा करते थे कि, भारतीय संस्कृति एक 'हुक्का' की तरह से है, जिसका पानी करोड़ों बार बदला है, जिसका नायचा बदला है, चिलम बदली, नारियल बदला, आग बदली, तम्बाकू बदला फिर भी संस्कृति वही की वही है। यह कौन-सी चीज़ है? एक हुक्का नाम की चीज़ बची है! बाक़ी एक-एक करके हर चीज़ बदल गयी है। राजन जी ने एक महत्त्वपूर्ण तथ्य को रेखांकित किया। अस्मिता जड़ नहीं है, स्थिर नहीं है और यह भी नहीं है कि एक बार मिल गयी तो बनी रहेगी। बदलती रहती है, बनने को। आज वही तमिल नहीं है जो संगम काल की तमिल हुआ करती थी। बदल गयी है न। हिन्दी स्वयं इतनी बदली है, इतनी बदली है कि हम बहुत से लोग पुरानी कविता को आज समझ नहीं सकते हैं। बदलती है, लेकिन उस बदलने के साथ ये भी जुड़ा हुआ है कि, अस्मिता का प्रश्न एक ओर ले जायेगा हमको, शुद्धतावाद की ओर। जैसे नस्ल के बारे में शुद्धतावाद बड़ा ख़तरनाक लफ़्ज़ है।

भाषा के बारे में भी शुद्धतावाद जो है वो, आपको 'फासिस्ट' बना देता है। ख़ून शुद्ध हो उसी तरह आप समझेंगे कि, भाषा भी शुद्ध होनी चाहिए। टेलीविज़न की हिन्दी की आलोचना को कुछ सुनता हूँ तो मुझे लगता है कहीं वही पुराना शुद्धतावाद बोल रहा है। हिन्दी तो बाज़ार से आयी है। बाज़ारू हिन्दी, कलकत्ता और बम्बइया की जिस हिन्दी को आप बोल रहे हैं बल्कि, खड़ी बोली हिन्दी तो ख़ुद दिल्ली के बाज़ार की हिन्दी है। इसलिए बाज़ार से हिन्दी अशुद्ध हो जायेगी और उसकी अस्मिता ख़राब हो जायेगी। मैं समझता हूँ यही हिन्दी धूल-धक्कड़ से, खे़त-खलिहान से, कल-कारख़ाने से, बाज़ार से, बनी, निकली हुई भाषा है। आप उसे धो-पोंछकर साबुन लगाकर एक ही बना देना चाहते हैं, चमकती हुई। इसलिए अस्मिता का सवाल इतना सीधा-सादा सरल नहीं है।

संकट की चर्चा करने से पहले हम समझें कि भाषायी अस्मिता, भाषा बोलने वालों की अपनी पहचान है। जिस भाषा को बोलते ही, उसकी पहचान कैसे बचाई जाये या विकसित की जाये और उस बदलती हुई पहचान के साथ एक सुगठा कैसे बनी रहे। एकदम इतनी न बदल जाये कि स्वयं वह भाषा न रह जाये। इस पहचान के सिलसिले में कुछ सवाल उठाये गये हैं लिपि के बारे में। हिन्दी के बारे में लोग जानते हैं कि हिन्दी का आन्दोलन भाषा का आन्दोलन नहीं था। 19वीं शताब्दी में हिन्दी वालों की माँग थी। आज भी है वह संस्था, जिसका नाम है—'काशी नागरी प्रचारिणी सभा'। लड़ाई नागरी लिपि की थी, बाद में भाषा की बन गयी। पंजाबी जुड़ी हुई है गुरुमुखी लिपि के साथ। एक ज़माना था कि पंजाबी की बहुत सारी चीज़ें उर्दू लिपि में लिखी जाती थीं। अख़बार उर्दू में निकलते थे, भाषा पंजाबी हुआ करती थी। कुछ लोग नागरी लिपि में लिखा करते थे। लिपि और भाषा का कभी-कभी इतना अटूट और गहरा सम्बन्ध होता है। एक बार यह माँग उठी थी कि उर्दू की किताबें हिन्दी लिपि में ही लिखें। ऐसा कहने वाले हिन्दी वाले भूल जाते हैं कि एक ज़माने में सुदीप कुमार चटर्जी की नहीं, बल्कि हाल ही में 19वीं सदी में अंग्रेज़ी की जितनी किताबें व्याकरण की लिखी गयी हैं, कोर्स की, वह रोमन में लिखी गयी हैं। उस समय आपको बड़ा अखरा था, रोमन लिपि में लिखना। उर्दू वालों से आप कहते हैं कि आप उर्दू लिपि छोड़ दो। भाषा की पहचान का गहरा सम्बन्ध उसकी लिपि से भी है। ध्वनियों के लिए तमिल लिपि काफ़ी है। आप नहीं कह सकते कि तमिल साहित्य नागरी में लिखा जाये। बंगला से नहीं कह सकते आप कि अपनी लिपि बदल दें। इतनी मुश्किल होते हुए भी, चित्र लिपि लिखी है चीनियों ने। रोमनाइज़ेशन नहीं स्वीकार किया जापान ने। भारतीय भाषाओं के लिए कहेंगे आप!

लिपि से भाषाओं का गहरा सम्बन्ध है क्योंकि एक संस्कृति के दौरान वे विकसित हुई हैं। और धीरे-धीरे अपनी एक पहचान बना ली है। रोमन लिपि में लिखी हुई संस्कृत किताबों को पढ़ने से ऐसा लगता है कि मैं संस्कृत नहीं पढ़ रहा हूँ, अंग्रेज़ी पढ़ रहा हूँ। बहुत-सी किताबें हैं। आपको याद होगा कि, जब ऋग्वेद का मैक्समूलर ने सम्पादन करना शुरू किया था। सवाल उठा था कि इसे रोमन में छापा जाये या संस्कृत में। उन्होंने कहा कि, नहीं, यह उसी लिपि में छपेगा, नागरी लिपि में। इसलिए भाषा के साथ लिपि भी जुड़ी हुई है। एक भाषा ऐसी है जो साहित्य अकादेमी द्वारा मान्यता प्राप्त है। सम्भावना है, संविधान में भी मान्य हो। कोंकणी चार लिपियों में लिखी जाती है—रोमन, नागरी, कन्नड़ और मलयालम। यहाँ बहुत बड़ा मुद्‌दा है कि, साहित्य अकादेमी ने उसे नागरी लिपि में मान्य किया है। लेकिन बड़ी माँग उठ रही है कोंकणी में कि साहब आप लिपि के हिसाब से क्यों बाँटना चाहते हैं? मैंने उन समस्याओं की ओर आपका ध्यान आकर्षित किया है, जो भारतीय भाषाओं की अस्मिता की हैं। सभी भाषाओं की अस्मिता का सवाल एक जैसा नहीं है, कुछ सामान्य है, लेकिन प्रत्येक भाषा की या भाषायी अस्मिता की अपनी अलग-अलग समस्याएँ हैं। पंजाबी की समस्या वह नहीं है, जो कश्मीरी की होगी या जो कश्मीरी की समस्या है वह, डोगरी की नहीं होगी। कुछ अलग-अलग समस्याएँ भी हैं और ब्योरे में करके प्रत्येक समस्या को देखना होगा। उसी तरह से। मैंने कहा कि अगर उर्दू आप देखते और यहाँ उर्दू का वक्ता होता तो बताता उर्दू की पहचान की समस्या और भाषाओं से प्राइम इंडियन लैंग्वेज उसी तरह से उर्दू है जैसे कि हिन्दी है, संस्कृत है। बावजूद इसके उस भाषा की जो स्थिति है उसके संकट की अपनी अलग कुछ और विशेष समस्याएँ हैं, अन्दरूनी।

दूसरा सवाल है, संकट का है यानी 'क्रायसेस' का। उस संकट में हर संकट की तरह से कुछ बाहरी संकट होते हैं, कुछ भीतरी संकट भी होते हैं। महत्त्वपूर्ण और ज़्यादा ख़तरनाक होता है, जो आन्तरिक संकट है। मैं देशपाण्डे साहब से पूरी तरह से सहमत हूँ इस मामले में, कि भारतीय भाषाओं के लिए जो सबसे बड़ा संकट है, वह स्वयं इस देश के अन्दर ही मौजूद है। इसी देश के अन्दर है। सत्ताधारी लोग क्योंकि, भाषा की गहरी पहचान का सम्बन्ध होता है, सत्ता से। भाषा सत्ता भी है, ताक़त भी है। सत्ता केवल पहचान ही नहीं देती है, ताक़त भी देती है, और बनाती भी है। आमतौर से राजसत्ता के लिए, राजसत्ता इस बात को अच्छी तरह समझती है कि भाषा उसके ऊपर बहुत बड़ी ताक़त है, जैसे राजकाज का काम भाषा से होता है। फ़ारसी राजभाषा हुई थी।

अकबर ने नहीं बनाई थी। फ़ारसी राजभाषा बनाई थी, राजा टोडरमल ने। उन्होंने कहा कि यह होनी चाहिए। माल के महकमे का काम इसी में देखेंगे कि माल का सारा काम-धाम इसी से होता है। सच पूछो तो, पेशवा के ज़माने में जिसे ब्राह्मणवाद कह रहे थे, गोविन्द देशपाण्डे जी। तो मुझे याद आया कि, पेशवाई के ज़माने में भले ही वे दिल्ली के बादशाहों से लड़ते रहे हों, लेकिन, उनकी भाषा तो फ़ारसी थी, मराठी नहीं बनाई थी, उन्होंने। क्यों नहीं बनाई थी, मराठी? और यही वजह है कि मराठी में फ़ारसी के इतने शब्द हैं। कभी-कभी हम चिन्तित होते हैं कि ये हिन्दी में हैं। बाद में पता चला कोशों को देखने के बाद कि, बांग्ला में फ़ारसी शब्द इतने ज़्यादा है क्योंकि, वहाँ नवाबी बहुत दिनों तक रही। मराठी में इसलिए इतने ज़्यादा है कि, मराठी में पेशवा के ज़माने में कोर्ट-लैंग्वेज फ़ारसी थी। जिन भाषाओं में कम हैं और अगर ढूँढ़ने लगें तो मिलेगा कन्नड़ में बहुत हैं। हैदर अली, टीपू सुल्तान के ज़माने से लेकर कन्नड़ में बहुत हैं। उसी तरह तेलुगु में हैं।

फ़ारसी बहुत ख़ूबसूरत भाषा है। महान काव्य लिखा गया है उन दिनों। ईरान की पूरी-की-पूरी संस्कृति बिना फ़ारसी के नहीं समझी जा सकती। बावजूद इसके, हिन्दुस्तान में फ़ारसी राजभाषा बनी। राजसत्ता का अर्थ ही है कि ऐसी भाषा में राज करो, जिसे आम जनता न समझे। इस सिलसिले में मैं अक्सर कहा करता हूँ कि कन्हैयालाल माणिकलाल मुंशी का एक उपन्यास है 'गुजरात के नाथ'। उसमें रानी, राजा से कहती है कि—सिद्धराज जयसिंह जब नया-नया नौजवान राजा हुआ, तो उसे चिन्ता हुई कि वह घर-घर जा करके लोगों का दुख-दर्द दूर करे। जनता के बीच जाकर। जैसे बहुत से जाते हैं, जनता का कल्याण करने के लिए पदयात्रा करते हैं। उसको सूझी कि, पदयात्रा करे। उसकी माँ ने कहा कि देख, सूरज को देखता है तू, ऊँचाई पर है इसलिए लोग जल चढ़ाते हैं और प्रणाम करते हैं। जिस दिन सूरज को लगे कि हर घर के चूल्हे में पहुँचकर आग जलाया करे और हर घर के आले में पहुँच कर दीया बन जाये। वे फूँक कर बुझा देंगे और पानी डालकर चूल्हे को ठण्डा कर देंगे। दूर रह, जितना दूर रहेगा, उतना ही प्रताप होगा, जनता डरेगी, आतंक रहेगा। ताक़त हमेशा ऐसी भाषा इस्तेमाल करती है जो साधारण लोगों की समझ में न आये। उससे अलग होगी, तभी ताक़त होगी। अगर उस भाषा में काम होने लगेगा तो ताक़त उसकी कमज़ोर हो जायेगी, ख़त्म हो जायेगी। इसलिए इस देश का एक ताक़त वाला जो वर्ग पैदा हुआ है जिसको मोटे तौर से ब्राह्मणवाद कहा गया, जिसको आप मध्यवर्ग कह सकते हैं, जिसमें हमारी नौकरशाही भी है, अफ़सर वर्ग है, बड़े व्यापारी वर्ग के लोग हैं।

यह सारे के सारे लोग, बहुत बड़ा तबका इन पचास वर्षों में पहले जो बहुत छोटा मध्यवर्ग हुआ करता था वह बहुत बड़े पैमाने पर, लगभग पचास फ़ीसदी से ज़्यादा बढ़ गया है। यह वर्ग ज़रूर चाहेगा कि ऐसी भाषा का वर्चस्व हो, जो आम जनता की भाषा न हो।

भारतीय भाषाओं का संकट इसीलिए आन्तरिक है, देश के भीतर है। और दुर्भाग्य से इस बीच जैसा आर्थिक विकास हो रहा है हमारा, उस आर्थिक विकास के चलते हुए वक्ताओं में से एक आदमी ने कहा कि पचास साल के लगभग भाषा के मामले में हम लोग एक क़दम आगे बढ़े हैं और दो क़दम पीछे जा रहे हैं। सन् 47 में जो लोग अपने विद्यालयों में गये होंगे, वे जानते हैं कि कॉलेज में हम लोग 'यस सर' बोलते थे और पहली बार श्रीमन् या उपस्थित महाशय कहने पर ग़ैर हाज़िर कर दिया था कि, नहीं, यहाँ ऐसा बोलना पड़ेगा। यह पहली प्रतिक्रिया थी। विद्रोह हुआ, मित्रो काशी हिन्दू विश्वविद्यालय के दिन मुझे याद हैं। उस समय अचानक तेज़ी से बहुत गहरा सदमा 'पहचान' का और भाषा के 'संकट' से लड़ने का था। हम ताज़ा-ताज़ा स्वतन्त्र हुए थे। स्वाधीनता की भावना थी अपनी भाषाओं के प्रति। इतनी पत्रिकाएँ निकली थीं, भारतीय भाषाओं की। लोक भाषाओं और बोलियों की ओर इतना ध्यान दिया था मुझे याद है, वासुदेव शरण अग्रवाल और राहुल सांकृत्यायन ने 'जनपद कल्याणी आन्दोलन' चलाया था। यह उत्थान था, अंग्रेज़ियत को नकारने का। भाषा-प्रेम, गहरा भाषा-प्रेम तमिल में और बंगला भाषा में जितना है, अन्यत्र कम पाया जाता है। जहाँ शुरू किया गया था कि, प्राइमरी में शिक्षा का माध्यम जो होगा बंगला होगी, अंग्रेज़ी भी होगी। दूसरा उदाहरण दिया गया था एक अन्य प्रदेश का वहाँ अंग्रेज़ी लौट करके आ गयी। इसलिए इतिहास का चक्र कभी-कभी उलटा भी चलता है, हमेशा आगे नहीं चलता।

अनेक मामलों में, जिस तरह से अपने विकास का जो मॉडल हमने अपनाया था, जिस तेज़ी से हम लोग निजीकरण/उदारीकरण और विदेशी पूँजीनिवेश की ओर बढ़ते चले जा रहे हैं केवल, यह नहीं कहकर टाला जा सकता कि, हमारे ऊपर थोपा गया है। हम स्वीकार करते हैं। हमीं लोग स्वीकार करते हैं। हमारे ही देश के लोग, हमारे देश का एक शासक वर्ग है, जो लगातार स्वीकार कर रहा है और शासक वर्ग ही नहीं, क्षमा कीजिए, मैं कहूँ कि केवल आज की राजसत्ता में बैठी हुई सरकार ही नहीं है, बल्कि विरोध में बैठी हुई सरकार भी उसमें शामिल है। सच्चाई, इस देश में आर्थिक नीतियों के मामले में आप देखें तो विचित्र बात है कि, कोई विरोध पक्ष नहीं है। शून्य है। इसीलिए भाषा के मामले में भी शासक

वर्ग में बड़ा गहरा तालमेल है। चाहे वो विरोध में बैठने वाले सांसद हों या चाहे सत्ता में बैठने वाले सांसद हों। ये बड़ा संकट है, जिसकी ओर प्रोफ़ेसर गोविन्द देशपाण्डे इशारा कर रहे थे कि बाहरी दुश्मन से कैसे लड़ा जाता है यह डेढ़ साल में हमने सीख लिया। गाँधी जी ने हमें लड़ने का रास्ता बताया है। हमने यह भी देख लिया है कि बाहरी दुश्मन से लड़ना उतना मुश्किल नहीं होता, जितना घर के दुश्मन से लड़ना होता है। क्योंकि उसमें दुख-दर्द है। जैसे घर के बाहर तो हम लड़ सकते हैं लेकिन, घर के अन्दर ही पिता-पुत्र में, भाई-भाई में जब थोड़ी अनबन होती है तो वह संघर्ष बड़ा ही त्रासद होता है, बहुत ही घृणित होता है।

लगभग भाषा के मामले में, संस्कृति के मामले में नहीं, बल्कि पूरे ऐतिहासिक दौर में, इस बात की ओर बार-बार इशारा कर रहा था कि, इन्फॉरमेशन टेकनोलॉजी दुश्मन नहीं है, मीडिया दुश्मन नहीं है। ये ऊपरी चीज़ें हैं। हम लोगों को गुमराह करने के लिए किया जा रहा है। उस रूप में कहूँ तो, बाज़ार भी दुश्मन नहीं है। बाज़ार का इस्तेमाल जिस रूप में हो रहा है, जिस तरह के बाज़ार का प्रवेश किया जा रहा है, जो बाज़ार केवल कुछ लोगों के लिए है, बाक़ी लोग बाज़ार से बाहर हैं, बाक़ी हम लोग 'विंडोशॉपिंग' करने वाले हैं। 'विंडो' के अन्दर क्या है उसे ख़रीदने की ताक़त रखने वाले लोगों का बाज़ार और है। हमारा बाज़ार तो कभी-कभी हफ़्ते में, जो सड़क पर लगा रहता है, अनेक कॉलोनियों में लगभग उस बाज़ार की व्यवस्था है।

इसलिए उस संकट की, फिर मैं कहता हूँ कि, अब तक की भाषाओं का जो इतिहास रहा है जिस देश में संस्कृत जैसी कठिन, जो केवल व्याकरण पढ़कर ही जानी जा सकने वाली भाषा है। पाँच हज़ार साल का इतिहास अगर संस्कृत को नहीं मार सकता, तो मैं कहता हूँ कि, जो भाषा लोगों की ज़ुबान पर है, माँ के दूध के साथ सीखी है। इसको कोई भूमण्डलीकरण मार नहीं सकता। इस देश में 'ऋग्वेद' को पढ़ते हुए और वैदिक ऋचाओं को पढ़ते हुए याद आता है कि किस तरह लोगों ने अब तक इनको बचा के रखा है। प्रतीक है भाषा, वह हमारी अग्नि है जिसको हमने बचा के रखा है। इसलिए भारतीय भाषाओं के अस्तित्व को तो कोई संकट है ही नहीं। और उसकी पहचान क़ायम रहे। सारे परिवर्तनों के बावजूद क़ायम रहे। यह स्वयं हर भाषाभाषी समुदाय की अपनी ऊर्जा, अपनी ताक़त और संघर्ष पर निर्भर है। जो जनता लड़ करके, अंग्रेज़ों को भगा करके आज़ादी ले सकती है। मुझे पूरी उम्मीद है कि गाँधी के देश की जनता इतनी मुर्दा नहीं हो जायेगी कि विदेशी या परदेशी या स्वदेश से, जो हमारी संस्कृति के विरुद्ध है, उसके सामने घुटने टेक दे।

संकट वह घड़ी है, जिस दौर से हम गुज़र रहे हैं। मैं स्वयं अपने भीतर यदि आशा की वह किरण नहीं देख रहा हूँ तो आपको झूठी आशा-दिलासा तो मैं नहीं दिला सकता। लेकिन, मैं इतना जानता हूँ, यह जीवनी शक्ति है, वह जीवनी शक्ति कुछ दिनों के लिए मद्धम होती दिखाई पड़ी। लेकिन, इन भाषाओं से बोलने वालों की ताक़त ही नहीं—हर भाषा की वाणी होती है, उसके कवि होते हैं, लेखक होते हैं, साहित्यकार होते हैं, कथाकार होते हैं। नाटक, रंगमंच, फ़िल्में ये सारे साधन होते हैं। अगर साहित्य इन भाषाओं का मुर्दा नहीं हुआ तो तय समझिये कि कोई सरकार किसी भाषा को नहीं मार सकती। इन भाषाओं में रचनाएँ होती रहेंगी, लिखा जाता रहेगा, चाहे ये राजभाषा बनें या न बनें। हिन्दी नहीं थी राजभाषा, फिर भी उसमें कबीर हुए, तुलसी हुए, सूर हुए, मीरा हुई, प्रेमचन्द, निराला हुए। उसी तरह से हर भाषा में, राजभाषा तो नहीं बनी थी तमिल, जब सुब्रमण्यम भारती हुए। राजभाषा तो नहीं बनी थी, बंगला जबकि रवीन्द्रनाथ टैगोर हुए, दुनिया ने माना और उन्हें नोबेल पुरस्कार मिला। राजभाषा बने या न बने, सरकार माने या न माने, कोर्ट-कचहरी में चले या न चले लेकिन, अगर उस भाषा में साहित्य लिखा जा रहा है, तो वह भाषा जीवित रहेगी, विकसित रहेगी। मैं समझता हूँ कि उसे मारने वाली ताक़त दुनिया में कोई पैदा नहीं होगी।

('माध्यम' के किसी अंक में प्रकाशित। हिन्दी साहित्य-सम्मेलन में दिये गये अध्यक्षीय भाषण का लिप्यन्तरण।)

भाषायी बहुलता और राजभाषा

'ओरिएंटेशन' अंग्रेज़ी में कुछ एशन लगा करके बहुत-सी संज्ञाएँ बनती हैं क्रियाओं से। हमारा यहाँ 'ई-करण' लगता था। पाणिनि के व्याकरण के अनुसार जो नहीं है, उसका किया जाना। नहीं होने को हुआ कहें, तब ई-करण लगाते हैं। जैसे साधारण, तो जो साधारण नहीं हैं, असाधारण हैं, उसको साधारण बनाना साधारणीकरण है। राष्ट्रीकरण शब्द क़ायदे में होना चाहिए, राष्ट्रीयकरण नहीं होना चाहिए व्याकरण से जो लगता है स्वाभाविक भी है। राष्ट्रीय के बाद 'करण' नहीं लगेगा। ई-करण होगा उसका। अंगीकार जैसे होता है—अंगीकरण अंगीकार से, जैसे साधारणीकरण। 'ई-करण' से शब्द आता है। इसलिए 'एशन' के लिए आप लोगों ने यानी जो नॉन-ओरिएंटेड हैं उनको आप ओरिएंट करते हैं तब ओरिएंटेशन होता है। लेकिन ओरिएंट को आप नन ओरिएंट कैसे मानेंगे? अभूत वह है, यह तो कह सकते हैं—मैं उसके बहुत थारे भी नहीं जाऊँगा। संक्षेप में, कहना चाहता हूँ कि अभिमुखीकरण कहने से यानी आपका मुख जिधर है—उसको 'अभि' होता है चारों तरफ़ एक तरफ़ नहीं। अभिमुख का अर्थ एक दिशा की ओर उन्मुख करना नहीं, मेरी ओर खाली उन्मुख हुए तो अभिमुख आप नहीं हुए। आ-सम्मुख अभितः परितः इसलिए आप कई दिशाओं में देख सकते हैं। फिर भी अभिमुखीकरण ये शब्द संस्कृत में था नहीं। मीर ने कहा था :

क्या जाने लोग कहते हैं जिसको सुरूरे कल्ब
आया नहीं है लफ़्ज़ ये हिन्दी ज़बाँ के बीच।

सुरूरे कल्ब जो है—अब इसे अरेबिक ट्रेडिशन से लिया था लोगों ने। मीर एकदम हिन्दी वाले आदमी थे। ग़ालिब की तरह वो बहुत फ़ारसीनुमा नहीं लिखते थे। उन्होंने कहा—'आया नहीं है लफ़्ज़ ये हिन्दी ज़बाँ के बीच'। लोग सुरूरे कल्ब से कौन-सी चीज़ कहा करते हैं? क्या होती है? संस्कृत का शब्द है नहीं, एक नया गढ़ा हुआ, न जाने कहाँ से आया, अंग्रेज़ी का अनुवाद करके लाया हुआ, एक संस्कारी शब्द है—'अभिमुखीकरण'।

इसलिए कहना चाहिए—शिक्षा के जगत् में प्रवेश करने वाले जो आप जैसे युवा लोग हैं, उन लोगों का हम संस्कार कर रहे हैं, सेरेमनी होती हैं उसके लिए हमारे यहाँ एक पुराना शब्द है—'उपनयन'। उपनयन का वही अर्थ होता है। इन शब्दों को छोड़ करके न जाने क्यों हम नये शब्द रचते हैं, गढ़ते नहीं अनुवाद करते हैं। जब तक हमारी भाषा अनुवाद के सहारे चलती रहेगी तब तक नक़ली, छद्म, बनावटी और नक़लची मात्र होकर रह जायेगी, मर जायेगी। विश्वविद्यालयों में क़ायदे से तो गाँव के लोग पूछने नहीं जाते हैं—शब्द गढ़ लेते हैं—कवि लोग उसी को ज्यों का त्यों ...जैसे लैंटर्न को जिस किसी ने लालटेन कहा होगा तो कोई पूछने नहीं गया था वैयाकरण से, भाषावैज्ञानिक से—चला दिया लालटेन और चल पड़ा। इसी तरह से काग़ज़ के लिए लोग अनुवाद नहीं करने गये—संस्कृत में वहाँ था ही नहीं, भुर्जपत्र वग़ैरह था जो काग़ज़ नहीं था। पुराने ज़माने में लोगों ने 'लिखि कागद कोरे'—काग़ज़ पर लिखकर जो 'ज' का उच्चारण होता है, वह परशियन 'ज़' है जो 'द' के क़रीब पड़ता है। अंग्रेज़ी में इसीलिए DZ कहा जाता है। काग़ज़ का कागद बना लिया लोगों ने। संस्कृत से नहीं लिया। पत्र-वत्र नहीं चलने लगा। कागद हमारे सन्तो के काम आ गया।

विश्वविद्यालयों को चाहिए कि अंग्रेज़ी में लिखकर के हिन्दी में न लिखें। यह बेइज़्ज़ती है भाषा की। तो यह अध्यापकों का काम है—हिन्दी के हों, संस्कृत के हों—जो हिन्दी बोलने वाले हैं—एक अच्छा-सा शब्द गढ़कर, अंग्रेज़ी भरा हुआ नहीं। आज शिक्षण-संस्कार की ज़रूरत है। कमी है तो संस्कार की और संस्कार कोई धार्मिक शब्द नहीं है। हिन्दू धर्म का यह शब्द नहीं है—संस्कार है यह। ...इसलिए। अभिमुखीकरण व्याख्यान में मैं पहली बार आया हूँ। इसलिए आप लोग इस पर पुनर्विचार कीजिए, अच्छा-सा शब्द हिन्दी का—जो सुनकर के अच्छा लगे। लोगों को हिन्दी मालूम हो। हिन्दी में न मिले आपको तो और ज़ुबानों से, उर्दू से ले लीजिए। बंगला से कोई अच्छा-सा शब्द चलता हो तो ...मराठी से ले लीजिए। ...शिक्षण मैंने इसीलिए कहा। 'शिक्षा' का अर्थ मराठी में 'दण्ड' होता है, इसीलिए महाराष्ट्र में शिक्षा शब्द नहीं चलता है। उनकी भावनाओं की क़द्र करते हुए शिक्षण ले लेना चाहिए जिसको कहते हैं कि हम आपको सबक सिखा देंगे। सबक सिखाना मुहावरा है। शिक्षा देना अर्थ देता है—आपको हम सबक सिखा देंगे। इसलिए 'अभिमुखीकरण' पर एक टिप्पणी मैंने आज की, आपके सम्मुख। इसका सम्बन्ध हमारी भाषायी पहचान से है। अब दूसरा शब्द...जिस विषय पर आज व्याख्यान देना है—

...अंग्रेज़ी में आज के विषय का शीर्षक है—'मल्टीलिंग्वलिज़्म'। मैं कल इसका ज़िक्र करना भूल गया कि ब्रिटिश इंग्लिश-किंग्स इंग्लिश जिसे कहते हैं, उसमें एक ज़माने में जिस शब्द का प्रयोग होता था—'प्लुरलिज़्म'। अमेरिकी वर्चस्व जब से हुआ तो 'प्लुरलिज़्म' शब्द रह गया अपनी जगह। और मल्टी लगाकर जैसे मल्टीनेशनलिज़्म, मल्टीकल्चरल यानी मल्टीप्लीकेशन्स बना हुआ है—मल्टीप्लाई तो मल्टी वाले शब्द बनने लगे और क़ायदे से अंग्रेज़ी पम्परा में भी ये शब्द बनते हैं आमतौर से। अब, लोकतन्त्र और डेमोक्रेसी पर जो किताब लिखते थे तो प्लुरलिज़्म का ज़्यादा प्रयोग किया। इसलिए उस परम्परा के अनुसार मानें तो भाषायी बहुलता ही कहेंगे न कि बहुभाषिकता। 'बहुभाषिकता'—ये अमेरिकी ढंग की अंग्रेज़ी का अनुवाद होगा, अंग्रेज़ी ढंग का अनुवाद...और उसके वज़न पर शब्द बनाया गया तो भाषायी बहुलता, जातीय बहुलता, सांस्कृतिक बहुलता और यह शब्द अपेक्षाकृत सरल है। बहुभाषिकता अपेक्षाकृत दुरूह है और यह उतना बोधगम्य नहीं है। अब आपके ऊपर है कि दोनों में से आप भाषायी बहुलता चुनना चाहते हैं या आप बहुभाषिकता चुनना चाहते हैं। फिर कहूँगा कि संस्कृत के ढंग का एक भद्दा अनुकरण करते हुए ये बहुभाषिकता जैसा शब्द होगा। जो हिन्दी की प्रवृत्ति—मैंने फिर कहा कि हिन्दी विश्लेषण-प्रधान भाषा है, समासबहुल भाषा नहीं। समासबहुलता जैसे ही आप अपनायेंगे तो आप जैसे—उर्दू मुश्किल हो जाती है—समास के कारण, क्योंकि समास फ़ारसी के ढंग के बनते हैं। मसलन, 'देने वाले' तुझे देना है तो इतना दे दे—ये तो हुई उर्दू कि मुझे तंगइ—कि मुझे कोताहिए दामा...अब कोताहिए दामा ये चीज़ कि मुझे शिकवए कोताहिए दामा हो जाये। ...मिर्ज़ा हैं ग़ालिब—अब आप—देने वाले तुझे देना है तो इतना दे दे—ये ठेठ उर्दू है हिन्दी नहीं...कि मुझे शिकवए कोताहिए दामा-दामा की कोताही की शिकायत होने लगे। देना है तो इतना दे दे कि मुझे ये शिकायत होने लगे कि दामन तो बड़ा छोटा है। लेकिन अब इस शिकवए कोताहिए दामा—ये तरतीब जो है, वो फ़ारसी की है, कम्पाउण्ड है, समास है, इसलिए अगर आप उर्दू को फ़ारसी से बचाना चाहते हैं और अगर आप हिन्दी को संस्कृत की समासप्रियता से बचाना चाहते हैं और उर्दू के क़रीब लाना चाहते हैं तो जैसे ये लम्बे-लम्बे इंजन जोड़कर एक रेल खड़ी की जाती है—उस तरह से आप ईंजन जोड़कर शब्द न बनायें। विषय के बारे में इतना ही। अब विषय की भाषा के बारे में।

आज हम जिस विषय पर चर्चा करने जा रहे हैं, ये एक तरह से (सोशियोपॉलिटिकल लिंग्विस्टिक्स) सामाजिक और राजनीतिक भाषा विज्ञान का शब्द है। भाषा विज्ञान के कई रूप हैं, विचित्र बात ये है, जो लोग न भाषा

विज्ञान की बारीकियाँ जानते हैं, और न भाषा विज्ञान का ककहरा पढ़ा है, वे लोग इस देश की भाषा-समस्या को एक अपनी नीति के तहत तय करते हैं। इसीलिए बहुत सारी समस्याएँ इस देश की उलझ गयी हैं। अभी दिल्ली में, बिहार के ही रहने वाले लोगों ने 'देश-काल' नाम की एक संस्था खड़ी की है और अन्तरराष्ट्रीय महात्मा गाँधी हिन्दी विश्वविद्यालय के समर्थन से एक परिसंवाद किया था, जिसका उल्लेख मैंने कल किया था। उसका विषय था—'भाषा नहीं समझी जाने वाली भाषाओं पर पुनर्विचार'—ये अजीब कलावादी हिन्दी है। भाषा न समझी जाने वाली भाषाओं पर पुनर्विचार—ये भी हो सकता है कि न समझी जाने वाली भाषाएँ—यानी कठिन भाषाओं पर विचार करना। एक ऐसी भाषा। कई इसके विकल्प हैं। भाव यह था कि, मालूम हुआ जिन्हें हम...भारत की ऐसी कई भाषाएँ हैं। पहले पन्द्रह थीं, सिन्धी को मिलाकर सोलह हुईं और इसके बाद आने वाली...अट्ठारह हैं, जिसमें मणिपुरी और नेपाली अब इसमें कोंकणी भी शामिल हो गयी है। तो कोंकणी को जोड़ लीजिए...शायद एकाध और होंगी। ये आठवीं अनुसूची संविधान में क्यों रखी गयी है? ये लिखा हुआ है कि हिन्दी, अनुच्छेद 351 में कहा गया है कि, सारे राष्ट्र को मान्य हो और इतनी व्यापक हो कि राष्ट्र की सम्पर्क भाषा बन सके, उस हिन्दी के विकास के लिए हिन्दुस्तानी से और साथ ही संस्कृत से शब्दावली ली जाय और उन भारतीय भाषाओं से जिन भाषाओं का उल्लेख संविधान की आठवीं अनुसूची में है, उनसे भी शब्द लेकर। लेकिन अपनी प्रकृति की रक्षा करते हुए—जीनियस—उसको नष्ट किये बिना विकास करें। इसलिए आठवीं अनुसूची दी गयी है लेकिन इसका अर्थ ये हुआ कि संविधान में जो भाषाएँ दर्ज की गयी हैं, वे मान्यता प्राप्त हैं, राज्य द्वारा और सरकार द्वारा मान्यता प्राप्त भाषाएँ हैं—इससे भ्रम होता है कि संविधान में बस ये ही भाषाएँ हैं हिन्दुस्तान में? ग्रियर्सन के 'लिंग्विस्टिक सर्वे ऑफ़ इंडिया' के मुताबिक़ हिन्दुस्तान में इस समय विकसित समृद्ध भाषाओं की संख्या दो सौ से अधिक है और, 'पीपुल्स ऑफ़ इंडिया' में जो सरकार द्वारा स्वीकृत एक परियोजना चल रही है—इस समय डॉ. कुमार सुरेश सिंह जो राँची विश्वविद्यालय के वाइस चांसलर थे, वो काम कर रहे हैं। उनकी गणना के अनुसार कम-से-कम भारत में दो सौ बीस भाषाएँ हैं। अर्थ ये हुआ कि संविधान में दो सौ भाषाएँ छोड़ दी गयी हैं। जो छोड़ी गयी हैं—भाषाएँ—इसका अर्थ है ये कि हमारे संविधान के अनुसार ये भाषाएँ नहीं हैं। क्या हैं? यह बोलने वाले जानें। उनमें कहानियाँ भी हैं—सुनी-सुनाई जाती हैं। अब तो उनमें से कुछ में लिखी भी जाने लगी हैं। उनमें से कुछ हैं, जिनको हम बोली कहते हैं—'डायलेक्ट' और अंग्रेज़ी में शब्द

जो है—'लैंग्वेज' भाषा जिसे कहते हैं इसलिए जिसका ज़िक्र नहीं है वे सब के सब संविधान के अनुसार बोलियाँ हैं। यानी भाषा के दर्जे तक नहीं पहुँची है। और, भाषा विज्ञान की एक धारणा के अनुसार स्वयं और भाषाओं को तो छोड़ दीजिए, केवल हिन्दी क्षेत्र में ही—हिन्दी तो भाषा है—भाषा के क्षेत्र का नाम है, लेकिन इस समय हिमाचल की बोलियाँ, हरियाणा की हरियाणवी, जिसे बाँगड़ कहते हैं, वो भाषा भी है, बोली भी है। हिन्दी की बोलियों में जिनकी गणना की जाती है। कल मैंने कहा कि राजस्थान की बोलियों में मारवाड़ी, मेवाड़ी, शेखावटी, हाड़ौती—ये चार, इसके बाद मध्य प्रदेश में आप देखिए मालवी है, छत्तीसगढ़ी है। जिस छत्तीसगढ़ी का एक रूप बघेलखण्डी है—बघेली है। इसके अलावा बस्तर की माड़िया है। बस्तर में और बोलियाँ हैं। उत्तर प्रदेश में आप आयें तो कौरवी या खड़ी बोली जिसको कहते हैं—ब्रज, बुन्देली, अवधी, भोजपुरी, कुमाऊँनी, गढ़वाली और अब बिहार में आयें— तो भोजपुरी, मगही, मैथिली तीन बड़ी हैं लेकिन इनके अलावा अंगिका, बज्जिका भी तराई के इलाक़े में बोली जाती हैं। इस तरह आप देखें तो सारी की सारी ग्रियर्सन के अनुसार भाषाएँ हैं। बोलियाँ नहीं हैं। इसी तरह आप देखें तो बंगला की भी कुछ बोलियाँ हैं, मराठी की भी, गुजराती की भी बोलियाँ हैं। कन्नड़ की भी हैं, तेलुगु की भी हैं, तमिल की भी हैं, हरियाणवी की भी हैं—हम लोगों की भाषा विज्ञान की ख़ास समझ के अनुसार। ये लिखित भी हैं जिनकी लिपि है और लिखी जाती है। उनका साहित्य है और जो साहित्यिक भाषाएँ हैं। हम उनको अंग्रेज़ी में 'लिटररी लैंग्वेज' कहते हैं। ये साहित्यिक भाषाएँ हैं और जो जाने किस मानदण्ड से साहित्यिक नहीं हैं, यानी जो लिखी नहीं जाती हैं। जो छापेखाने का प्रयोग नहीं करते हैं अब कठिनाई ये है कि बोलियाँ हैं, ब्रज है, अवधी या भोजपुरी, मैथिली है—मैथिली तो साहित्य अकादेमी द्वारा स्वीकृत साहित्यिक भाषा है।

राजस्थानी साहित्यिक भाषा के रूप में मान्य है। इसलिए पहली बात यह है कि जो बुनियादी समस्या है...जवाहरलाल नेहरू विश्वविद्यालय में भाषावैज्ञानिकों का एक परिसंवाद हुआ था, कार्यशाला चली थी। उस कार्यशाला में संविधान की आठवीं सूची पर पुनर्विचार करने के लिए कार्यक्रम और उसकी सिफ़ारिशें तैयार की गयी थीं, जिसमें कहा गया था...यही नहीं बल्कि आदिवासी कही जाने वाली जो आर्य और द्रविड़ परिवार से भिन्न, जो मुण्डा परिवार है और तिब्बतोबर्मन शाखा की जो उत्तरपूर्व की भाषाएँ हैं जिसमें ख़ासी है, भाषा का मैंने नाम लिया लेकिन कई भाषाएँ हैं, मिज़ोरम में, नागालैण्ड में, असम में बोडोलैंड के लिए इतना आन्दोलन चल रहा है। बोडो असमिया से अलग भाषा है।

इसलिए जो पहली बात मैं आपके सामने कहना चाहता हूँ कि संविधान बनाने वाले लोग और उसके बाद जो इस देश के राज-काज चलाने वाले लोग हैं उन लोगों को इस विशाल देश की भाषाओं की जो बनावट है, संरचना है और भाषाओं का जो संसार है, उसके बारे में उनको समझ, कोई तमीज़ नहीं है। भाषा-सम्बन्धी विचार करने के लिए अलग प्रकोष्ठ भी तैयार नहीं किया है। सोचते हैं कि राजनीति से ही सारी समस्याएँ हल हो जायेंगी। विचित्र बात है कि साम्राज्यवादी अंग्रेज़ों ने इस देश में आकर के, अपनी ज़रूरत के तहत, उन्होंने 'लिंग्विस्टिक सर्वे ऑफ़ इंडिया' जैसा विशाल कार्य किया—ग्रियर्सन सिविल सर्वेंट था उसने यहाँ के लोगों को बताया कि हमारे देश में कितनी भाषाएँ बोली जाती हैं। यहाँ राज करने के लिए उन्होंने ज़रूरी समझा, कि हम समझें, कि यहाँ रहने वाले कितने धर्मों के लोग हैं। हिन्दुस्तान में कितनी जातियाँ हैं। ज़िले को काम सौंपा गया कि तुम बताओ कि 'कास्ट ऐंड ट्राइब्स इन इंडिया'...जो शताब्दी की किताब है इस देश के रहने वालों को ये नहीं मालूम था कि इस देश में रहने वालों की संख्या क्या है? और, सेन्सस शुरू किया उन्होंने। यदि इतना पृष्ठभूमि का काम सात समन्दर पार के लोगों ने इस देश पर राज करने के लिए इस देश की भाषा, इस देश के धर्मों, यहाँ की जातियों का और यहाँ की जनजातियों का, यहाँ के रहने वालों की संख्या, यहाँ का भूगोल ज्यॉग्राफिकल सर्वे कराया उन्होंने। ये सारे काम तो उन लोगों ने करा दिये। आज़ादी होने के बाद तो हमारा भी कुछ दायित्व बनता था, हम लोग उस काम को फिर से जाँच करके नये सिरे से भाषायी सर्वेक्षण करा सकते थे। इतनी भाषाएँ हैं। आरक्षण लागू करने का आधार हमारा वही था जो रिजले ने किसी ज़माने में तय किया था। हम लोगों ने जाँचने ही की कोशिश नहीं की कि इस बीच में ऐसा भी हुआ कि कुछ जातियाँ मिलकर के एक हो गयीं और एक जाति के कई टुकड़े हो गये। क्या परिवर्तन हुआ? इसलिए और समस्याओं को छोड़कर के इस शुद्ध भाषायी समस्या के लिए एक 'लैंग्वेज डिपार्टमेंट' होना चाहिए था जिसका कोई-न-कोई एक डायरेक्टर होना चाहिए जिसमें इस देश के भाषावैज्ञानिकों को रखा जाये जो इस बात की जाँच करते। जनता का एक रुख देख करके कुछ फ़ैसले कर दिया करते हैं। तय कर दिया यह भाषा नहीं है और यह भाषा यहाँ की सरकारी भाषा है। इसमें से कुछ भाषाओं...भाषाएँ ऐसी हैं जिनका एक क्षेत्र है और कुछ भाषाएँ ऐसी हैं मैं केवल समस्याओं का ज़िक्र आपके सामने कर रहा हूँ जो किसी एक क्षेत्र की भाषा उतनी नहीं है—जितनी अंग्रेज़ी में इंटरप्रेटिक पैन इंडियन लैंग्वेज, उदाहरण के लिए संस्कृत, पुरानी भाषाओं में उदाहरण के लिए उर्दू, ये सही है कि उर्दू बोलने

वालों की जगह-जगह घनी आबादी है, एक क्षेत्र है। लेकिन समझा जाता है कि उर्दू हिन्दी की तरह ही पैन इंडियन लैंग्वेज है जिसे बोलने वाले हैदराबाद में भी हैं, चेन्नई में भी हैं, उत्तर प्रदेश, बिहार में काफ़ी हैं। जगह-जगह उनके इलाक़े हैं। केवल शहरों और क़स्बों की बोली ही नहीं है, बल्कि शहर क़स्बे से अलग देहात के लोग भी उर्दू बोलते हैं। ये सूरतेहाल पंजाब में भी है। हरियाणा में भी है। राजस्थान में भी है, मध्य प्रदेश में भी है, गुजरात में भी है, महाराष्ट्र में भी है। इसलिए आप देखें तो उत्तर से दक्षिण तक इसका एक क्षेत्र नहीं है। इस भाषा का क्या करें? हिन्दी के लिए तो, राजभाषा बना दिया आपने, जिस इलाक़े में हिन्दी बोली जाती है, उसी इलाक़े में, उसके समानान्तर—हिन्दी के व्याकरण और शब्दकोश की समानता के ख़िलाफ़ उर्दू बोलते हैं, और उर्दू ये ज़रूरी नहीं, सब लोग जानते हैं कि केवल मुसलमानों की ज़ुबान नहीं है। हिन्दी-उर्दू-हिन्दी-हिन्दी और मुसलमान, सिख—दूसरे बोलने वाले भी हैं। यह सही है कि बँटवारे के बाद, चूँकि बँटवारे में भी बाबा-ए-उर्दू डॉ. मल्ल हक़—जिसे कहते हैं, हक़ साहब ने कहा था कि बँटवारा होते ही, जबकि दावा किया था पाकिस्तान में एक तक़रीर के दौरान कहा था कि, शिकायत करते हुए पाकिस्तान वालों से कि पाकिस्तान बना ही है इस्लाम की वजह से नहीं उर्दू की वजह से। सही है या ग़लत—कहा उन्होंने। और, उस उर्दू का पाकिस्तान में हाल ये रहा कि उर्दू घोषित रूप से राजभाषा है पाकिस्तान की, लेकिन उर्दू सताई हुई है। तो उर्दू तो दोनों ओर से गयी। पाकिस्तान में पंजाबी बोलने वाले लोग हुक्मरान हैं, फ़ौज में हैं, इसलिए उर्दू, बलूची, सिन्धी, पश्तो—इनके दबाव में, कहने के लिए उर्दू राजभाषा है, परन्तु उसकी वो हैसियत नहीं रह गयी है—पाकिस्तान में और अपने यहाँ उर्दू का क्या हाल हुआ है? इसको राजभाषा बनाया भी है तो उस कश्मीर की। कहना चाहिए कश्मीरी भाषा का हक़ छीन के एक तरह से—उर्दू को जहाँ की राजभाषा बनाया है—वहाँ की भाषा वो है नहीं। उर्दू तो बिहार, यू.पी की भाषा है। वहाँ की भाषा तो कश्मीरी है। एक उदाहरण मैंने दिया, इसलिए इस देश में हिन्दुस्तान इस मामले में अजीबोग़रीब मुल्क है...!

आर्य परिवार की भाषाएँ, द्रविड़ परिवार की भाषाएँ ऑस्ट्रोएशियाटिक जिसे अंग्रेज़ी में कहते हैं, हिन्दी में तर्जुमा करते हैं लेकिन यह मुण्डा परिवार है, यह अलग परिवार है और तिब्बतोबर्मन परिवार है, नॉर्थ-ईस्ट की भाषाएँ बोली जाती हैं—चार परिवारों की भाषा दुनिया के किसी एक देश में नहीं बोली जाती है और चारों इतने अलग हैं कि उनका व्याकरण, उनका शब्दकोश, उनका ध्वनितन्त्र एकदम अलग है। यह जटिल और पेचीदा भाषायी समस्या है और हम भूल रहे हैं

कि बहुत सारी हमारी राजनीतिक-आर्थिक-सांस्कृतिक समस्याएँ अलगाववाद की आतंकवाद की कई चीज़ें इन भाषाओं, भाषायी इकाइयों के कारण पैदा हुई हैं। यह हमारे हुक्मरानों और राजनीतिज्ञों को जाने क्यों, समझ में नहीं आती हैं और यह छोटा मसला नहीं है—भाषा का। बुनियादी ग़लती मेरी समझ से हुई है। ऐसा ही वे देश-दुनिया के, किसी तरह का भाषायी बहुलता का देश...रूस, जब समाजवाद क़ायम हुआ और ज़ार का साम्राज्य पूरे साइबेरिया से लेकर मध्य एशिया तक, काकेशिया से जुड़ा हुआ था और जब 1917 की क्रान्ति के बाद धीरे-धीरे इन क्षेत्रों के लोगों को भी रिपब्लिक बनाया गया और एक सोवियत संघ नाम से विशाल राजनीतिक बहुराष्ट्रीय इकाई के रूप में गठित किया गया—यह काम लगभग 1924 ई. के आसपास तक मुक़म्मल हुआ, लेनिन की मौत के समय तक। तो उस समय गहराई से लेनिन विचार कर रहे थे, दूरदर्शी योद्धा थे वे...जिसको 'क्वेश्चन ऑफ़ नेशनलिटी' कहते हैं, जातीयता की समस्याएँ, क्योंकि जितनी भाषायी इकाइयाँ हैं, वो एक-एक जैसे हमारे यहाँ भाषावार प्रान्तों के गठन की बात हुई...बड़ी गहराई से विचार किया और कहा कि एक बात हमको ध्यान में रखनी है कि ये जो विशाल हमने सोवियत संघ बनाया है, इसमें सबसे बड़ा प्रदेश है—रूसीभाषी। ज़ार रूसी था। उसने (ज़ार ने) साम्राज्य बनाकर के साइबेरिया से लेकर के मध्य एशिया और काकेशिया से छोटी जातियों-प्रदेशों की भाषायी और सांस्कृतिक इकाइयों को दबाया था। समाजवाद में इसके लिए जगह नहीं है। रूसी भाषा और रूसी जाति बहुसंख्यक होने के कारण ये दमनकारी भूमिका न निभाये और सभी भाषाओं को समान अधिकार दिये जायें—ये लेनिन की समझ थी जिसको आगे चलकर के स्तालिन ने रखा। पुराने सोवियत संघ में और राजनीति शास्त्र के लोग यहाँ बैठे हैं—उस संविधान में रूस की कोई ऑफ़िशियल लैंग्वेज नहीं है। ये संविधान सन् '33 में स्तालिन के नेतृत्व में बना। उसमें कोई ऑफ़िशियल लैंग्वेज नहीं है। रूसी में 'व्यवहार में'—सिद्धान्त के रूप में यद्यपि नहीं है, लेकिन व्यवहार में लगभग रूसी ही सारे सोवियत संघ की भाषा बन गयी थी और मध्य एशिया की कई भाषाएँ ऐसी हैं, जिनकी कोई लिपि नहीं थी, उनको रूसी लिपि दी, उनके लिए भाषा वही रही। उदाहरण के लिए किरगीज़िया जो हमारे पामीर के पास है—आप लोगों ने देखा होगा। हिन्दूकुश कश्मीर से हमारी सीमा से, सरहद से जुड़ा हुआ है, उसके बहुत बड़े लेखक हैं—चंगेज़ अख़्मातोव शायद आपने नाम सुना होगा और सोवियत रूस के सर्वोच्च लेखकों में चंगेज़ अख़्मातोव गिने जाते हैं—भारत में आ चुके हैं—फिर आने वाले हैं—साहित्य अकादेमी ने उन्हें मुख्य अतिथि के रूप में बुलाया है।

'जमीला' उनका एक छोटा-सा प्रेमल उपन्यास है और कई नॉवेल उनके हिन्दी में तर्जुमा हो चुके हैं—अभी-अभी उनका एक उपन्यास आया है बहुत ख़ूबसूरत—रूसी उनकी भाषा नहीं थी—लेकिन उन्होंने रूसी सीखी, बहुत सारी किताबें रूसी में लिखीं लेकिन जब—मैं जिस बात की ओर इशारा कर रहा था कि इतना बड़ा देश—संविधान में कोई रूसी भाषा राजभाषा नहीं थी, व्यवहार में धीरे-धीरे रूसी वहाँ की राजभाषा हो गयी और जब 1991 में सोवियत संघ बिखरा-टूटा—अनेक कारणों में से आर्थिक कारण थे, राजनीतिक कारण भी थे, लेकिन एक बहुत बड़ा कारण था कि जिन भाषाओं को दबा रखा था, भाषाओं के अलग-अलग रिपब्लिक ...सब एक-एक करके अलग होते गये, टुकड़े-टुकड़े हो गये क्योंकि आपने राजभाषा न कहते हुए भी अमल में राजभाषा के रूप में लागू किया रूसी को, रूसी के द्वारा दबाया उन भाषाओं को, इससे आगे विकास नहीं हो सका उनका। उजबेकी का नहीं हो सका, कज़ाकी का नहीं हो सका, काकेशियाई भाषाओं का नहीं हो सका और दो भाषाओं के लोग आपस में लड़ते भी रहे, जब अजरबैजान की लड़ाई कज़ाकिस्तान के साथ हो रही थी, आर्मेनिया वालों के साथ हो रही थी तो वहाँ भिन्न लिपियाँ, भिन्न भाषाएँ चल रही थीं और आर्मेनिया की...इसलिए भाषायी भिन्नता और भाषा का जो दमन होता है, वह कितना विस्फोटक होता है, ये रूसी समाजवाद से और उसकी टूटन-विघटन से सबक लेना चाहिए।

हिन्दुस्तान में भाषायी बहुलता—तत्त्वतः यह बहुलता भारत की अनेक भाषाओं को—सच्चाई ये है कि वे अपने भाषायी और सांस्कृतिक दमन से पीड़ित हैं, जिसका असर पड़ता है...केवल भाषा बेमानी नहीं होगी, रोज़गार में और विकास में उनकी जगह नहीं होगी—अगर उर्दू को वह स्थान आप नहीं देते हैं, उर्दू जानने वाले बेचारे बेराज़गार तो रहेंगे ही। हिन्दी अफ़सर के नाम पर दुनिया-भर के नौकरी पा रहे हैं और उर्दू वाले के लिए कोई जगह ही नहीं है। तो भाषा की वजह से केवल कोई ज़ुबान ही नहीं कटती है, पेट भी कटता है—यह नहीं भूलना चाहिए। और जिसकी ज़ुबान कटती है और पेट कटता है— वह दूसरे का, किसी का गला भी काट सकता है—और आप कहेंगे—टेररिस्ट है। इसलिए भाषायी पहचान और अस्मिता—ये मज़ाक़ नहीं है। ये कोई छोटी चीज़ नहीं है, एक पूरा मुल्क टूट चुका है—इसी आधार पर रूस और अब खुलकर वे चीज़ें आ रही हैं। हमारे दोस्त मीर कासिमोरोव—वे उजबेकिस्तान के थे, डायरेक्टर होकर कल्चर सेंटर में आये हुए थे, उनकी अपनी ज़ुबान उजबेकी थी, जिसे—उजबेकों को हम लोग अपनी ज़ुबान में उजबक भी कहते हैं—एक अरसे से कहते चले आ रहे थे,

उर्दू को एक अरसे से जानते थे, बड़ी अच्छी उर्दू बोलते थे—मीर कासिमोरोव—वो राजदूत बनकर भी आये थे, लेकिन फिर आये—वो रूसी सीखने के लिए बाध्य थे, लेकिन वो कहते थे कि जिस भाषा पर उनका कंट्रोल है—उसमें वे लिख नहीं सकते, रूसी में ही लिख सकते हैं और ये दर्द था उनका। इसलिए मैं जिस बात की ओर इशारा कर रहा हूँ, करना चाहता हूँ ये जो भाषा है—भाषायी बहुलता है, विभिन्न परिवारों की भाषा है, इस बहुलता को समझने की और इसके कारण जो समस्याएँ बहुत-सी आर्थिक, राजनीतिक पैदा होती हैं—भाषा से जुड़ी हुई हैं—उसे समझने की ज़रूरत है। मैं मानता हूँ, यद्यपि मैं हिन्दी का आदमी हूँ, हिन्दीभाषी हूँ, हिन्दीभाषी प्रदेश की और हिन्दी को लेकर के पूरे देश की कुछ समस्याएँ हैं। हिन्दी प्रदेश के अन्तर्गत जो बोलियाँ हैं, जिनका नाम मैंने लिया है—भोजपुरी, भोजपुरी बोलने वालों की संख्या चार करोड़ से ज़्यादा है, छह करोड़ हो सकती है, पाँच करोड़ हो सकती है, अनेक संविधान में स्वीकृत भाषाओं के बोलने वालों की संख्या उतनी बड़ी नहीं है, जितनी अकेले भोजपुरी की है। वो तो लिखी भी जाती है, छपती भी है, इसलिए उसमें अब साहित्य भी रचा जा रहा है—कहीं तो वह साहित्यिक भाषा है। भोजपुरी के लोग—स्वभावतः बोलने वाले सोचते हैं—उसको मान्यता मिलनी चाहिए। लेकिन स्थिति यह है कि हिन्दी की जितनी बोलियाँ हैं—सबको मान्यता दे दी जाये। मान्यता देने के कई अर्थ होते हैं, फिर उनकी क्षेत्रीय स्वायत्तता भी होगी, फिर वे अपना स्वतन्त्र राज्य भी चाहेंगे, तो कुल मिलाकर के साबित ये होगा कि जैसे दस जोड़कर जो संख्या बनती है, उसमें से एक-एक करके आप निकाल दें तो मालूम होगा कि वो हिन्दी है कहाँ? सारी बोलियाँ हैं—मान्य और स्वीकृत। साहित्यिक भाषा हो गयीं तो हिन्दी कहाँ रहेगी? तब हिन्दी वालों को पता लगेगा कि उर्दू का दर्द क्या है? उर्दू भी तो किसी एक जगह की नहीं है। उर्दू का दर्द उनको तब मालूम होगा। जब हिन्दी की सारी बोलियाँ अपनी स्वायत्तता, अपनी मान्यता प्राप्त करके भाषा का दर्जा प्राप्त करेंगी तब लगेगा कि हिन्दी तो कुछ किताबों, कुछ बुद्धिजीवियों, के द्वारा निर्मित, खड़ी की गयी है और फिर मालूम होगा कि हिन्दी-उर्दू दोनों एक ही है। हिन्दी को उर्दू का दर्द तब मालूम होगा, जब सारी बोलियाँ हिन्दी की कहेंगी कि ये जो उत्तराखण्ड बनेगा और एक बहुत बड़ा...। भगवती चरण वर्मा की कहानी है—'मुग़लों ने सल्तनत बख़्श दी' पढ़ा होगा आपने—एक-एक करके सारे इलाक़े हाथ से निकल गये तो सारी मुग़ल सल्तनत जो थी, वो क़िले से पालम तक रह गयी। 'सल्तनते शाहआलम और दिल्ली का पालम।' तो आप जो हैं वो दिल्ली की ज़ुबान बनकर रह जायें। इसलिए मैं फिर कहता हूँ कि इन बोलियों को,

इन भाषाओं को किसी एक...उनका सम्मान आप करें, ज़रूरी नहीं कि सबका एक स्वतन्त्र राज्य ही आप बनायें, राज्य बनाकर के ही आप नहीं कर सकते हैं। हर क्षेत्र में अब पंचायती राज जैसी चीज़ होगी, पंचायत तक को आप स्वायत्तता दे रहे हैं। एक ऐसी राजनीतिक व्यवस्था की जा सकती है, जिसमें अपने विशाल हिन्दी प्रदेश का कोई एक राज्य नहीं बनाया जैसे मराठी भाषा क्षेत्र का एक बनाया गया, बंगाल का एक राज्य बनाया गया, लेकिन जैसे भाषावार प्रान्तों का निर्माण हुआ, उस तरह विशाल हिन्दी प्रदेश का एक राज्य नहीं बनाया गया। यद्यपि रूसी बोलने वाला एक विशाल रशियन रिपब्लिक साइबेरिया से लेकर यहाँ तक फैला हुआ है, हिन्दी राज्य एक बन सकता था, बनता और उसके अन्तर्गत तमाम बोलियों वाले प्रदेशों का स्थान वैसे ही होता जैसे एक राज्य में कमिश्नरी का होता है, ज़िले का होता है और धीरे-धीरे ज़िला कमिश्नरी को आप इतनी आर्थिक स्वतन्त्रता दे रहे हैं, स्वतन्त्रता देकर के विकास का मौक़ा दे करके आप एक पूरे गठन को पूरे हिन्दी भाषी राज्यों और प्रदेशों को जोड़े भी रह सकते थे और प्रत्येक बोली, जिसे बोली कहते हैं—औद्योगिक-वाणिज्य सम्बन्धी विकास का पूरा मौक़ा देकर के आप एक राज्य का दर्जा दे सकते थे। मैं समझने की बात कर रहा हूँ। कुल मिलाकर के ये विशाल योजना आयोग जो बना हुआ है, जिसमे बहुत से लोग हैं जो लाल बत्ती वाली गाड़ी लेकर घूमा करते हैं, बुद्धिजीवी लोग हुए, उस भाषा आयोग में हम लोगों की माँग है कि भाषा विज्ञान के यहाँ विद्यार्थी हैं, उस भाषा आयोग में एक सदस्य भाषा विज्ञान का, या भारत की भाषाओं का जानकार होना चाहिए। और, लैंग्वेज प्लानिंग जैसी भी एक चीज़ होनी चाहिए। केवल गृह मन्त्रालय के तहत एक राजभाषा विभाग जैसा नहीं होना चाहिए। वहाँ एक आई.ए.एस अफ़सर होता है, एक छोटा-सा दफ़्तर होता है कामकाज कुछ नहीं होता, वहाँ एक निहायत नाकारा आदमी बैठा देते हैं। हम लोगों को एक भाषायी योजना की ज़रूरत है क्योंकि यह समस्या बहुत जटिल और पेचीदा है। इस बहुलता के लिए अंग्रेज़ी में जिसे कहते हैं घोड़ा के आगे गाड़ी हम लोगों ने रख दी है। इतनी हड़बड़ी थी कि राजभाषा का फ़ैसला अभी अगर हो जाय तो ठीक है। पर उस हड़बड़ी का नतीजा है कि एक राजभाषा तय हो जाय और इंडिया की राजभाषा आज अगर हिन्दी हुई तो हुई, नहीं तो नहीं होगी। चौदह साल के लिए वनवास उसको दिया गया और अब संविधान को पढ़ें आप तो संविधान में जो मौजूदा स्थिति है—1966 के बाद का जो राजभाषा अधिनियम बना हुआ है, उसके अनुसार अनन्तकाल तक हिन्दी कभी राजभाषा नहीं बनने वाली है। जानते हैं, क्या लिखा गया है संविधान में? बहुत कम लोग जानते हैं।

अभी हमारे वरिष्ठ मित्र एल.एम. सिंघवी, जो भाजपा के सांसद हैं और मशहूर विधिवेत्ता हैं, हिन्दी-प्रेमी हैं और जो अरसे से हमारे अच्छे मित्र हैं—शंकरदयाल सिंह की स्मृति में एक व्याख्यान देते हुए एक बार मैं अध्यक्षता कर रहा था तो मेरा भी ध्यान नहीं गया, संविधान में जो चौदह साल के बाद, अधिनियम बना लाल बहादुर शास्त्री के ज़माने में, नेहरू जी के आश्वासन के बाद उसमें हिन्दी के लिए लिखा गया है—एडिशनल लैंग्वेज—ऑफ़िशियल भाषा अंग्रेज़ी रहेगी—तब तक, उसके समानान्तर हिन्दी के लिए नाम दिया गया है—एडिशनल ऑफ़िशियल लैंग्वेज। एडिशनल का मतलब समझते हैं आप? उसके साथ एक लतीफ़ा है—एडिशनल माने अतिरिक्त। लतीफ़ा ये है कि जब पदों के अनुसार हिन्दी नाम गढ़े जा रहे थे तो सेक्रेटरी के लिए तो सचिव हो गया और अंडर सेक्रेटरी के लिए हो गया संयुक्त सचिव। एडिशनल सेक्रेटरी के लिए क्या होगा? तो लोगों ने कहा—एडिशनल माने अतिरिक्त एडिशनल सेक्रेटरी साल-दो साल में सेक्रेटरी हो जाता है, लगभग वो सेक्रेटरी ही होता है—भड़का एक एडिशनल सेक्रेटरी। बल्कि उसने कहा अतिरिक्त क्या—फ़ालतू? अतिरिक्त माने तो फालतू हुआ! तो हिन्दी वालों ने कहा कि आप, ऐसा है कि इसको अपर सचिव कर दीजिए। अपरा में अंग्रेज़ी का अपर मालूम हो रहा था। संस्कृत-परम्परा में निराला जी की एक पुस्तक का नाम है—'अपरा'। 'परा'-'अपरा'-परा विधा-अपरा विधा। तो अपर शब्द—अतिरिक्त हटाकर के देखिए। हमारी ब्यूरोक्रैसी एडिशनल के लिए 'अतिरिक्त' शब्द पर भड़क उठी थी और संविधान के अंग्रेज़ी अनुवाद में हिन्दी को 'अपर भाषा' नहीं कहा गया है, अतिरिक्त भाषा—यही शब्द है। तब तक अतिरिक्त रहेगी, जब तक कि एक भी राज्य इसका विरोध न करे। इसलिए हिन्दी इस समय राजभाषा न अब है, न सौ साल बाद होगी। संविधान अगर यही रहा। वह अतिरिक्त भाषा है। यह भी नहीं कि एसोसिएट को लोग कहेंगे, जी नहीं एसोसिएट लैंग्वेज। एल.एम. सिंघवी ने पद दिया एडिशनल लैंग्वेज और हिन्दी अनुवाद भी उसका छपा हुआ है—अधिकृत, अवर वह अतिरिक्त भाषा के लिए है।

आशिक़ी सब्रतलब और तमन्ना बेताब
दिल का क्या रंग करूँ ख़ूने जिगर होने तक

ग़ालिब ने जब कहा था, भाषायी आशिक़ी भी सब्रतलब है। हिन्दी वाले इतने बेताब हैं कि सब्र ही नहीं है कि सन् 49-50 में उड़ गये कि संविधान में हिन्दी को ही रखें और इतने वर्षों के बाद यह दुर्गति उनको ख़ुद देखनी पड़ रही है

कि जलील हुए; कि संविधान में उन्हें अतिरिक्त करार दिया गया। उस समय अगर कहा होता कि हिन्दुस्तान की कम्युनिस्ट पार्टी...उसे इस बात की चिन्ता नहीं थी कि संविधान की आठवीं-सूची में जितनी भाषाएँ हैं, सभी भाषाएँ इस देश की हैं—राजभाषाएँ हैं, सभी नेशनल लैंग्वेज हैं। और हिन्दी सम्पर्क भाषा के रूप में काम कर रही है। स्वीकार करते कि विकास करने दीजिए। धीरे-धीरे इस देश के लोग स्वयं मिलकर अंग्रेज़ी को हटा करके अपनी भाषा ले आयेंगे। अगर ये रास्ता हमने अपनाया होता तो हिन्दी जलील होकर वहाँ से—राजभाषा से अतिरिक्त भाषा के दर्जे तक नहीं पहुँचती। अब भी लोग मानते और इन्तज़ार करते। इस मीडिया में और ऑडियो विजुअल मीडिया में जो चैनल चल रहा है—जादू वो जो सर चढ़के बोले, डबिंग कराके हिन्दी में अपने प्रोग्राम दे रहा है। अनेक चीज़ें, आप विज्ञापन में देखिए, मिली-जुली अंग्रेज़ी-हिन्दी चल रही है। पूरे मीडिया में, फ़िल्मों में, हिन्दी-हिन्दुस्तानी चल रही है। उर्दू वालों का गला काट रहे हैं लोग और ठाठ से उर्दू के गाने चला रहे हैं। मिर्ज़ा ग़ालिब फ़िल्म या सीरियल देख रहे हैं, ग़ालिब की ग़ज़लें गा रहे हैं, जगजीत सिंह, लेकिन ...गुलज़ार बना रहे हैं, इतनी पॉपुलर हुई है, लोगों के कण्ठ में बस गयी है—चलने दीजिए भाषा की प्रगति और प्रत्येक भाषायी क्षेत्र में कहते कि तमिलनाडु में तमिल वाले अंग्रेज़ी को निकालें, बंगाल में बंगाली लोग अंग्रेज़ी को निकालें। सारे हिन्दुस्तान में हर राज्य में अंग्रेज़ी को हटाकर हिन्दी रखते तो ख़्वामख़्वाह लामहालात वो हिन्दी वो हिन्दुस्तानी कह लीजिए बोली जाती, जो अब भी कलकत्ता में, मद्रास में चल रही है। बम्बई में क्या बोली जाती है—वही हिन्दी! सम्पर्क भाषा यह रही है जब राजभाषा नहीं थी, तब से रही है आज भी चल रही है व्यवहार में। और अपने-आप लोग कहते कि जब अंग्रेज़ी चली जाती उन भाषायी क्षेत्रों से। अगर अंग्रेज़ी को उखाड़ा होता तो दिल्ली से भी अंग्रेज़ी चली जाती। इसलिए मैंने कहा कि हमने गाड़ी के आगे घोड़ा नहीं रखा, घोड़ा के आगे गाड़ी रख दी। गाड़ी अभी खड़ी है। जैसे पटना से मुजफ़्फ़रपुर आते हुए रिपसूदन बाबू जानते हैं ट्रक पलटा था खटरे में—कैसे हम खटरे से निकालें गाड़ी को और कैसे चिन्तन चले, ये सोचने की बात है।

मैंने आपके सामने समस्याओं का एक विशाल रूप रखा है। ये बहुभाषी राष्ट्र राज्य का अनूठा प्रयोग है दुनिया के इतिहास में और इसके लिए वैसी ही अनूठी दूरदर्शिता—गाँधी जी जैसी दृष्टि चाहिए, थोड़ी जवाहरलाल नेहरू में थी, काफ़ी हद तक थी, लेकिन गाँधी जी वाली नहीं थी, उससे निकलकर अगर हम नहीं सोचेंगे तो अनेक और दूसरे कारणों से अन्तर्निहित भाषायी बहुलता के कारण हम टूटेंगे

और यह बड़ा भारी दुर्भाग्य होगा इस देश के लिए क्योंकि हज़ारों साल की हमारी परम्परा है भाषा की, भाषायी बहुलता कोई अंग्रेज़ों की देन नहीं है। हिन्दू-मुस्लिम झगड़ा तो आप कह सकते हैं कि उपनिवेशवादी साम्राज्यवाद की देन है, लेकिन भाषायी बहुलता तो ऋग्वेद के ज़माने से चली आ रही है। उस समय भी आर्यों की कई भाषाएँ थीं, उस समय भी हड़प्पा मोहनजोदड़ों की अलग-अलग भाषाएँ थीं। जो आज तक लिपि पढ़ी नहीं गयी है। तब भी द्रविड़ थी, तब भी मुंडारी थी, तब भी उत्तर प्रदेश– उत्तर-पूर्व की भाषाएँ थीं। ये भाषायी बहुलता जब से हमारा इतिहास है, तब से है। इसलिए आप हिन्दू-मुस्लिम समस्या की तरह अंग्रेज़ों के मत्थे ठीकरा नहीं फोड़ सकते। इस बहुलता का क्या किया हमने? इस बहुलता में आदान-प्रदान बहुत हुआ। एक-दूसरे को बहुत प्रभावित किया भाषाओं ने। अलग-अलग होते—विलगाव को तोड़ने की बहुत कोशिश की हमने। बहुत से शब्द हैं, कोई भाषा शुद्ध नहीं है। हिन्दी शुद्ध नहीं है, उर्दू शुद्ध नहीं है, बंगला शुद्ध नहीं है, मराठी शुद्ध नहीं है। हिन्दी के लोग परेशान होते हैं, उर्दू को लेकर—उर्दू के फ़ारसीयत को लेकर। मराठी में पेशवाई राज में क्योंकि उस समय पेशवा की ज़ुबान फ़ारसी थी, फ़ारसी राजभाषा थी, फ़ारसी के शब्द हिन्दी से ज़्यादा मराठी में हैं। गुजराती में बहुत ज़्यादा फ़ारसी है। आदान-प्रदान बहुत ज़्यादा हम लोगों में हुआ है, होता रहेगा। इसलिए अलगाव के साथ ही हम भाषाओं के आपसी आदान-प्रदान, लेन-देन और इससे उनकी समृद्धि और परिष्कार को पहचानें और इस आधार पर हम लोग हल करने की कोशिश करें। मैं समझता हूँ कि कुछ न कुछ, एकाध क़दम हम लोग इस दिशा में आगे बढ़ायेंगे। धन्यवाद!

('सम्भवा' पत्रिका के किसी अंक में प्रकाशित।)

हिन्दी के सामने नयी चुनौतियाँ

मेरे लिए यह बड़ा सम्मान है कि हिन्दी भवन ने मुझे 'धर्मवीर स्मृति हिन्दी महिमा व्याख्यान' के लिए आमन्त्रित किया। कई भवनों में आता-जाता रहा हूँ और हिन्दी भवन में भी पहले विभिन्न स्थितियों में आया हूँ। लेकिन इस विशेष व्याख्यान के योग्य मुझे हिन्दी भवन ने माना, मैं इसे अपने लिए योग्यता का प्रमाण-पत्र मानता हूँ। इसके लिए हिन्दी भवन के न्यासियों और उसके सम्मानित कार्यकर्ताओं को हृदय से धन्यवाद देता हूँ। श्री धर्मवीर के दर्शन का सौभाग्य मुझे भी प्राप्त हुआ है, जैसे यहाँ अन्य अनेक उपस्थित लोगों को यह सौभाग्य मिला होगा। वैसे तय है कि यदि मैं बनारस से दिल्ली न आया होता तो उनके दर्शनों से वंचित रह जाता। दूर से ही उन्हें देखा है। उनके व्यक्तित्व में एक आभिजात्य और गरिमा थी तथा साथ ही सहजता भी थी, जो दूर ठेलने के बजाय लोगों को अपनी ओर खींचती थी। मैं ऐसा इसलिए कह रहा हूँ कि जिस प्रशासन के वे प्रतीक थे, वह आतंकित और भय उत्पन्न करने वाला हुआ करता था। श्री धर्मवीर अपने प्रभामण्डल के बावजूद उससे कुछ भिन्न थे। मुझे याद है अन्तिम दौर के इंडियन सिविल सर्विसेज़ के कुछ लोग जो हिन्दी प्रेमी ही नहीं, बल्कि हिन्दी के साहित्यकार भी थे। उनमें से कुछ नाम मुझे याद आ रहे हैं। स्पष्टतः श्री धर्मवीर तो हैं ही। उनके अलावा बालकृष्ण राव, जगदीशचन्द्र माथुर, रमाप्रसन्न नायक (आई.सी.एस.) थे। इनमें से कई स्वयं बहुत अच्छे साहित्यकार और कवि थे। बालकृष्ण राव महत्त्वपूर्ण कवि थे। जगदीशचन्द्र माथुर महत्त्वपूर्ण नाटककार थे और रमाप्रसन्न नायक जो इनमें सम्भवतः सबसे कनिष्ठ थे और अब हमारे बीच नहीं हैं। अद्‌भुत विद्वान थे। कम लोग जानते हैं कि संस्कृत, अंग्रेज़ी और हिन्दी तीनों पर समान अधिकार था उनका। उन्होंने हिन्दी-शिक्षा के क्षेत्र में महत्त्वपूर्ण कार्य किया। मैं इस आई.सी.एस. मण्डली का इसलिए ज़िक्र कर रहा हूँ कि अंग्रेज़ी राज में स्टील फ्रेम कहलाने वाले उपनिवेशवादी परम्परा के अनुरूप ये आई.ए.एस. नहीं थे। मैं यह कहना चाहता हूँ कि सर जॉर्ज ग्राहम अब्राहम

आई.सी.एस. थे और हिन्दी के लिए उन्होंने कितना काम किया है, इसका प्रमाण यह है कि दुनिया को पहली बार तुलसीदास से उन्होंने ही परिचित कराया। वियना कांग्रेस पर ग्रन्थ लिखा। आई.सी.एस. की एक परम्परा थी, वे शासक ही नहीं थे, बल्कि इस देश की भाषा, इस देश के साहित्य, इस देश की परम्परा में डूबे हुए थे। कुछ-न-कुछ अपनी ओर से उन्होंने काम भी किया। उस परम्परा की अन्तिम कड़ी में ये हिन्दी की विभूतियाँ थीं, जिसमें श्री धर्मवीर भी थे। स्वाधीनता के बाद हम लोगों के लिए यह प्रसन्नता की बात है कि आई.सी.एस. की कड़ी समाप्त करके जो आई.ए.एस. हुए उनमें कई हिन्दी के साहित्यकार हैं, हिन्दी के लिए कुछ किया है, लेकिन कुल मिलाकर कहें तो अंग्रेज़ीदाँ लोगों की ये जो नस्ल है, इसी के कारण हिन्दी राजभाषा के रूप में व्यवहृत नहीं हो पा रही है। ये ऐसी सच्चाई है जिसे यदि स्वीकार नहीं करेंगे तो आप हिन्दी की उन चुनौतियों को ठीक-ठीक समझ नहीं पायेंगे। ऐसे प्रसंग में श्री धर्मवीर को याद करना, एक तरह से अपनी भूली-बिसरी परम्परा को याद करना है। इस अवसर पर मैं स्व. धर्मवीर की स्मृति को प्रणाम करता हूँ। वह हिन्दी भवन के प्राण थे और इसके प्रतिष्ठापकों में से थे।

मित्रो, जहाँ तक हिन्दी की उपलब्धियों का सवाल है, हिन्दी की पूरी आत्मकथा चुनौतियों और संघर्षों की कथा है। आज की चुनौतियों का ज़िक्र करने से पहले संक्षेप में मैं संकेत करना चाहता हूँ उन चुनौतियों की ओर, वे नदी-नाले जो पार किये हिन्दी ने, उनमें से कुछेक का उल्लेख करना चाहता हूँ। हिन्दी के सन्दर्भ में मैं सोचता हूँ, तो तुलसीदास की वह पंक्ति याद आती है कि 'कबहुँक मन विश्राम न माधो'। हिन्दी को चैन से सोने का मौक़ा मिला ही नहीं कभी। उन्नीसवीं शताब्दी के मध्य में 1857 के बाद से कहानी अगर आप शुरू करें तो हिन्दी की पहली लड़ाई अपनी लिपि के लिए थी। सारी संस्थाएँ नागरी नाम से बनी थीं और पहली संस्था जो क़ायम हुई उसका नाम 'काशी नागरी प्रचारिणी सभा' था। उस समय नारा रहता था—'जय हिन्दी, जय नागरी!' क्योंकि कचहरियों में प्रवेश तक नहीं था हिन्दी का। अकेला अभागा उत्तर प्रदेश था। इसके पहले बिहार में नागरी स्वीकृत हो गयी थी। लेकिन कचहरियों में, सरकारी कामकाज में, पुलिस में भी एफ.आई.आर. लिखी जाती थी तो उर्दू में ही लिखी जाती थी। सरकारी भाषा उर्दू हुआ करती थी। इसलिए पहली लड़ाई हिन्दी को लिपि के लिए लड़नी पड़ी। दुनिया की किसी भाषा को अपनी लिपि के लिए नहीं लड़ना पड़ा। आज भी उस लिपि के सवाल को उलझाने के लिए कुछ अमेरिकी विद्वान, अंग्रेज़ विद्वान कह रहे हैं कि नागरी लिपि थी कहाँ? हिन्दी की लिपि केवल नागरी नहीं थी।

हिन्दी की कैथी बहुत बड़ी लिपि थी, जो बिहार में लिखी जाती थी। ये लोग भूल जाते हैं और जानते भी नहीं कि कैथी थी क्या और है क्या? कैथी एक तरह की हिन्दी की शिकस्त थी जो उर्दू में लिखी जाती थी। घसीटकर लिखी जाती थी तो कैथी हो गयी। कैथी में मात्राएँ नहीं होती थीं। इस पर कहा जा रहा है कि नागरी लिपि तो थी ही नहीं। मुड़िया लिपि में बहुत से लोग बही लिखते थे तो मुड़िया चलती थी। इसलिए हिन्दी अनेक लिपियों में लिखी जाती थी और हिन्दी उर्दू लिपि में भी लिखी जाती थी। इसलिए नागरी का हंगामा हिन्दी वालों ने ख़्वामख़्वाह के लिए उठाया हुआ है। क्रिस्टोफर किंग ने एक किताब लिखी है—'वन लैंग्वेज, टू स्क्रिप्ट्स' इस किताब में दिखाने की कोशिश की गयी है कि हिन्दी वाले तो लड़ाकू होते ही हैं। पूरी 19वीं शताब्दी में ख़्वामख़्वाह नागरी लिपि के लिए लड़ते रहे।

सन् उन्नीस सौ में उत्तर प्रदेश के गवर्नर मैकडॉनल्ड थे। जिन्होंने पहली बार कहा कि अब कचहरियों में नागरी भी लिखी जायेगी, तो जैसे आसमान टूट पड़ा लोगों पर। ये नहीं कहा था कि नागरी ही रहेगी। उर्दू तो रहेगी, नागरी भी रहेगी। ये भी लोगों से नहीं सहा जा रहा था। वे चाहते थे कि उर्दू लिपि ही रहे। पूरी लड़ाई 'भी' के लिए हो रही थी। एक लम्बा दौर है लगभग 50 साल का, सन् 1900 तक ये लड़ाई लिपि के लिए लड़ाई थी। उसके बाद फिर सवाल उठा, ख़ासतौर से जब गाँधी जी लौटकर दक्षिण अफ्रीका से भारत आये। गुजराती साहित्य परिषद् के अधिवेशन में गाँधी जी ने भाषण देते हुए कहा था कि इस देश को भी राष्ट्रभाषा की ज़रूरत है। गाँधी जी ने यह 1916 में कहा था। तब तक वे राष्ट्रपिता वग़ैरह नहीं हुए थे। चम्पारण में, बिहार में आये नहीं थे, इसलिए यह नहीं कहा जा सकता कि बिहार में जाकर दिमाग़ खराब हो गया बुढ़वा का। अब भी लोग समझते हैं बिहार जाकर दिमाग़ ख़राब होता है। कुछ बड़े लोग होते हैं, जो उन आवाज़ों को सुन लेते हैं, जो आवाज़ें लोक के हृदय में होती हैं, आत्मा में होती हैं, और अब तो सभी लोग मानने लगे हैं कि इस देश की रग को जितना गाँधी पहचानते थे, उतनी पकड़ वाला कोई आदमी नहीं था। उस नब्ज़ की धड़कन ही हिन्दी थी।

मुझे अच्छी तरह याद है कि स्वाधीनता संग्राम में गाँधी जी का जो रचनात्मक कार्यक्रम हुआ करता था, उसमें चरखा चलाने के साथ-साथ हिन्दी सीखना और सिखाना भी एक रचनात्मक कार्य था। मेरे मित्र और प्रसिद्ध नाटककार ब.व. कारन्त, जिनका अभी देहावसान हुआ है, उडुपी के पास के रहने वाले थे। बैंगलुरु में मुझसे उन्होंने कहा कि जब मैं गाँधी जी की सेवा में था तो मैं चरखा चलाता था

और हिन्दी सीखता-सिखाता था। उस समय स्वाधीनता और हिन्दी लगभग पर्याय बन गये थे। इसे अंग्रेज़ी राज की चाल ही कहिए कि जो नागरी लिपि का संघर्ष चला आ रहा था। देखा कि लिपि का मामला है तो उसे 'भी' के द्वारा हल करने की कोशिश की गयी। इससे हिन्दी-उर्दू में कलह की शुरुआत हुई और उसने साम्प्रदायिक रूप ले लिया। जबकि हर आदमी जानता था कि हिन्दी लिखने वाले मुसलमान भी हैं और उर्दू लिखने वाले हिन्दू भी हैं। मामला बिल्कुल साम्प्रदायिक नहीं था। लेकिन धीरे-धीरे भाषा का मसला साम्प्रदायिक हो चला। उसी दौर में हमारे कवियों में से एक कानपुर के पं. गयाप्रसाद शुक्ल 'सनेही' जो 'त्रिशूल' के नाम से कविता लिखा करते थे, उनकी कविता की चार पंक्तियाँ थीं—

अब वतन देखूँ या सरकार की आबरू देखूँ,
हिन्द को देखूँ कि अब मुसलमान-हिन्दू देखूँ।
तय कि समझे सुख़नफ़हम ज़ुबाँ हो कोई,
काम अपना करूँ कि हिन्दी औ' उर्दू देखूँ।

ये समझ हिन्दी के साहित्यकारों की थी। त्रिशूलजी की भाषा देखिए, छन्द जो भी है, बनावट उर्दू की है। सनेहीजी हिन्दी के कवि थे और उर्दू भी बहुत अच्छी जानते थे। कई ग़ज़लें कही हैं सनेहीजी ने। ये हिन्दी के लोगों की समझ थी। हिन्द को देखते थे हम, मुसलमान-हिन्दू नहीं देखते थे। हिन्द को देखने के साथ ही हिन्दी-उर्दू के झगड़े को अंग्रेज़ों का पैदा किया हुआ समझते थे।

मित्रो, यह एक लम्बी लड़ाई है। इस संग्राम के दौरान हिन्दी में जो संस्थाएँ बनीं जिन्हें 'हिन्दी भवन' को याद करना ज़रूरी है। मैं याद दिलाना चाहूँगा कि नागरी प्रचारिणी सभा तो 19वीं सदी में ही स्थापित हो गयी थी। उसके बाद राजर्षि टण्डन ने हिन्दी साहित्य सम्मेलन स्थापित किया। उसके बाद राष्ट्रपिता गाँधी ने उस ज़माने का मद्रास और आज का चेन्नई, वहाँ दक्षिण भारत हिन्दी प्रचार सभा को क़ायम किया। इसी तरह महाराष्ट्र में महाराष्ट्र राष्ट्रभाषा सभा क़ायम हुई। वर्धा में राष्ट्रभाषा सभा क़ायम हुई। उस दौर में आप देखें कि एक ओर जहाँ हिन्दी की साहित्य रचना हो रही थी, उसके साथ ही संस्थाएँ बन रही थीं। इन संस्थाओं ने मात्र प्रचार का कार्य ही नहीं किया। इन संस्थाओं ने हिन्दी के सम्मुख जो चुनौतियाँ थीं, उनको मैं इसीलिए याद दिलाना चाहता हूँ, क्योंकि आज देखना चाहिए कि वे संस्थाएँ काम कर रही हैं या नहीं कर रही हैं। जो संस्थाएँ स्वाधीनता संग्राम के दौरान बनी हैं, उन संस्थाओं के चरित्रवृत्त को देखें। उनके काम को देखें। आज दर्जनों अकादमियाँ बनी हुई हैं। सरकार ने बहुत सारी संस्थाएँ खोल रखी हैं। पहले इक्के-दुक्के पुरस्कार हुआ करते थे।

एक 'मंगलाप्रसाद पारितोषिक' हुआ करता था। एक 'देव पुरस्कार' बना था। उस दौर में इन संस्थाओं ने जो बुनियादी ज़रूरतें थीं, हिन्दी के समस्त आखर ग्रन्थों, जो क्लासिक कालजयी कृतियाँ हैं, उनके प्रामाणिक संस्करण निकाले। सूर के, तुलसी के, कबीर के, बिहारी के, मतिराम के, तमाम लोगों की रचनाओं के, तब ये सुलभ नहीं थे। नवल किशोर प्रेस उर्दू की चीज़ें छापने वाला एक प्रेस था। हिन्दी की कृतियाँ सुलभ ही नहीं थीं। पाण्डुलिपि रूप में थीं। इन संस्थाओं ने सारा साहित्य छापकर दे दिया। हिन्दी का कोई व्याकरण नहीं था। पहला हिन्दी व्याकरण कामता प्रसाद गुरु का नागरी प्रचारिणी सभा ने छापा। लोग कहते थे कि हिन्दी-साहित्य का कोई इतिहास नहीं है। रामचन्द्र शुक्ल से कहकर हिन्दी साहित्य का इतिहास लिखवाया गया। लोग कहते थे कि आपके पास शब्दकोश नहीं है, जबकि उर्दू के कई शब्दकोश पहले से थे। उर्दू का शब्दकोश निज़ाम ने हैदराबाद से निकलवाया था। हिन्दी के सामने चुनौती थी कि इतना बड़ा शब्दकोश तुम्हारे पास हो तो दिखाओ। 'सरस्वती' के प्राचीन अंकों को आप ज़रा उठाकर देखिए तो उसमें पुरातत्त्व पर, विज्ञान पर, प्राचीन इतिहास पर, विभिन्न विषयों पर बहुत कुछ मिलेगा। इसकी पूर्ति उस दौर में जो अपने-आप में संस्था थे, आचार्य महावीर प्रसाद द्विवेदी ने की। जिन्होंने 'सरस्वती' के द्वारा इंडियन प्रेस में काम करते हुए एक नया ज्ञान-काण्ड शुरू किया। यानी, राजनीति में राष्ट्रभाषा की लड़ाई चल रही थी और उसके बरअक्स साहित्यकार ये काम कर रहे थे। आन्दोलन प्रचार अपनी जगह था। निरालाजी ने कहा कि 'आराधन का दृढ़ आराधन से दो उत्तर।' आराधना का उत्तर आराधना से दिया जाता है। हुल्लड़बाज़ी से नहीं दिया जाता। साधना का उत्तर साधना से दिया जाता है। इसलिए, 'आराधन का दृढ़ आराधन से दो उत्तर, तुम वरो संयत प्राणों से प्राणों पर।'

ये संयत प्राण वाले लोग थे। इस असंयत दौर में संयत प्राण की याद दिलाना बहुत ज़रूरी है। इसलिए 1947 के पहले हिन्दी का और राष्ट्रभाषा का संघर्ष अपनी जगह था। उस संघर्ष को बल पहुँचाने वाली शक्तियाँ जो साधना-आराधना में विश्वास रखती थीं, इन बड़ी संस्थाओं ने बड़ा काम किया। ऐसा भी दौर आया जब आमतौर से कम बोली जाने वाली, कम लोगों की भाषा उर्दू हिन्दी से बराबरी का दावा कर रही थी। बराबरी का नहीं, श्रेष्ठता का दावा कर रही थी। समझौता किया जा रहा था। सन् सैंतालीस ने अनेक समस्याओं का दुःखद समाधान दिया। देश का बँटवारा हुआ। इसलिए बँटवारे के बाद की चुनौती, पहले वाली जिन चुनौतियों को सफ़र में हमने जिस तरह से पार किया, उन्हें याद करें। 1947 के बाद उर्दू अपने अस्तित्व की लड़ाई लड़ने लगी। जो बराबरी ही नहीं, श्रेष्ठता का दावा करती थी।

मित्रो, आज के दौर में उर्दू जो हमारी सगी बहन है। खड़ी बोली उर्दू में पहले आयी। यह हक़ीक़त है और गुलेरीजी ऐसा पहले लिख चुके हैं। अब अब्दुर्रहीम ख़ान-ए-खाना को देखें तो आधी खड़ी बोली है। यानी, अकबर के ज़माने में हिन्दी चल रही थी, खड़ी बोली हिन्दी। तब हमारे यहाँ ब्रजभाषा का बोलबाला था। कई लोग खड़ी बोली के जनकों में अमीर ख़ुसरो का नाम लेते हैं। मैं खड़ी बोली के इतिहास में नहीं जाना चाहता। मैं यह कहना चाहता हूँ कि 1947 का संघर्ष एक अध्याय था। उस अध्याय को आज इस बदले माहौल में, जब हिन्दी राजभाषा है, राजा की कुर्सी पर आप बैठे हैं तो आपका दिल बड़ा होना चाहिए। लेकिन अब बड़ा होने का मतलब यह है कि उर्दू को यह अहसास कराते रहना कि तुम उपेक्षित हो, तुम दलित हो, तुम्हारी भाषा, तुम्हारी लिपि पिछड़ रही है। एक स्तर पर वह विशाल हृदयता हिन्दी के प्रकाशन व्यवसाय में व हिन्दी के साहित्यकारों में दिखाई पड़ रही है। आप देखें कि उर्दू चाहे पाकिस्तान की हो, चाहे हिन्दुस्तान की, उसमें लिखी किताबें नागरी में बड़े पैमाने पर छप रही हैं। ग़ालिब का 'दीवान-ए-ग़ालिब' नागरी में जितना बिका है, उतना उर्दू में नहीं बिका। मीर, ग़ालिब ही नहीं, अनेक शायर नागरी में छपे हैं। पलाश पण्डित ने लोकप्रिय उर्दू कवियों की पूरी सीरीज़ निकाली थी, जो बिक गयी। आज मिलती भी नहीं। आउट ऑफ़ प्रिंट हो गयी। स्टार बुक्स ने छापा है। डायमण्ड ने छापा है। उर्दू का साहित्य अनेक छोटे-छोटे प्रकाशकों ने छापा है। ऐसा कोई प्रसिद्ध उर्दू उपन्यास या कोई उर्दू कहानी नहीं है, जो नागरी लिपि में सुलभ न हो। साहित्य में यह काम हो रहा है। हिन्दी के कई साहित्यकार ग़ालिब पर काम कर चुके हैं। रामलाल सुमन ने ग़ालिब पर किताब लिखी है। कृष्णदेव प्रसाद गौड़ (बेढब बनारसी) ने दीवान-ए-ग़ालिब पूरा छापा है। बहुत पहले से हिन्दी के साहित्यकार उर्दू को उतना ही प्यार करते हैं, जितना हिन्दी को। उर्दू इस देश की भाषा है। हमारी भाषा है। हिन्दी की बहन है।

मित्रो, इसलिए पहली चीज़ है कि उस दौर की समाप्ति के बाद आज जो दौर आया है और चूँकि हिन्दी वर्चस्व की स्थिति में है, राजभाषा की स्थिति में है, इसलिए बड़प्पन की ज़रूरत है। उर्दू के लेखकों को और उर्दू बोलने वालों को ये अहसास नहीं होना चाहिए कि तुम दूसरे दर्जे के नागरिक हो। शुक्लजी ने एक लेख में लिखा है कि बैर क्रोध का अचार या मुरब्बा है। बैर छोड़िए, क्रोध कर सकते हैं आप। लेकिन क्रोध को बैर में न बदलने दीजिए। आप अचार या मुरब्बा ज़िन्दगी में जितना खाना हो खाइए, पर उससे काफ़ी नुक़सान हो जाता है। न भी खायें तो कोई हर्ज़ नहीं है। क्रोध को बैर में मत बदलिए।

कल जो लड़ाई हुई थी, जिन मुद्दों को लेकर हुई थी, आज नयी परिस्थितियों में वह मुद्दा बिल्कुल दूसरा हो गया है। आज मैं समझता हूँ कि शुरुआत भाषा और साहित्य के साथ करेंगे। संस्कृति के रूप में करेंगे, क्योंकि उसी संस्कृति से जन्मे हुए हमारे भारतीय संगीत को जैसे ध्रुपद परम्परा को डागर बन्धुओं ने, मुसलमानों ने बचाकर रखा है। ख़याल गायकी को बड़े गुलाम अली ख़ाँ और फ़ैयाज़ ख़ाँ ने बचाकर रखा है।

1951-52 में सरदार पटेल ने सोमनाथ के मन्दिर के पुनर्निर्माण का संकल्प लिया तो शायद आपको मालूम हो कि सोमनाथ मन्दिर ज्यों-का-त्यों, वैसा ही बन सके तो वैयावल के आसपास जहाँ सोमनाथ है, वहाँ मुस्लिम कारीगरों की बस्तियाँ हैं। वंश परम्परा से वे मन्दिर के स्थापत्य को जानते थे। उस मन्दिर का नक़्शा उनके पास था। उन्होंने बताया कि हमको नक़्शे की ज़रूरत नहीं है। हम ज्यों-का-त्यों वैसा ही बनाकर दे देंगे। अनेक मन्दिरों को बनाने वाले मुसलमान कारीगर थे। गणेश की प्रतिमाएँ बनाने वाले अनेक कारीगर हैं जो मुसलमान हैं। ऐसी स्थिति में मैं कहना चाहता हूँ कि उर्दू इतनी ख़ूबसूरत भाषा, जो इसी देश में जन्मी है, वह ईरान की भाषा नहीं है, न अरब की भाषा है, हम उर्दू बोलने वालों के दिल से यह काँटा निकाल सकें, तो मैं समझता हूँ कि बड़ी बात होगी। इसके लिए हिन्दी वालों को पहल करनी पड़ेगी। कल की बात कल की थी, जो बीत गयी। आज नयी शुरुआत करें। जब आप अन्य देशों में जाते हैं और अचानक मिल जाता है जब कोई पाकिस्तान वाला तो जैसे ही वह अपनी भाषा बोलता है, मालूम होता है कि अंग्रेज़ी, फ्रेंच और जर्मन के बीच आपकी ज़ुबान बोलने वाला कोई है। उर्दू हिन्दी की एक शैली है। इसलिए पहली चुनौती हमारे सामने है इस देश की एकता की। देश टूटने के कगार पर है। हिन्दी जोड़ने वाली भाषा रही है, तोड़ने वाली भाषा कभी नहीं रही। भक्तों ने हृदय को जोड़ा है। सूफ़ियों और सन्तों ने देश को जोड़ा है। हमारे साहित्यकारों जैसे प्रेमचन्द ने हिन्दी और उर्दू दोनों में लिखा है। यहाँ मैं कहना चाहूँगा कि उर्दू के लगाव से हमारा प्रेम छोटा नहीं हो जाता। आगे हाथ बढ़ाकर उर्दू के लोगों की खटक या मन में शंका कि कहीं उनकी उर्दू भाषा नदारद न हो जाये, उसकी लिपि ख़त्म न हो जाये, अगर ये हक़ हम उनको देते हैं तो मैं समझता हूँ कि यह क़दम हिन्दी की अपनी महिमा और गौरवशाली परम्परा के अनुरूप होगा।

मित्रो, हिन्दी को राजभाषा बनाने के लिए, संविधान में इसे जगह दिलाने के लिए संघर्ष होता रहा जो लगभग 1965 तक चलता रहा। मुझे अच्छी तरह याद है हिन्दी जब राजभाषा बनी और कहा गया कि 14 साल के बाद अंग्रेज़ी

हट जायेगी और हिन्दी उसका स्थान ले लेगी, तो उस समय हिन्दी साहित्य सम्मेलन के अध्यक्ष परम श्रद्धेय श्री चन्द्रबली पाण्डेय थे। आप में से किसी ने उन्हें देखा हो, सफ़ेद दाढ़ी वाले थे। आजीवन अंकुरित अन्न खाते रहे। पका हुआ भोजन कभी नहीं किया। वे बालब्रह्मचारी थे। हिन्दी पर बहुत-सी किताबें उन्होंने लिखीं। वे अब सुलभ नहीं हैं। उन्होंने काशी में कहा कि हिन्दी को 14 साल का वनवास मिला है। उनके शब्द मुझे अच्छी तरह याद हैं कि "14 वर्ष बाद वनवास से राम तो लौट आये थे, लेकिन ज़रूरी नहीं कि वनवास से हिन्दी मुक्त हो जाये।" वनवास ऐसा है, जैसे अनेक अधिकारियों को सेवा में विस्तार मिल जाता है, किसी को दो साल का तो किसी को पाँच साल का। लेकिन अभी तक सुना नहीं कि अपराधियों की सज़ा भी बढ़ जाती है। वह लम्बी कहानी है। जैसा दिखाई पड़ रहा है और इस देश का जैसा नक़्शा है, उम्मीद बनी हुई है। जहाँ कम उम्मीद होती है कभी-कभी वहाँ उम्मीद ज़्यादा पूरी होती है। विचित्र बात है कि जिस इन्दिरा गाँधी ने इमरजेंसी लगाई थी, हिन्दी के लिए सबसे ज़्यादा काम उनके ज़माने में हुआ। सरकारी रिकॉर्ड लेकर पूछ लीजिए। पहली बार केन्द्रीय हिन्दी समिति की स्थापना हुई। उसकी नियमित बैठक हुआ करती थी। राजभाषा अधिनियम में जो धाराएँ जोड़ी गयीं, वह इन्दिरा जी के ज़माने में जोड़ी गयीं। अटल जी जो उस समय हिन्दी में बोलने वाले संसद में सर्वश्रेष्ठ वक्ता रहे। सर्वश्रेष्ठ सांसद रहे। उम्मीद थी कि अगर अटल जी आयेंगे, जो इन्दिरा जी से ज़्यादा नहीं, तो दो क़दम आगे ज़रूर बढ़ेंगे। लेकिन वे प्रतीकात्मक होकर रह गये। यानी, राष्ट्रसंघ में बोलने से हिन्दी विश्वभाषा हो जायेगी, हम लोगों के मन में ऐसा भ्रम था। उसी में गौरव समझने लगे कि हमारा आदमी बोल आया राष्ट्रसंघ में हिन्दी। आसमान में बहुत से जीव-जन्तु हूँका करते हैं। राष्ट्रसंघ में हिन्दी बोलना लगभग उसी हूँकने के समान है। लेकिन हिन्दी के लिए सबसे कम काम अटल जी के ज़माने में हुआ। अब बरसों बाद जब समापन का वर्ष आ रहा है और केन्द्रीय हिन्दी समिति का हिन्दी दिवस आ रहा है तो सोचा कि समिति की बैठक कर लो और उसमें यही निकला कि हिन्दी के प्रति प्रभाव में कमी आ गयी है। अगर कमी आ गयी है तो सद्भाव पैदा कीजिए। सद्भाव में कमी आयी है या उसके व्यवहार में कमी आयी है, दोनों में बड़ा फ़र्क़ होता है। तमिलनाडु में अब हिन्दी का उग्र और तीव्र विरोध नहीं है। तमिलनाडु के सामने तो कावेरी का पानी ज़्यादा महत्त्वपूर्ण हो गया है। हिन्दी में डूबने की उसको आशंका नहीं है। उसके सामने दूसरी समस्याएँ आ गयी हैं। जिस अंग्रेज़ी के विरुद्ध भारतीय भाषाओं के वर्चस्व का नारा गाँधी जी ने स्वाधीनता संग्राम में

दिया था कि देश स्वाधीन होगा तो यहाँ स्वदेशी भाषा होगी, सब कुछ स्वदेशी होगा। इसलिए मुख्य मुद्दा अब हिन्दी बनाम दक्षिण भारतीय भाषाएँ नहीं है। असल सवाल है कि अंग्रेज़ी का वर्चस्व जो दिन-पर-दिन बढ़ता चला गया है। हमारे समाज में, नगरों में जहाँ बहुत कम अंग्रेज़ी माध्यम के स्कूल होते थे, वहाँ अब इनकी भरमार है। आज अंग्रेज़ी माध्यम के स्कूल में हम अपने बच्चे भेजना पसन्द करते हैं। ये काम सरकार नहीं कर रही है। ग़लत चीज़ के लिए सरकार को दोष मत दीजिए। इस पूरे सभ्य समाज में अंग्रेज़ी स्टेटस सिम्बल हो गयी है। ये सच्चाई है और ऐसे लोग हिन्दी-सेमीनारों में ग़लत अंग्रेज़ी बोलकर किसी तरह अपनी लाज बचाना चाहते हैं। वहाँ हिन्दी में बोलने का साहस नहीं करते। मेरी नातिन डी.पी.एस. में आजकल के.जी. में पढ़ने जाती है। अपने स्कूल से वह एक दिन चिड़िया का एक पंख लेकर आयी। मुझे मालूम हुआ तो मैंने पूछा कि तुम चिड़िया का पंख लेकर आयी हो? उसने कहा—तुम्हारा मतलब 'फेदर' से है? यानी, वह पंख को नहीं समझती और 'फेदर' को समझती है। ये नयी पीढ़ी जो अब आ रही है, पूरी की पूरी भूमण्डलीकरण की चपेट में है। कमलेश्वर ने अपने भाषण 'भूमण्डलीकरण और साहित्य' में इसका ज़िक्र किया होगा, लेकिन सच्चाई यह है कि आज हिन्दी और उर्दू या दक्षिण की भाषाओं में कोई टकराव नहीं है, बल्कि सीधे-सीधे आज संघर्ष अंग्रेज़ी के साथ है। जब मैं अंग्रेज़ी कहता हूँ तो उसको क़ायम करने वाले शासन में जो लोग हैं, लोग नहीं, जो वर्ग हैं, जो समुदाय हैं, वे इतिहास के चक्र को फिर उपनिवेशवादी दौर में ले जाना चाहते हैं। यदि जाँच की जाये तो अंग्रेज़ी का प्रताप अंग्रेज़ी राज में उतना नहीं था, जितना आज अंग्रेज़ी राज के ख़त्म होने के बाद है। एक बार जवाहरलाल नेहरू यूनिवर्सिटी में डॉ. कर्ण सिंह आये। वह राज्यसभा के सदस्य हैं। उन्होंने कहा कि राज्यसभा में 90 फ़ीसदी बोलने वाले सांसद हिन्दी में बोलते हैं। अंग्रेज़ी में नहीं बोलते। मैंने उनसे निवेदन किया कि लोकसभा में इससे भी अच्छी हालत है। राज्यसभा में तो पढ़े-लिखे लोग चुने जाते हैं। लोकसभा में स्थिति ऐसी है कि सांसद अंग्रेज़ी बोल नहीं सकते। अपनी बात पहुँचाने के लिए लाइव ब्रॉडकास्ट होता है। किसी प्रस्ताव पर आप सुनिए तो आप देखेंगे कि कुल मिलाकर 90 फ़ीसदी से ऊपर भाषण हिन्दी में होते हैं। अंग्रेज़ी में बहुत कम होते हैं। क्या निष्कर्ष निकला? निष्कर्ष यह निकला कि हमारी राजसत्ता का जो राजनीतिक आधार है, वहाँ हिन्दी है। फिर वह कौन-सा आधार है जहाँ हिन्दी नहीं है, अंग्रेज़ी है। उसके लिए क्या उपाय है? उपाय अगर सम्भव हो तो सच्चे अर्थों में वह लोकतन्त्र होगा। लोकतन्त्र मज़बूत होगा पंचायती राज आदि की सीढ़ियों को पार करता हुआ।

सांस्कृतिक क्रान्ति जो चीन में माओ के ज़माने में हुई थी, वह सांस्कृतिक क्रान्ति इस चीज़ को पलट सकती है। क्योंकि यह सुधार से नहीं होगा। प्रचार कार्य से नहीं होगा। ऐसी चीज़ें आमतौर से क्रान्तिकारी क़दमों के द्वारा हुआ करती हैं। झटके से होती हैं। कमाल अतातुर्क ने एक झटके में तुर्की की अरबी लिपि ख़त्म कर दी और रोमन चल पड़ी। उसने कहा कि चौबीस घण्टे में होना चाहिए यह काम। कमाल अतातुर्क तानाशाह नहीं थे। भारत में उनके लिए बड़ा आदर था। राष्ट्रीय आन्दोलन में लोग कमाल अतातुर्क को याद किया करते थे। उनके नाम से सड़क बनी यहाँ पर। इस तरह लोकतन्त्र की रक्षा करने वाला कोई आदमी या तो आदेश से करे या जन-आन्दोलन के ज़रिये। लेकिन मैंने कहा कि इसे मैं चुनौती में नहीं गिनता हूँ। राजभाषा का मुद्दा अपनी जगह है और उस पर मेरे अपने कुछ विचार हैं, जिनसे आपका मतभेद हो सकता है। रणनीति में थोड़ी ग़लती हो गयी थी। आज हम अनुभव करते हैं कि हिन्दी की सभी भारतीय भाषाओं के साथ मिलकर अंग्रेज़ी का विकल्प ढूँढ़ने की कोशिश हम करते। सभी क्षेत्रों में अपनी-अपनी भाषा पूर्णतः राष्ट्रभाषा हो गयी होतीं तो स्वभावतः हिन्दी अपने-आप सम्पर्क भाषा के रूप में स्वीकार होती। ग़लत हुआ है और उस समय ये ग़लत बात कम्युनिस्ट कह रहे थे। आप कम्युनिस्ट पार्टी के प्रोग्राम को देखें तो उसमें कहा गया था कि भारत में एक राजभाषा अभी मत बनाओ। सारी भाषाओं को अपने-अपने राज्य में राजभाषाओं के रूप में स्वीकार करो और अगर 14 साल का समय हमने इसमें निकाल लिया होता तो 15वें साल में ये नौबत न आयी होती। इस प्रसंग में मैं एक बात कहूँ कि दूसरी भाषाओं वाले कहते हैं कि आधा भारत तो हिन्दीभाषी है और देखें तो ग्यारह हिन्दीभाषी राज्य हैं। हरियाणा, राजस्थान, मध्य प्रदेश, उत्तर प्रदेश, झारखण्ड, उत्तरांचल, छत्तीसगढ़ और बिहार तो हैं ही। एक समय जब विश्वनाथ प्रताप सिंह उत्तर प्रदेश के मुख्यमन्त्री थे तो उनके सामने उत्तर प्रदेश हिन्दी संस्थान ने एक प्रस्ताव रखा कि उत्तर प्रदेश सबसे बड़ा हिन्दीभाषी प्रदेश है, इसलिए इसके मुख्यमन्त्री को पहल करनी चाहिए कि हिन्दीभाषी राज्यों के सारे मुख्यमन्त्रियों को आमन्त्रित किया जाये। उनके साथ मिलकर विचार किया जाये कि शासन में या हिन्दी प्रदेशों में हिन्दी को लागू करने के लिए क्या ठोस क़दम उठाये जा सकते हैं। लेकिन ऐसा सम्मेलन नहीं हो सका। जब हिन्दीभाषी प्रदेशों के मुख्यमन्त्री एक जगह इकट्ठा नहीं हो सकते, वे भी सारे के सारे काँग्रेसी, तो दूसरों से क्या तालमेल बैठायेंगे? डॉ. रामविलास शर्मा जो अब नहीं रहे, लेकिन उनके हृदय की जो वेदना थी कि विशाल हिन्दी भाषाभाषी प्रदेश, इसकी संस्कृति, इसकी भाषा एकजुट हो जाये तो भारत का नक़्शा बदल सकता है।

स्वयं हम हिन्दी भाषाभाषी प्रदेश में हिन्दी को स्थायित्व नहीं दिला सके तो किस मुँह से कहने जायें कि केन्द्र और अहिन्दीभाषी राज्यों में ऐसा हो जाये। क़सूर हमारा-आपका नहीं है। सारे देश का है। हम लोग अभी तक अपने प्रदेश में ये काम नहीं कर सके। इसलिए पहली ज़रूरत इस बात की है कि हिन्दी प्रदेश और किसी मामले में न सही तो कम-से-कम भाषा के मामले में एकमत हों और कुछ ऐसा करें कि जो अधूरा काम है, पूरा हो सके।

मित्रो, आज के दौर में राजभाषा की लड़ाई अथवा सार्वजनिक जीवन में हिन्दी अपनाने की लड़ाई उतनी महत्त्वपूर्ण नहीं है। जितना ज़रूरी है कि हिन्दी की जो संस्थाएँ हैं वे इस दौर में वह काम करें जो सरकार नहीं कर सकती। यानी, हम राजा का मुँह देखना बन्द करें। ये भाषा जिनकी है उनकी ओर देखें। आपने पढ़ा होगा घनानन्द के बारे में। कहा जाता है कि वह एक राजा के दरबार में थे। उनसे आश्रयदाता राजा ने आग्रहपूर्वक कहा कि घनानन्द हमारे लिए कुछ गाओ, कुछ सुनाओ। वेश्या सुजान जिससे घनानन्द प्यार करते थे, सभा में बैठी हुई थी। सुजान जिधर बैठी थी उधर मुँह करके घनानन्द गाने लगे। यह देखकर राजा इतना नाराज़ हुआ कि मेरे ही दरबार में जिधर मैं बैठा हूँ उधर मुँह न करके घनानन्द एक वेश्या की ओर मुँह करके गा रहा है। सुजान भी घबरा गयी। राजा ने घनानन्द को दरबार से निकाल दिया। बाद में वृन्दावन में यमुना के किनारे उनकी मृत्यु हुई। यह मैं आपके सामने इसलिए रख रहा हूँ कि दरबार में राजा की ओर मुँह करके न गाओ, बहुत गा चुके। 50 साल से गा रहे हैं हम राजा की ओर मुँह करके। जनता की ओर मुँह करके गाओ तथा उसकी ओर मुँह करके लिखो और देखो। इस राजा से कुछ नहीं मिलने वाला, जो आजकल विनिवेश के नशे में धुत्त है। सार्वजनिक उपक्रम जो जनता के पैसे से बने हैं उन्हें बेचकर उसमें विदेशी पूँजी लगाने में व्यस्त है। वे कह रहे हैं कि यह सुधार है, उदारीकरण है और विकास है। आप समझते हैं कि वे जहाँ की पूँजी आ रही है उसकी भाषा की ओर देखेंगे या आपकी भाषा की ओर! आप ठन-ठन गोपाल हैं। इसलिए हिन्दी को राजभाषा के नशे से मुक्त कीजिए। अब हिन्दी को जनभाषा मानकर जनता की ओर देखिए। जनता की ओर देखते समय एक चीज़ का ध्यान रखिए, हिन्दी अपनी ही बोलियों के बीच में परायी हो गयी है। मेहमान हो गयी है। खड़ी बोली, क्या उम्र है खड़ी बोली की—डेढ़ सौ साल। ब्रज की क्या उम्र है—छह सौ-सात सौ साल, क्या उम्र है भोजपुरी की, क्या उम्र है राजस्थानी की। आप देखिए कि छह सौ-सात सौ साल से लोकजीवन में जो भाषाएँ बसी हुई हैं, उनके सामने डेढ़ सौ साल से आयी खड़ी बोली हिन्दी धौंस जमा रही है।

आप अपनी बोलियों से जुड़िए। ये ताक़त हैं हमारी। हमने बोली कहकर उनका तिरस्कार कर रखा है। उनसे कुछ लीजिए। उनसे ग्रहण कीजिए। उनके बीच अपनापन है। हिन्दी की बोलियों में जाने का काम साहित्य ने तो शुरू कर दिया है। फणीश्वरनाथ रेणु ने 'मैला आँचल' लिखा तो देखिए इसमें खड़ी बोली कितनी है और कितनी भोजपुरी है, और कितनी मैथिली वग़ैरह है। राही मासूम रज़ा का 'आधा गाँव' पढ़िए, कहते हैं कि इसमें भोजपुरी उर्दू है। 'आधा गाँव' में पचास फ़ीसदी भोजपुरी भरी है और इसीलिए वह जानदार है। कविताओं में, कहानियों में, उपन्यासों में और नाटकों में बोलियाँ ख़ूब आ रही हैं। हिन्दी पिछले पचास वर्षों में तत्सम प्रधान हुई है, जबकि हिन्दी की असली ताक़त तद्भव है। बहुत से लोग शिकायत करते हैं कि हिन्दी संस्कृतनिष्ठ है। जी नहीं, यह संस्कृत भी नहीं है। मैं इसलिए कह रहा हूँ कि ये जो नयी सरकार का नया आन्दोलन चल रहा है, उसे हिन्दी अब काम की नहीं लग रही। अब इसको संस्कृत बहुत अच्छी लग रही है। क्योंकि उन्हें लगता है कि वेद तो संस्कृत में हैं और वेद आर्यों की चीज़ हैं। स्वामी दयानन्द ने तो किसी ज़माने में किसी और स्तर पर यह किया होगा। वैदिक गणित, वैदिक मैथमेटिक्स, वैदिक ज्योतिष का शोर तमिलनाडु में असर ज़माने के लिए है। किसी ज़माने में वे हिन्दी का नाम लेते रहे होंगे। मन्दिरों का फ़ैसला कराने के लिए भारतीय जनता पार्टी आन्दोलन कर रही है। सुना होगा आपने भी। ऐसे धार्मिक जुनून वालों की कोई भाषा नहीं हुआ करती। उन्हें कोई मतलब नहीं किसी भाषा से। कुछ पण्डितों का पेट भर जाये, कुछ पुजारियों को खाने-पीने को मिल जाये और कोई मतलब नहीं है उन्हें संस्कृत से भी। इस समय हमें देवताओं के लिए नहीं, मनुष्यों के लिए लड़ने की ज़रूरत है। देवभाषा के लिए तो लड़ने वाले देवता पड़े हैं बहुत से। इसलिए यह नयी चुनौती आ रही है। विचित्र बात है कि अंग्रेज़ी और संस्कृत का गठजोड़ बहुत पुराना है। अंग्रेज़ी राज में संस्कृत अंग्रेज़ी माध्यम से पढ़ाई जाती थी। आज भी संस्कृत और अंग्रेज़ी, मयूर और व्याल पूँछ से जुड़े हैं।

मित्रो, आज हिन्दी के सामने कई समस्याएँ हैं, कई चुनौतियाँ हैं। दुश्मन का चेहरा साफ़ नहीं है। कई नक़ाब ओढ़े हुए हैं। इस हालत में हिन्दी को कौन पूछने वाला है? कौन घास डालने वाला है? कुछ लोग हैं जो जुड़े हुए हैं संस्कारों से। उनकी लाचारी है कि कहीं और जा नहीं सकते। इसलिए केवल भूमण्डलीकरण का नाम लेना नाकाफ़ी है। उस भूमण्डलीकरण के जो हथियार हैं, याद रखिए पेड़ कुल्हाड़ी से कटता है। लेकिन बेंट का काम ख़ुद पेड़ की लकड़ी ही करती है।

जब तक खुद पेड़ का एक हिस्सा बेंट का काम न करे तब तक कुल्हाड़ी पेड़ को काट नहीं सकती। इसलिए उस बेंट को पहचानिए जिसे पेड़ से काटकर बनाया गया है। आज इस बड़े पेड़ को हम हिन्दी कहते हैं। जब हम हिन्दी कहते हैं तो मानिए कि हिन्दी सिर्फ़ भाषा नहीं है, साहित्य है, संस्कृति है और सम्पूर्ण लोकजीवन का मूर्तिमान विग्न है। इसकी महिमा की रक्षा करना आज एक चुनौती है। आज धर्मवीर जी की स्मृति में मैंने कुछ शब्द केवल हिन्दी की महिमा की प्रतिष्ठा के बारे में आपका ध्यान आकर्षित करने के लिए कहे। आपने ध्यान से मुझे सुना। इसके लिए धन्यवाद।

(हिन्दी भवन में 24 सितम्बर, 2002 को दूसरे 'धर्मवीर स्मृति हिन्दी महिमा व्याख्यान' का अविकल वक्तव्य।)

हिन्दी : भाषा और राजभाषा

मुझे नहीं मालूम था कि कोई ऐसी व्याख्यानमाला बन रही है जिसके अन्तर्गत मुझे व्याख्यान देना है। मैं टिप्पणी के रूप में कुछ शब्द कहना चाहता हूँ। ख़ासकर अजित वडनेरकर की किताब 'शब्दों का सफ़र', जिसके पहले पड़ाव को मैंने देखा है दूसरा अभी आने वाला है, उस सम्बन्ध में कुछ शब्द मैं कहना चाहता हूँ। था एक ज़माना जब हिन्दी में एक-एक शब्द पर चार-चार, पाँच-पाँच साल तक विचार होता था। 20वीं शताब्दी के आरम्भ में 1900 के आसपास पण्डित महावीर प्रसाद द्विवेदी ने भाषा और व्याकरण पर एक लेख लिखा था। उसमें एक वाक्य था कि 'हिन्दी को अब अनस्थिरता लग गयी है'। अब यह अनस्थिर शब्द उन्होंने जैसे ही प्रयोग किया कलकत्ता में बैठे हुए बाबू बालमुकुन्द गुप्त ने पकड़ा और लिखा कि द्विवेदी जी सारे हिन्दी जगत् को व्याकरण पढ़ाने चले हैं और ख़ुद उनके व्याकरण का हाल यह है कि अनस्थिरता का प्रयोग कर रहे हैं। अन लगता है जब किसी स्वर से शब्द शुरू हो, व्यंजन में अन नहीं लगता, अनादर होगा लेकिन स्थिर के पहले अन नहीं लगेगा अस्थिर बनेगा। पाँच साल यह बहस चली। हिन्दी जगत् बँटा हुआ था। आचार्य द्विवेदी का प्रताप था...उस समय सम्पादकाचार्य के रूप में भाषा और साहित्य के बारे में जो रुतबा था वह अद्‌भुत था आचार्य महावीर प्रसाद द्विवेदी का। लेकिन ग़लती तो हो गयी थी...पाँच साल तक बहस चली...ये तर्क पर तर्क देते रहे लेकिन बार-बार बालमुकुन्द गुप्त कहें कि वह सब ठीक है लेकिन यह ठीक नहीं है। जब निधन हो गया बाबू बालमुकुन्द गुप्त का 1905-06 के आसपास तो आचार्य द्विवेदी ने लिखा उनकी मृत्यु पर कि हिन्दी में व्याकरण जानने वाला और अच्छी हिन्दी लिखने वाला केवल एक ही व्यक्ति था और उसकी पहचान थी बाबू बालमुकुन्द गुप्त, और कहा कि मुझसे ग़लती हो गयी है। यह स्वीकार किया। यह वह ज़माना था जब खड़ी बोली हिन्दी बन रही थी। उस समय एक शब्द पर पाँच साल बहस हुई है।

उसके बाद जब हिन्दी राजभाषा बनने की प्रक्रिया में थी 1947 के आसपास, तो फिर हिन्दी का स्वरूप क्या होगा उस पर लिखने वाले लोग जो लोग मुख्य मालूम होते हैं, पण्डित किशोरीदास वाजपेयी और रामचन्द्र वर्मा। काशी में रामचन्द्र वर्मा और ब्रज में पण्डित किशोरीदास वाजपेयी। किशोरीदास वाजपेयी संस्कृत के पण्डित थे, हिन्दी व्याकरण उनका लिखा हुआ आज तक सबसे अच्छा है, उसको नागरी प्रचारिणी सभा ने छापा है, बल्कि नागरी प्रचारिणी ने उनसे निवेदन किया कि आप आकर लिखिए। काशी में रहकर बैठकर उन्होंने उसे पूरा किया। वो दिन मैंने देखे हैं। और रामचन्द्र वर्मा काशी में ही थे। बहुत-सी किताबें उन्होंने व्याकरण पर लिखी हैं। उस समय व्याकरण का स्वरूप क्या होगा क्योंकि कामता प्रसाद गुरु का व्याकरण था, उस व्याकरण पर क्योंकि ये जबलपुर के थे, उस पर मराठी की बहुत गहरी छाप थी। और उनके सामने मराठी से ज़्यादा संस्कृत का व्याकरण था। हिन्दी का व्याकरण तो विदेशियों ने लिखा है, हिन्दी के अधिकांश व्याकरण विदेशियों ने लिखे, अंग्रेज़ों ने लिखे। स्वयं हिन्दी में किसी हिन्दी वाले ने हिन्दी का पहला व्याकरण लिखा है तो वह कामता प्रसाद गुरु ने लिखा है। यह मैं आप लोगों को याद दिलाना चाहता हूँ आप में से बहुत सारे लोग उससे बहुश्रुत हैं, परिचित हैं।

कहना यह है कि इस पृष्ठभूमि में एक बार फिर जब हिन्दी की जगह हिंगलिश लेने लगी है और यही नहीं हिन्दी में अंग्रेज़ी के शब्द आ रहे हैं बल्कि शब्द ही नहीं आ रहे हैं वाक्य-विन्यास भी अंग्रेज़ी के आ रहे हैं और मीडिया की वजह से ख़ासतौर से जो इलेक्ट्रॉनिक मीडिया है...शब्द में तो गनीमत है...अख़बार में भी अब भाषा की परवाह करने वाले नहीं हैं...सच्चाई यह है कि हिन्दी का वर्तमान रूप जो हासिल हुआ है उसमें हमारी हिन्दी पत्रकारिता ने बड़ा काम किया है। खड़ी बोली हिन्दी का गद्य जो है वह पत्रकारों का बनाया हुआ है। यह अध्यापकों और रिसर्च करने वालों का बनाया हुआ नहीं है। हिन्दी बनी है हिन्दी पत्रकारिता से, लेकिन आज ये ज़िम्मेदारी वे कितनी निभा रहे हैं उस पर मैं कुछ नहीं कहूँगा। कौन बैर मोल ले साँड़ की सींग से, ख़बर ही नहीं छापेंगे कि हम लोगों के ख़िलाफ़ बोल रहा था और छापेंगे तो गत बना देंगे, इसलिए वह ज़िम्मेदारी जो मीडिया नहीं निभा रहा है तो पूरी की पूरी ज़िम्मेदारी लेखकों पर आती है पहले।

इसमें बड़ी गड़बड़ी यह हुई कि आंचलिक कथाकार जो पैदा हुए फणीश्वरनाथ रेणु जैसे, तो इन लोगों ने स्थानीयता की छौंक देने के लिए कुछ छौंक बघार ज़्यादा ही दे दी। हास्य रस पैदा करने के लिए, लोकतत्त्व ले आने के लिए भाषा

को इतना माँज दिया कि लगा यही स्टैंडर्ड हिन्दी है। यह उन्होंने जानबूझकर नहीं किया, वे यथार्थवाद दिखा रहे थे, उन्होंने समझा कि यथार्थवाद यही है कि लोग जैसे बोलते हैं वैसा ही दिखाया जाये, यह यथार्थवाद नहीं होगा नेचुरलिज़्म जिसे कहते हैं यह प्रकृतवाद होगा...यथार्थवाद नहीं है। बहरहाल, ऐसे माहौल में मैंने कहा कि पत्रकारिता जब नहीं निभा रही है तो कोई-न-कोई तो आदमी ऐसा हो जो...मुझे ख़ुशी है कि वडनेरकर ने यह ज़िम्मा लिया...उन्होंने यह किताब लिखी है। मैंने पढ़ी है किताब...आदमी की जन्मकुण्डली बनाना तो सरल है शब्दों की जन्मकुण्डली बनाना बड़ा कठिन है...कैसे पैदा हुए...कब पैदा हुए...यह बड़ा मुश्किल काम है। मैं एक ही उदाहरण देता हूँ—फ़क़ीर एक शब्द है...कैसे पैदा हुआ? मैंने कभी ध्यान ही नहीं दिया...आप लोगों में से कुछ ने शायद दिया हो...वडनेरकर ने लिखा है फ़क़ीर में है 'फ' उर्दू का 'पे' और 'फ' से बनता है 'फाका'...फिर है 'काफ' से 'किनायत' जिसका मतलब होता है 'सन्तोष', फिर 'र' है उर्दू का 'रे', उसका मतलब होता है 'रियाज़त' जिसका मतलब होता है 'समर्पण'...इस तरह 'फे' 'काफ' और 'रे' से बना हुआ, जो फाका करने वाला आदमी हो, जो सन्तोष करने वाला आदमी हो और जिसमें समर्पण का भाव हो, ऐसा आदमी होता है फ़क़ीर। अब ग़लत है या सही है इस पर विद्वज्जन निर्णय करेंगे...यह बहुत दूर से खींचकर लायी गयी कौड़ी है, लेकिन अपने-आपमें यह दिलचस्प है। शब्दों की व्युत्पत्ति पर ध्यान देना... मनुष्यों की उत्पत्ति और शब्दों की व्युत्पत्ति इस पर किसी को आपत्ति नहीं होनी चाहिए...क्योंकि यह सारी की सारी हमारी सम्पत्ति है...

मुझे ख़ुशी है कि धुन के पक्के हैं वडनेरकर...नाम से मराठी लगते हैं...इस तरह के काम में अपना पूरा जीवन लगा देने वाले लोग महाराष्ट्र में हुए। संस्कृत का कोश आज भी आप्टे का ही माना जाता है। सम्पूर्ण महाभारत का प्रामाणिक पाठ भण्डारकर इंस्टीट्यूट ने तैयार किया...यह पाण्डित्य जो है वह परम्परा महाराष्ट्र की है। मुझे ख़ुशी है कि एक मराठीभाषी आदमी ने यह कोश तैयार किया है जो हम हिन्दी वालों के लिए चुनौती है...इसका दूसरा खण्ड आयेगा उसकी प्रतीक्षा है और जानता हूँ कि तीसरा खण्ड भी आयेगा...।

(राजकमल प्रकाशन द्वारा 28 फ़रवरी, 2011 को अजित वडनेरकर की पुस्तक 'शब्दों का सफ़र' को सम्मानित करते हुए दिया गया वक्तव्य। ब्लॉग जानकीपुल पर प्रकाशित।)

महावीर प्रसाद द्विवेदी : व्यक्ति और सर्जक

महावीर प्रसाद द्विवेदी का व्यक्तित्व महत्त्वपूर्ण है। हम लोग एक बात भूल जाते हैं कि महावीर प्रसाद द्विवेदी हिन्दी साहित्य सम्मेलन के कभी सभापति नहीं बने। स्वयं जिन लेखकों को उन्होंने बनाया, वे हुए सभापति, उसी इलाहाबाद में और सम्मेलन 1910 में क़ायम हुआ था। महावीर प्रसाद द्विवेदी उसी इलाहाबाद में विराजते रहे और उन्होंने सम्मेलन का सभापतित्व कभी स्वीकार नहीं किया। नागरी प्रचारिणी सभा जिसने 'सरस्वती' का शुभारम्भ किया, एक छोटी-सी बात पर सभा ने अनुमोदन खींच लिया और सभा से महावीर प्रसाद द्विवेदी जी का ऐसा छत्तीस का सम्बन्ध बना कि अन्त में बहुत अनुनय-विनय के बाद 1933 में द्विवेदी अभिनन्दन ग्रन्थ जब भेंट किया गया तभी वह सभा में गये। महावीर प्रसाद द्विवेदी ने जॉन स्टुअर्ट मिल की पुस्तक 'लिबर्टी' का 'स्वाधीनता' नाम से अनुवाद किया है। वह व्यक्ति की स्वाधीनता की गरिमा को इतना अधिक महत्त्व देने वाले थे कि एक तरफ़ हिन्दी के उस ज़माने के दो सबसे बड़े प्रतिष्ठान थे... 'काशी नागरी प्रचारिणी सभा' जिसके प्रमुख बाबू श्यामसुन्दर दास थे जो एक विश्वविद्यालय के विभागाध्यक्ष, उत्तर प्रदेश सरकार के बहुत नज़दीक। ...इतने प्रतापी बाबू श्यामसुन्दर दास जिनके हाथ में नागरी प्रचारिणी सभा थी और बाबू पुरुषोत्तम दास टण्डन साहित्य सम्मेलन के प्राण... इलाहाबाद में इतनी बड़ी संस्था स्थापित की जिसके सभापति महात्मा गाँधी रह चुके हों, मदन मोहन मालवीय रह चुके हों, इतने बड़े-बड़े लोग हों, इतनी बड़ी दो संस्थाएँ सामने खड़ी हों, अकेले वह गाँव में रहने वाला एक पत्रिका का सम्पादक इन सबको चुनौती देते हुए अकेले खड़ा था हिन्दी में। इसलिए द्विवेदी के व्यक्तित्व को समझना-मापना बहुत ज़रूरी है। हिन्दी की दो बड़ी संस्थाएँ एक तरफ़ और केवल एक पत्रिका अपने हाथ में रखते हुए इन दोनों को जैसे ठेंगा दिखाता हुआ, और इन दोनों से नाता तोड़ लिया। यह ताक़त कहाँ से महावीर प्रसाद द्विवेदी को मिली थी।

साथ ही विनम्रता से मैं दो उद्धरण देना चाहता हूँ—महावीर प्रसाद द्विवेदी ने सरस्वती से स्वेच्छा से त्याग-पत्र दिया और विदाई का जो सम्पादकीय लिखा और उस सम्पादकीय में उन्होंने जो लिखा उस पर ध्यान दीजिए—मैं सेवा शब्द का अर्थ अच्छी तरह जानता हूँ अतएव मैं कह सकता हूँ कि मैंने सेवा भाव से प्रेरित होकर सरस्वती का सम्पादन नहीं किया, और कोई काम कर सकने की योग्यता न होने के कारण मैंने यह काम इंडियन प्रेस की कृपा से अपनी जीविका के उपार्जन का साधन मात्र समझकर किया है। मैंने न किसी की सेवा की है और न किसी पर एहसान किया है। 'सत्य कहूँ लिखि कागद कोरे', इसे अत्युक्ति न समझिए, इस कथन में किसी और अलंकार की उद्‌भावना मत कीजिए। इस तरह दो टूक जो आदमी कह सकता है—मैंने कोई सेवा नहीं की है, एहसान नहीं किया है, जो किया है, आजीविका के लिए मैंने किया है।

दूसरा उद्धरण मैं देना चाहता हूँ—ठीक उनके व्यक्तित्व को समझने के लिए। नागरी प्रचारिणी सभा में उनका अभिनन्दन ग्रन्थ जब उन्हें अर्पित किया गया तो 'आत्मनिवेदन' नाम से वह छपा। बहुत सारी बातें कहने के बाद वे अन्त में कहते हैं, वह 1933 की घटना है—पहला उद्धरण 1920 का है। मैं सभा के प्रधानमन्त्री जी को यह लिफ़ाफ़ा दे रहा हूँ। इसके भीतर कुछ धन है। वह इतना थोड़ा है कि उसका उल्लेख करके मुझे लज्जा मालूम होगी, ख़ैर। जो कुछ है, हाज़िर है। मैं चाहता हूँ कि छह महीने या साल-भर जब तक ये काफ़ी हो, सभा के दो मुलाज़िमों को उसी से तनख़्वाह दी जाये। और वे दोनों ही मेरे प्रतिनिधि समझे जायें। एक तो सभा का चपरासी और दूसरा वह आदमी जो सभा भवन के भीतर और बाहर प्रांगण में झाड़ू लगाता हो। आशा है मेरी आत्मा कुछ तो निर्मल ज़रूर ही हो जायेगी और यह धारणा जाग्रत हो जायेगी कि मुझसे सभी बड़े हैं और मैं सभी से छोटा ही नहीं सभी का सेवक ही हूँ, 'शठ सेवक मैं, चर-अचर आप सभी भगवान, दीन-हीन मुझको, अधम समझो दयानिधान'।

यह वही सभा है जिसने दुत्कारा था, महावीर प्रसाद द्विवेदी को। जो अपना संग्रह था, सरस्वती के सारे अंकों का सम्पादन, सारी निधि नागरी प्रचारिणी सभा को अन्त में देकर गये। यह उनके व्यक्तित्व का रूप है। दो आदमियों को उन्होंने ऐसे समय थैली दी, झाड़ू लगाने वाले को और उस चपरासी को और इसके बहाने जो प्रतिनिधि शब्द कहा था चूँकि मैं तो इस उम्र में आ नहीं सकता,

इसलिए समझिए कि मैं ही नागरी प्रचारिणी सभा का चपरासी हूँ और मैं ही उसके भीतर और बाहर झाड़ू लगा रहा हूँ। ...इसलिए तेजस्विता जहाँ से आनी चाहिए, उसके अनेक स्रोत हैं। एक ग़रीब और दरिद्र आदमी, आत्मनिर्भर आदमी, एक तेज, जो आत्मनिर्मित व्यक्ति होता है, उसके व्यक्तित्व में देखा जा सकता है।

('महावीर प्रसाद द्विवेदी रचनावली' के लोकार्पण के अवसर पर व्यक्त विचार। 'समकालीन साहित्य समाचार' के फ़रवरी 1996 के अंक में प्रकाशित।)

समकालीन जीवन की चुनौतियाँ और आज का साहित्य

पहला व्याख्यान

दिल्ली में मिलने-जुलने वालों में ज़्यादातर हमारे लेखक और कवि मित्र होते हैं और मिलने पर पाँच मिनट में ही हम लोग बोर हो जाते हैं। जिस तरह की बातें होती हैं उसमें सब कुछ होता है, ज़िन्दगी नहीं होती है। इसलिए किसी ज़माने में मैक्सिम गोर्की लेखकों को राय दिया करते थे कि लेखकों को साहित्यिकों की दुनिया छोड़कर आम लोगों के बीच जाना चाहिए। नारायण सुर्वे इसलिए बड़े कवि हैं कि ये केवल लेखकों और साहित्यकारों की दुनिया में नहीं रहते। ये मज़दूरों के बीच में, दरिद्रों के बीच में, गाँव में, यहाँ-वहाँ ऐसे लोगों के बीच रहते हैं—जहाँ ज़िन्दगी है और ज़िन्दगी से उनको कविता मिलती है। उन लोगों को जिनके मन में साहित्य के लिए बहुत भूख है, कभी मिला नहीं, साहित्य उनके पास पहुँचा नहीं। नारायण सुर्वे को वहाँ कविता दिखाई पड़ती है, जिनकी ज़िन्दगी में ऊपर से देखिए तो कविता नहीं है।

आज़ादी मिलने के बाद से बंगला, मराठी, हिन्दी और उर्दू में बहुत से नये लेखक आये हैं जो पेशे से या तो डॉक्टर हैं, इंजीनियर हैं। उड़िया के अनेक साहित्यकार आई.ए.एस., आई.पी.एस. और इनकम टैक्स वाले हैं। मैं नाम गिना सकता हूँ। सीताकान्त महापात्र आई.ए.एस., जे.पी. दास भूतपूर्व आई.ए.एस., राजेन्द्र पण्डा आई.ए.एस., दुर्गा प्रसाद मिश्र आई.ए.एस., हरप्रसाद दास जी एजी ऑफ़िस में हैं। चेखव पेशे से डॉक्टर थे। सोवियत संघ में क्रान्ति के बाद लेखकों की जो जमात है वे ऐसे लेखक थे जिन्होंने कभी किसी विश्वविद्यालय में रूसी लिटरेचर नहीं पढ़ा था। या तो वे इंजीनियर थे, डॉक्टर थे, मैनेजमेंट के आदमी थे या पॉलिटिकल काम करते थे या दूरदराज़ इलाक़े में रहा करते थे।

विश्वनाथ त्रिपाठी जब अपने भाषण में कह रहे थे किसी साहित्य का दायरा तब बड़ा होता है, जब उसमें खानदानी साहित्यकार नहीं आते।

खानदानी साहित्यकार यानी बाप साहित्यकार थे, बाप के बाप साहित्यकार थे, उनके बाप साहित्यकार थे, जिनका पेशा ही साहित्य रहा है। मेरे खानदान में पहले कोई लेखक नहीं था। विश्वनाथ त्रिपाठी भी ऐसे ही होंगे और नारायण सुर्वे का भी यही हाल रहा होगा। बहुत से लोग ऐसे हैं। पचास साल का भारतीय भाषाओं का इतिहास लिखा जायेगा तो बहुत दिलचस्प होगा कि लेखक-साहित्यकार, किस पेशे, किस धन्धे, किस खानदान, किस फ़ैमिली बैकग्राउंड से आते हैं। ये सोशलाइजिकली स्टडी बहुत अच्छी होगी। ये कोई साहित्यकार नहीं कर सकता है।

वर्तमान जीवन की चुनौतियाँ कुछ तो ऐसी हैं जिन्हें हम-आप रोज़ अख़बार और टी.वी. पर देखते हैं। उन चुनौतियों से हम लोग भली-भाँति परिचित हैं। वे चुनौतियाँ उपन्यास, कविता, कहानी, नाटक आदि के विषय नहीं हैं। अगर कोई सोचता है कि ग्लोबलाइजेशन पर कविता-कहानी-उपन्यास आदि लिखेगा तो बड़ी ख़राब होगी वो रचना। मैं साफ़ बताता हूँ। लिब्रलाइजेशन कोल्ड वॉर आदि बड़े-बड़े थीम हैं वो चैलेंज करते हैं पर वे रचना का आधार उस तरह नहीं बनेंगे। भ्रष्टाचार पर कोई लिखने की कोशिश करेगा तो मुझे शक है कि काफ़ी ख़राब वो कविता होगी। क्या लिखेंगे आप भ्रष्टाचार के बारे में। वो हक़ीक़त ख़ुद इतनी बड़ी है कि उसके सामने हर कहानी और कविता छोटी मालूम होगी। लेकिन वो एक पर्सपेक्टिव है, आज की इस बदलती हुई दुनिया के उस खाक़े को समझे बग़ैर आप जिस छोटे से विषय पर, फूल पर भी कविता लिखेंगे तो वह कविता निरर्थक होगी। अगर आपके सामने उसका पूरा नक़्शा नहीं होगा। मसलन आज इस बदली हुई दुनिया में, हम कालीन के नीचे इस बात को नहीं फेंक सकते हैं कि समाजवाद और सोवियत समाजवाद ख़त्म हो गया है। जब था तो आप उससे बेख़बर रह सकते थे लेकिन जब नहीं है तो उसकी कमी अगर आपको महसूस नहीं होती है तो मैं समझता हूँ कि आपको लिखना बन्द कर देना चाहिए। इसलिए मैं नहीं कह रहा हूँ कि मार्क्ससिस्ट हूँ, कम्युनिस्ट हूँ या समाजवादी विचारों का हूँ। बल्कि एक हिन्दुस्तानी के नाते हर समय हमें रूस का न होना पिंच करता रहता है। ये अफ्रीका के लोग, महसूस करते हैं, लैटिन अमेरिका के लोग महसूस करते हैं, गाँव का आम आदमी महसूस करता है। इसलिए इस पर कभी-कभी सोचता हूँ कि दुनिया का रंग जो है, वही नहीं है आज। वो जो उर्दू का एक चालू क़िस्म का शेर है कि—'हमीं जब न होंगे तो क्या रंगे महफ़िल, किसे देखकर आप शरमाइएगा।' अमेरिका के शरमाने में भी एक रंग था, अब वो शर्म का रंग मुझे नहीं दिखाई पड़ता है।

सोवियत रूस के न रहने से इस पूरी दुनिया पर असर पड़ा है। तय समझिए। चीन का भी अगर वही हश्र हुआ तो दुनिया कैसी हो जायेगी, इसकी कल्पना करना भी कठिन मालूम होता है। इसलिए ये जो एक व्यवस्था भविष्य बनकर आयी थी, अब वो भूत बन गयी है। जो फ्यूचर था, वो पास्ट बन गया है। आज के वर्तमान का जो नक़्शा आप देख रहे हैं, उसमें खुल्लमखुल्ला नव पूँजीवाद तेज़ी से दूरदराज़ के इलाक़े में घुस रहा है। ये महानगरों तक, मेट्रोपोलिटन सेंटर तक सीमित नहीं है। आज हम लोग बाज़ार बहुत कहते हैं। अब बाज़ार का वही मायने नहीं है जो 'बाज़ारे शहर' का मतलब उर्दू की शायरी में मीरो-ग़ालिब के ज़माने में हुआ करता था। वो बाज़ार तब भी बहुत बुरा समझा जाता था—'ले आयेंगे बाज़ार से जाकर दिलोजाँ'। आज भी हिन्दी और उर्दू में बाज़ार से जो एग्जेक्टिव बनते हैं ख़राब हैं। किसी औरत को बाज़ारू कहना उसकी तारीफ़ नहीं है। यह जो एक नयी दुनिया बनी है और इस नयी बनी हुई दुनिया में पूँजीवाद के उभार के साथ जो सांस्कृतिक संकट आया है वह ख़तरनाक है। मैं राजनीति और अर्थनीति की बात करने का अधिकारी नहीं हूँ, आप मुझसे बेहतर जानते हैं। पहले महायुद्ध के बाद और दूसरे महायुद्ध के पहले पूँजीवाद यह नहीं कि खुल्लमखुल्ला है। पूँजीवाद में गहरे संकट आज भी हैं। अमेरिका कुछ भी प्रोड्यूस नहीं कर रहा है। अमेरिका बैंकों के सूद के बल पर और हथियारों के उत्पादन पर चल रहा है। अमेरिका प्रोड्यूसिंग ओनली वेस्ट। ये वो पूँजीवाद नहीं है जो एक ज़माने में इंटरप्राइजिंग या इंटरप्रेमियर्स हुआ करता था। ये फोर्ड का अमेरिका नहीं है। अब वहाँ पेंटागन डोमिनेट करता है। वर्ल्ड बैंक और इंटरनेशनल मॉनेटरी फंड नये पूँजीवाद की पहचान है : सारी दुनिया को क़र्ज़ देना, सूद लेना और सूद से चलना। ये सूदखोरी पूँजीवाद और साम्राज्यवाद है। कुरान शरीफ़ में कहा गया है कि सूद लेना गुनाह है। याद रखिए, सूद के बल पर जो चीज़ क़ायम होगी तो उसमें वही चीज़ें पैदा होंगी—हिंसा होगी, फंडामेंटलिज़्म होगा, रिलिजस रैक्टीलिज़्म होगा।

आज दुनिया फिर 1934-35 की तरह एक नये ढंग के फासिज़्म की ओर बढ़ती-सी दिखाई पड़ रही है। ये बाढ़ रोकी जा सकती है, रोकने की ज़रूरत है, ये बहुत बड़ा ख़तरा है। तरह-तरह की अभिव्यक्तियाँ स्पष्ट दिखाई पड़ रही हैं। हमारे पड़ोस में अफ़ग़ानिस्तान में इतने दिनों के बाद चाहे सोवियत मदद से ही हो, एक बेहतर व्यवस्था क़ायम थी। वह अमेरिका को पसन्द नहीं थी। रूस के हट जाने के बाद तालिबान जीते हैं और वो इस्लामिक क़ानून वहाँ लागू करने की कोशिश कर रहे हैं। पाकिस्तान उसके बहुत पीछे है।

पाकिस्तान में तो है डेमोक्रेसी है। मैं नहीं कहता कि रिश्ता है—लेकिन कोई तो बात होगी कि सोवियत समाजवाद के ख़त्म होने के बाद ही बाबरी मस्जिद गिराई गयी है। मैं नहीं कहता कि उसके ख़त्म होने के कारण गिराई गयी है। मैं कॉज़ इफ़ैक्ट (cause effect) को इतनी आसानी से और ओवर सिम्पलीफाय नहीं कर रहा हूँ। मैं ये कह रहा हूँ कि दुनिया बदली, हिन्दुत्व का ज़ोर बढ़ा। कबीर का, तुकाराम का हिन्दुत्व कुछ और था। आलवार भक्तों का और था, वो भी तो हिन्दुत्व था। वारकरी सम्प्रदाय वालों का, महानुभाव सम्प्रदाय वालों का, निर्गुण सम्प्रदाय वालों का भी तो हिन्दुत्व था। तुलसी के भी राम हुआ करते थे। लेकिन इन लोगों को न तो तुलसी से मतलब है, न कबीर से मतलब और न सूर से मतलब है। मैं ब्योरे में नहीं जाऊँगा, मैं सिर्फ़ ये कहना चाहता हूँ कि जो नयी दुनिया बनी है, उसमें एक तरह का सांस्कृतिक संकट है। नतीजा यह है कि मक़बूल फ़िदा हुसैन ने पेंटिंग बनायी और उस पर हमला हुआ। जैसे उस आदमी ने दुर्गा को बनाकर गुनाह किया। हुसैन आज से नहीं पहले से मिथकों की ऐसी पेंटिंग बनाते चले आ रहे हैं। और उस पर बजरंग दल धमकी दे रहा है। निहत्थे, कमज़ोर कलाकार के पास तो सिर्फ़ कूची है जैसे लेखक के पास क़लम है, वह उससे माफ़ी माँगे फिर भी माफ़ नहीं करेंगे, वैसे ही जैसे सलमान रुश्दी ने माफ़ी माँगी फिर भी माफ़ नहीं किया।

शब्द की या क़लम की कभी इतनी ताक़त थी कि एक शायर के शेर पढ़ने पर, कहते हैं कि नादिरशाह ने क़त्लेआम बन्द कर दिया। उस ज़माने के तानाशाह संवेदनशील थे या शायर ताक़तवर थे, शायरी और शब्दों की पवित्रता को समझते थे, कहना मुश्किल है। लेकिन आज यह हालत हो गयी है कि कविता, कहानी वग़ैरह नहीं, शंकर के कार्टून जवाहरलाल नेहरू को अपने राजनीतिक क़दम उठाने में मदद दिया करते। शंकर से कहते थे कि क्या बना रहे हो, आजकल। आर.के. लक्ष्मण ने न जाने कितने कार्टून पी.वी. नरसिम्हाराव पर बनाये और इन्तहा है, बेहयाई की, कोई असर नहीं—'असर उसको ज़रा नहीं होता' आज माहौल साहित्य विमुख है। प्रकाशक आज इसलिए नहीं छापता कि आप अच्छा लिखते हैं, इसलिए छापता है कि इसकी मार्केटिंग आप करेंगे। मार्किट वैल्यू देखकर छापता है। वो ज़माना और था जब दिल्ली के प्रकाशक ओम प्रकाश, आंचलिक क़िस्म के एक नामालूम लेखक फणीश्वरनाथ रेणु, जिन्होंने 'मैला आँचल' लिखा था, उनको तलाश करते हुए पटना की गलियों में पहुँचे और वहाँ से किताब लेकर के आये और बोले कि बाज़ार में बिके या न बिके, मैं छापूँगा। धूम-धड़ाके के साथ छापा था। इसलिए नहीं कि बिकेगी। तो अब वो पब्लिशर नहीं हैं।

इंडियन पब्लिशर्स बेमौत मरेंगे जिस तरह से विदेशी प्रकाशन में आ रहे हैं। इंग्लिश पब्लिशर्स का बहुत बड़ा स्टेक है अंग्रेज़ी का बहुत बड़ा मार्केट है और यह मार्केट केवल इंडिया नहीं है बल्कि पूरा एशिया, अंशतः अफ्रीका भी है। यहाँ से किताब छपती हैं, सिंगापुर है और बैंगलोर बहुत बड़ा अड्डा होने जा रहा है। इस सिचुएशन को अभी हम लोग ठीक-ठीक हिसाब-किताब लगाकर समझ ही नहीं रहे हैं। बहुत हलके ढंग से देख रहे हैं।

रचना के लिए जो ख़तरे और चुनौतियाँ देश के अन्दर हैं, उनमें प्रमुख हैं—साम्प्रदायिक शक्तियाँ, जिसे मैं बीसवीं सदी के आख़िर का फ़ासिज़्म कहता हूँ। फ़ासिज़्म के आने का नुक़सान खुद ही लेखकों पर पड़ा था। जैसे कि इस हिन्दुत्व का दबाव आज उर्दू में जो लिखने वाले रोशनख़याल लोग हैं या मलयालम में लिखने वाले जो मुसलमान लेखक हैं, तमिल हैं, कन्नड़ में लिखने वाले हैं, उन पर कितना दबाव है, दर्द है, पीड़ा है—हम समझ नहीं पाते हैं। अन्दाज़ा कुछ ज़िया-उल-हक़ के ज़माने के पाकिस्तान से लगा सकते हैं। एक ज़माने में हम लोग समझते थे कि स्टेट गवर्नमेंट के क़ानून और पुलिस तानाशाह होती है। साठ के दशक में हम स्टेट को ही सबसे ज़्यादा टेररिज़्म का हथियार समझते थे। आज लगता है कि उससे कम-से-कम सेंट्रल गवर्नमेंट में अब तक हालात ऐसी बुरी नहीं हुई है, सेंटर शिफ्ट हो गया है। हमारी सिविल सोसाइटी जिसको मैं ग़ैर-सरकारी कहता हूँ, वो ज़्यादा असहिष्णु, इनटॉलोरेंट और सेक्टेरियन हो गयी है। बजरंग दल सरकार तो नहीं है। उनकी कहीं भी सरकार नहीं बनी। जब सिविल सोसायटी असहिष्णु हो जाये तो ख़तरे ज़्यादा होते हैं। इसलिए मित्रो मैं बहुत ब्यौरे में नहीं जाऊँगा। एक बहुत बड़ा विषय है, मुझसे बेहतर आप जानते हैं। ये साहित्य का सब्जैक्ट मैटर नहीं है। ये परस्पेक्टिव है। मुझे विदेशी फ़ेमिनिस्ट लेखकों का एक वाक्य बहुत अच्छा और मीनिंगफुल लगता है—'पर्सनल इज़ पॉलिटिकल'। कोई चीज़ पर्सनल नहीं है। बैडरूम के जो पर्सनल इंटीमेट रिलेशन होते हैं, कॉमन मैन के बीच, हसबैंड वाइफ़ के बीच, लवर-ब्रेवेट के बीच, जिसको हम पर्सनल समझते हैं, 'इट हैज बीकम पॉलिटिकल'। 'इट इज़ पॉलिटिकल'। इसलिए ज़रूरी नहीं है कि ग्लोबलाइजेशन पर आप लिखें। आज की प्रेम कविता भी उतनी ही पॉलिटिकल है। कविता का विषय कुछ भी हो सकता है, कहानी का विषय कुछ भी हो सकता है—निहायत पर्सनल, लेकिन ये पॉलिटिकल हो सकता है, हो जाता है, आप नहीं चाहेंगे तो भी हो जायेगा। और तब आप देखेंगे कि आपने तो किसी और इंटेशन से कहानी और कविता लिखी, आपके दुश्मन उसका वो अर्थ निकालेंगे जो आपके फ़रिश्तों ने भी नहीं सोचा होगा।

इस हद तक, सन्देह का वातावरण पहले नहीं आया था। परिवार के बीच, समाज के बीच, लोगों के बीच, उसी का एक रूप है। रूस के बारे में मैंने सुना था, स्तालिन के ज़माने में लोग कहते हैं कि हसबैण्ड को अपनी वाइफ़ के ऊपर विश्वास नहीं था। वो सोचते थे कि जासूसी करती है, हमारे ऊपर कि केजीबी के एजेंट हो और वाइफ़ को अपने हसबैण्ड पर शक था, कौन जाने केजीबी का एजेंट हो। जब ऐसा माहौल बनता है तो जिसको व्यक्तिगत सम्बन्ध कहते हैं, पर्सनल रिलेशनशिप कहते हैं, वे भी शक के दायरे में रहते हैं। इसका असर 'टॉप टू बॉटम' होता है। हर संस्था में, हर संस्थान में, परिवार से लेकर के जो 'प्लेस ऑफ़ वर्क' है वहाँ होता है। ऐसे माहौल में साहित्यकार क्या करे, लेखक क्या करे? आपका जो खूँटा है, उखड़ गया है। हम लोग कसम खाते हैं। कैसे यक़ीन करे कोई? लिखने वाले तो ऐसे हैं कि आदतन बहुत सारे लोग लिखते रहते हैं और उनको कोई रोक नहीं सकता है। बड़े मोटे-मोटे उपन्यास लिखेंगे। धुआँधार किताबें छपवायेंगे और उनको 'दयावती मोदी पुरस्कार' मिलेगा और इन पुरस्कारों की संख्या हर भाषा में बढ़ती जा रही है।

पुरस्कारों का, सबसे बड़ा हमला हिन्दी पर है, अभागी हिन्दी पर। पुरस्कारों के खेल में खोटे सिक्के अच्छे सिक्कों को निकाल बाहर करते हैं। बहुत-से खोटे सिक्कों को बाहर रखना बहुत आसान नहीं है। ऐसे खोटे सिक्कों की संख्या हिन्दी में कम नहीं है। ऐसे लेखक हर भाषा में हैं। बहुत से लेखक बहुत पॉपुलर और कमर्शियल हैं। कमर्शियलाइजेशन ने, कमर्शियल लिटरेचर ने अच्छे साहित्य को बाहर कर दिया है। चूँकि तमिलनाडु में मॉडर्नाइजेशन ज़्यादा हुआ है इसलिए तमिलनाडु में सबसे ज़्यादा है। कर्नाटक में भी है। बंगाल में हालत यह है कि अगर आप लेखक बने रहना चाहते हैं तो 'आनन्दो बाज़ार ग्रुप' से सम्बन्ध रखिए। देश में लिखिए तब आप लेखक हैं। 'आनन्दो बाज़ार' की बंगला साहित्य में मोनोपोली है। हम भाग्यशाली हैं कि यहाँ हिन्दी में अभी कोई मोनोपोलिस्ट पैदा नहीं हुआ है। हो जायेगा तो विनाश हो जायेगा हिन्दी का। अंग्रेज़ी में मोनोपोलिस्ट प्रकाशन हैं। वहीं से छपने पर आपका कविता संग्रह, आपका नॉवेल, शॉर्ट स्टोरी या ट्रांसलेशन चलेगा। ऐसी स्थिति में भला लेखक क्या करें। मालार्मे एक मशहूर सिम्बोलिस्ट पोएट थे। उनके एक दोस्त थे पेंटर देगास। सालों में एक दिन मिले कैफ़े में तो देगास ने कहा कि, "मालार्मे! दोस्त मेरे मन में एक बहुत ब्रिलियंट आइडिया आया है और मैं कविता लिखना चाहता हूँ।" तो मालार्मे ने कहा कि "माई डियर देगास! कविता आइडियाज़ से नहीं लिखी जाती है, कविता शब्दों से लिखी जाती है।" देगास से इसलिए मालार्मे ने कहा कि तुम पेंटर हो,

अगर आइडियाज़ हैं तो तुम रंगों से खेलना जानते हो, पेंटिंग बना सकते हो तुम, लेकिन आइडियाज़ से कविता नहीं बनती, शब्द चाहिए। और वो तुम्हारे पास नहीं हैं।

अच्छे-ख़ासे शब्द, बहुत से पवित्र भले शब्द गिरे हुए हैं, निर्जीव हो गये हैं। कहें कि उनमें जान नहीं रह गयी है। किसी ज़माने में उन शब्दों में जान थी। गाँधी जी जिन शब्दों को इस्तेमाल करते थे उनमें थी। मैं ये देखता हूँ कि और तो छोड़ दीजिए, 'दलित' शब्द इतना दला गया है कि कभी जान इसमें रही होगी लेकिन अब यह हरिजन से भी अधिक मरा हुआ शब्द हो गया है। होगा कुछ लोगों के लिए। आप जब बहुत घिसेंगे तो शब्द मर जायेंगे। जैसे एक शब्द है—सेक्युलरिज़्म। कांशीराम ने कहा है कि न सेक्युलर बीजेपी वाले हैं, न सेक्युलर यूनाइटेड फ्रंट वाले हैं, न मुलायम सिंह हैं। बात तो ठीक है, कुछ सच इसमें है। सीताराम केसरी, जिनकी सरकार थी, उनकी सरकार के रहते ही बाबरी मस्जिद गिराई गयी। आज वही सीताराम केसरी सेक्युलर-सेक्युलर कह रहे हैं कि हम उत्तर प्रदेश में सेक्युलर सरकार बनाने जा रहे हैं। इन्होंने देवगौड़ा को समर्थन इसलिए दिया था कि सेक्युलर सरकार बने, बीजेपी की सरकार न आये। कितना सेक्युलर होने के कारण से किया और कितना अन्य कारणों से किया, भारत का हर नागरिक बहुत अच्छी तरह जानता है, बहुत समझदार है। ऐसे समय शब्द के महत्त्व पर मैं कहना चाहता हूँ।

मैं अभी एक किताब पढ़ रहा था। एक लेखिका हैं—सिमोन व्हील। एक मिस्टिक। रेलिजियस लेडी। उन्होंने बहुत कष्ट सहा है। उनकी बड़ी दुखद मृत्यु हुई थी। बहरहाल मैकलेनन ने उनकी जीवनी लिखी है। उसके एक वाक्य पर मेरी नज़र पड़ गयी, मैं आपके साथ शेयर करना चाहता हूँ। सिमोन व्हील ने कहा कि आदिम समाजों में हाथ से हँसुआ, कुल्हाड़ी, गेंती और हल चलाने वालों पर राज उन लोगों ने किया, जो न हल चलाते थे, न गेंती चलाते थे, न हँसुआ छूते थे और न कुल्हाड़ी ही चलाते थे। वे केवल शब्द हैंडल करते थे। वो पुरोहित हुआ करते थे। सिमोन व्हील कहती है कि "अजीब ज़माना है कि जो लोग शब्द हैंडल करते हैं, वे तब से लेकर के आज तक हाथ से मेहनत करने वाले लोगों पर राज कर रहे हैं।" अम्बेडकर के शब्दों में यही मूक नायक हैं। गूँगे हैं। शब्द उनके पास नहीं हैं। यद्यपि वे बड़े-बड़े हथियार, बड़ी मशीनें, सब कुछ हाथ से वही चलाते हैं। ज़ुबान चलाने वाले और क़लम चलाने वाले राज कर रहे हैं। इस बात की सच्चाई समझना इस मुल्क में बहुत आसान है। इसे हम आप बहुत आसानी से समझ सकते हैं। आज वे लोग राज कर रहे हैं जो अंग्रेज़ी बहुत अच्छी लिख और बोल सकते हैं। अंग्रेज़ी राज नहीं कर सकती है जब तक उसमें भारतीय भाषा सहभागी न हो।

अंग्रेज़ी के ज़माने में भी और आज भी यही हो रहा है। सिमोन व्हील को पढ़ते हुए मुझे दूसरी बात सूझी। वो ये कि शब्द को शब्द ही चुनौती देगा। हीरा हीरे से कटता है, लोहे से नहीं कटेगा। शब्द की ताक़त का मुक़ाबला शब्द से ही होगा। हीरा हीरे से कटेगा। भाषा की ताक़त अगर वो हिजेमनी है तो काउंटर हैज्यूमैनी भी भाषा से ही क़ायम होगी। काउंटर हिजेमनी की ज़िम्मेदारी कवि व लेखक पर है। ये मध्य युग में हुआ है। ब्राह्मणों का शास्त्र था तो उसके समानान्तर कबीर का, तुकाराम का, ज्ञानेश्वर का, महानुभाव सम्प्रदाय वालों का साहित्य था। अगर ब्राह्मणों का वेद था तो भक्तों का तमिल वेद था 'तिरुकुरल'। उसके बाद वैष्णव आलवार भक्तों ने 'दिव्य प्रबन्धम्' रचा। और वैष्णवों ने इसे पाँचवाँ वेद समझा। शब्द का जवाब शब्द है, हिजेमनी के सामने काउंटर हिजेमनी है। इस बीच दलित लेखन आया। मराठी से शुरू हुआ। ब्राह्मणों की हिजेमनी को तोड़ने के लिए दलित आये थे और उन्होंने बहुत अच्छा काम किया था। सारी कमज़ोरियों के बावजूद हमें महाराष्ट्र के, पुणे के ब्राह्मणों ने कहा कि मराठी भाषा मर गयी थी, दलितों ने अपने उपन्यासों, कहानियों और कविताओं से मराठी भाषा में जान फूँक दी। और इन लोगों के द्वारा मराठी भाषा पुनः ज़िन्दा हो उठी। अब यह प्रकाश हर जगह फैल रहा है। हिन्दी में नहीं था। हम लोग रोते थे कि पण्डित महावीर प्रसाद द्विवेदी ने 1912 में हीरा डोम का एक भोजपुरी गीत छापा था। पहली बार हीरा डोम ने पण्डित जी के पास छापने के लिए कविता भेजी थी। और पण्डित जी की उदारता देखिए कि हीरा डोम की कविता बड़े आदर से छापी। अब ये मूक नायक बोल रहा है, हर जगह फैल रहा है। हिन्दी में भी आ गया, गुजराती में है, और कन्नड़ में भी है। मैं जानता हूँ कन्नड़ में सिद्धलिंगय्या आदि बहुत अच्छे लिखने वाले लोग हैं। देवनूर महादेव जिनको साहित्य अकादेमी अवॉर्ड मिला, का उपन्यास अत्यन्त प्रभावशाली था। यू.आर. अनन्तमूर्ति ने मुझसे कहा कि देवनूर ने जो कन्नड़ गद्य लिखा है, इस नॉवेल में, मैं सौ जन्म में भी नहीं लिख सकता।

इस बीच दलित आये। साथ ही स्त्री लेखन आया। हिन्दी में उत्तम, मध्यम होगा। मज़ाक़ भी हम कर लेते हैं। शुरू में हिन्दी में एक कवयित्री मीरा हुई थी। फिर सुभद्रा कुमारी चौहान और महादेवी वर्मा हुईं। आज देखिए तो दो दर्जन महिला लेखिकाएँ हैं। ज़्यादातर कहानियाँ लिखती हैं, कुछ कविताएँ भी लिखती हैं। हर भाषा में यह हुआ है। कमज़ोर वर्ग, जिसे अंग्रेज़ी में वीकर सेक्शन कहते हैं, साहित्य में आ रहा है। वह साहित्य का हथियार की तरह इस्तेमाल कर रहा है। हेजेमनी के सामने काउंटर हेजेमनी ऐसे ही उभरती है।

एक चेतावनी के साथ मैं इस प्रसंग को समाप्त करूँगा। इससे महिलाओं और दलितों के शोषण, दमन, अत्याचार की गाथाएँ तो आ रही हैं, लेकिन ये साहित्य हिजेमोनिक काउंटर है, हिजेमोनिक बन रहा है। साहित्य-संस्कृति का वर्चस्व बनेगा। यह तब बनेगा जब दलित केवल दलितों के बारे में नहीं लिखेंगे, सबके बारे में लिखेंगे। साहित्य नें वैकल्पिक सत्ता के रूप में ये सारे आये। वैकल्पिक सत्ता तब बनती है जब शोषण सहते हुए वर्ग केवल सीमित जीवन के बारे में न लिखें। मार्क्स ने कहा था कि मज़दूरों की पार्टी मज़दूर क्रान्ति करेगी। क्रान्ति से मज़दूर अपने आपको आज़ाद करेगा और अपने साथ सारे समाज को आज़ाद करेगा, पूँजीपति को भी आज़ाद करेगा। तब वो मानववाद होगा, सच्ची क्रान्ति होगी। वर्ना आपने अपने को तो आज़ाद करवा लिया पर दूसरे आज़ाद नहीं हुए। औरतें औरतों को आज़ाद करेंगी तो आज़ादी क्या होगी—आधी-अधूरी। दलित यदि दलित को आज़ाद करेगा तो बाक़ी समाज तो पड़ा रहेगा, बल्कि पड़ा नहीं रहेगा, फिर दबाने के लिए आ जायेगा। इन दलितों का अपनी व्यथा-कथा कहना, स्त्रियों का अपनी व्यथा-कथा कहना, ये उच्चवर्ग का मनोरंजन बनकर न रह जाय।

व्यथा-कथा से सिर्फ़ 'पीड़ा साहित्य' पैदा हो रहा है। जिस दिन रोना बन्द करके चुनौती बनेंगे उस दिन आप रोयेंगे और वो हँसेंगे। यही स्थिति पैदा होगी। और ये स्थिति पैदा करने के लिए आप अगर सोचते हो कि बड़ा लेखक जब तक कोई नहीं आयेगा, कोई कबीर नहीं आयेगा, कोई तुकाराम नहीं आयेगा तब तक साहब हम लोग क्या करेंगे। ब्रेस्ट की एक कृति याद आती है। 'लाइफ़ ऑफ़ दि गैलीलियो' एक मशहूर और बहुत अच्छा नाटक है। नाटक के आख़िर में गैलीलियो से उसका चेला आन्द्रे जेल में मिलने आता है। आन्द्रे कहता है कि, "अभागा है वह देश जहाँ कोई हीरो नहीं है।" इस पर गैलीलियो कहता है कि अभागा है वो देश जिसे हीरो की ज़रूरत है। हम लोग हीरो के कारण मारे गये। इन्दिरा जी आयी थीं दुर्गा बनकर। क्या हुआ? जवाहरलाल नेहरू हीरो थे। हीरो लेकर के क्या करेंगे हम लोग? कभी-कभी ज़रूरत होती है अब ज़माना गया। आम आदमी, साधारण अवाम इसी के बीच से हुआ। गैलीलियो के शब्दों में कहूँ 'अभागा है वो देश जिसे हीरो की ज़रूरत है।' हीरो ढूँढ़ने निकलेंगे तो आपको बाल ठाकरे मिलेंगे। और कांशीराम मिलेंगे। इसलिए अगर आप सोचते हो कि हाय! आज मुक्तिबोध न हुए, नहीं हुए शरतचन्द्र, नहीं हुए निराला और नहीं हैं प्रेमचन्द। हम लोगों का मुँह बन्द करने के लिए वे लोग जिन्होंने प्रेमचन्द को पढ़ा नहीं है, वे कहते हैं कहाँ हैं प्रेमचन्द? कहाँ हैं रवीन्द्रनाथ? कहाँ हैं सुब्रमण्यम भारती? लोग पढ़ते ही कहाँ हैं?

वर्तमान चुनौतियों का सामना करने के लिए वह परिप्रेक्ष्य हमारे सामने स्पष्ट होना चाहिए जिसके तहत हम किसी छोटे विषय पर लिखते हैं। दूसरा यह कि हमें साहित्य में आज हीरो की ज़रूरत नहीं है, तीसरी चीज़ यह है कि शब्द की ताक़त का अहसास रहे। ये कमज़ोर का हथियार है। हमारे पास अहिंसक अस्त्र अगर कोई है तो वह है—शब्द। कमज़ोरों का हथियार जो है हमारे पास तो शब्द ही हैं। लेकिन ये ऐसा हथियार है कि कभी-कभी 'फूल की पत्ती से कट सकता हीरे का जिगर'। कभी-कभी हीरे का जिगर भी फूल की पत्ती से कटता है। कम-से-कम हम लोगों का ये अकीदा रहा है, और यह हमारा वहम हो, गुमाँ हो, लेकिन ये वहम और गुमाँ जो है, ये जब तक है, तब तक मैं उम्मीद करता हूँ। करता रहूँगा।

दूसरा व्याख्यान

बहुत सारे लोग अपने समय में लिखी जा रही कविता से नाख़ुश रहते हैं। वे पुरानी कविताओं के बारे में ऊँची राय रखते हैं। आज मैंने कुछ अपरिचित कवियों की कविताएँ सुनीं। इन्हें सुनकर, मन में आया कि उन सबसे पूछूँ क्या आजकल की कविता में वो सब नहीं है? मेरा ख़याल है कि अतिमा की कविता सुनकर उनकी यह शिकायत दूर हो जानी चाहिए। अभी भी ऐसे कवि हैं जो जी-भर कर जीवन जीने का अहसास कराते हैं। ऐसी कविताएँ हैं। मैं उन कवियों के बारे में बस इतना कहना चाहता हूँ कि बचपन में हम लोग इन्तज़ार नहीं करते थे कि अमरूद जब पकेगा तभी खायेंगे। कच्चे को भी खाने का मन करता था। उसका भी अपना ज़ायका हुआ करता था। कचास की अपनी विशिष्टता है। कचास का अहसास गुंजन और अतिमा की कविताओं में है और उस कचास की कचाई का अपना स्वाद है। इसके लिए उन्हें बिल्कुल किसी तरह की शर्मिन्दगी नहीं होनी चाहिए। ज़िन्दगी के कुछ अनुभव ऐसे होते हैं कि जिनको अगर बहुत पका दीजिएगा तो वे ख़राब हो जायेंगे। बहुत पकाया हुआ गुड़ बहुत ख़राब भी हुआ करता है। थोड़ी कचाई रहनी चाहिए तभी खाने का मज़ा है। इसलिए कविता पकेगी उम्र के साथ, अपने अहसास के साथ, तजुर्बे के साथ तो आपको भी एक तड़प होगी कि अब वैसी कच्ची कविताएँ लिखूँ पर आप लिख नहीं पायेंगे। इसलिए क़लमबद्ध कर देना चाहिए अपने उन कच्चे अनुभवों को, संवेदनाओं को।

आख़िर में मैं एक और बात कहना चाहता हूँ। मैं किसी म्यूज़ियम या आर्ट गैलरी में जाता हूँ। वहाँ एक ही आर्टिस्ट की एक से ज़्यादा तमाम तस्वीरें लगी

रहती हैं और एक के बाद एक इंप्रेशन कुछ इस तरह जमते जाते हैं कि वो चीज़ बदमज़ा हो जाती है। अक्सर मैं घूमते हुए किसी एक चित्र के सामने ठहर जाता हूँ और चाहता हूँ कि देर तक वो बस एक ही ख़याल बना रहे। मगर ख़याल से पैदा ख़याल होता है। मैं एक ही ख़याल चाहता हूँ। कविता में भी मुझे यह बात ज़रूरी लगती है।

आज दो कविताएँ मेरे दिमाग़ में टिकी रह गयी हैं। इसलिए नहीं कि अन्य कविताएँ अच्छी नहीं थीं। पर ये दो देर तक टिकी रहेंगी। मैं कुछ देर तक उन कविताओं के साथ जीना चाहता हूँ। एक आर.के. सिंह साहब की कविता, जो इस पूरी कार्यशाला की मेरी उपलब्धि हैं। मैंने पहली बार एक महत्त्वपूर्ण कवि को जाना है। विनोद जी को पहले से जानता रहा हूँ। कुछ कविताएँ विनोद जी की मैं पढ़ चुका हूँ—'सच हमने नहीं बनाये'। आज एक नये सिरे से जैसे वे कविताएँ मुझ तक पहुँचीं। उनकी कविता 'औरत का गीत' विशिष्ट है। मेरे ख़याल में हिन्दी में इस दौर में, समकालीन कविता में वैसी दूसरी कविता नहीं लिखी गयी है। आर.के. सिंह साहब की कविता 'नौकरशाह की मौत' को पढ़ते हुए, कई पुरानी कविताएँ याद आयीं। हर अच्छी कविता जो असर आपके मन पर करती है उसका एक रूप ये होता है कि आपको उसे पढ़कर के उससे मिलती-जुलती या उस तरह की कई चीज़ें याद आती हैं। यह याद उस कविता के मीनिंग को और उसके एक्सपीरियंस को गहरा करती है।

रघुवीर सहाय की एक कविता 'कुछ पते कुछ चिट्ठियाँ' मरघट के बारे में है। अद्‌भुत कविता है, जिन्होंने न पढ़ी हो, उस कविता को पढ़ें। मुझे तोलस्तोय की 'द डेथ ऑफ़ इवान इलीच' कहानी याद आयी। बड़ी अच्छी कहानी है। एक बड़ा कामयाब आदमी मर गया और तमाम लोग पहुँचे हैं। तोलस्तोय उसकी कहानी कहते हैं कि जब वो बीमार था और असमर्थ हो गया था तो उसे लगता था कि मैं तो ज़िन्दगी जी ही नहीं सका, अब अगर ज़िन्दगी मिलती तो दोबारा मैं जैसा चाहता था, वैसा जीना चाहता हूँ। 'द डेथ ऑफ़ इवान इलीच' कहानी दुनिया की महान कहानियों में है। आपने पढ़ी होगी। जिन्होंने न पढ़ी हो, उस कहानी को एक बार पढ़िए। मैं रघुवीर सहाय की इस कविता की तुलना 'द डेथ ऑफ़ इवान इलीच' कहानी से नहीं कर रहा हूँ। मैं बस यह कह रहा हूँ कि इसमें इतनी गूँज भरी हुई है। बहुत कम कविताएँ इस अहसास के साथ होती हैं। 'नौकरशाह की मौत' एक नौकरशाह की, एक आदमी की तरक्की की, बल्कि एक मनुष्य की नियति को बयान करती है। एक कामयाब आदमी की मौत में छिपी हुई जो हसरतें हैं, उनकी जो नाकामयाबियाँ हैं इस कविता में उन पर तीखी टिप्पणी हुई है। बहुत अच्छी कविता है।

बहुत पहले 1962-63 में ज्ञानोदय में मैं एक लेखमाला 'नयी कविता पर क्षणभर' लिख रहा था, जो लेखमाला अधूरी रह गयी थी। उसमें कविता में जो कुछ चीज़ें नहीं हैं, पर होनी चाहिए, उसके सम्बन्ध में मैंने एक लेख लिखा था। हम ये भूल ही गये थे कि कविता केवल गीत और गाना नहीं है बल्कि कविता कहानी भी कह सकती है। इसे हम लोग भूल ही गये हैं। आज की अनेक कविताओं में एक कहानी भी थी। इस दौर में हम लोग एक तरह के एमनीशिया (स्मृति भ्रंश) का शिकार हैं। हमारी याद्दाश्त खो गयी है। यादें हमारे पास नहीं रह गयी हैं और इसीलिए हमारी इन्सानियत खो गयी है। कविता यादों को सँजोती है। आज ज़्यादातर कविताएँ जो सुनीं, जो बेहतर लगीं और जो याद हैं, यादों की शक्ल में आती हैं। ये यादें नॉस्टेल्जिया नहीं हैं बल्कि ये यादें हमारी चेतना और संवेदना का, सेंसिबिलिटी का विस्तार करती हैं। एमनीशिया के इस दौर में जहाँ हमें अब कुछ नहीं याद आता, इस दौर में कविता उस दौर को ज़िन्दा कर सके, याद कराये हम लोगों को—यह भी उसका काम है। ख़ासतौर से मैं कहना चाहता हूँ कि इस अर्थ में ये प्रोग्रेसिव हैं। ये ह्यूमन कविताएँ हैं। ये नयी पीढ़ी जो बीस-पच्चीस साल की है, इसको कुछ भी याद नहीं है, वह चाहे हिन्दुस्तान की हो, चाहे अमेरिका की हो, या चाहे इंग्लैंड की हो। इनके पास न कोई अतीत है और न ही इनका कोई भविष्य है। वर्तमान ही इनके लिए अतीत हो गया है। मैं कोई तकरीर न करके यह कहना चाहता हूँ कि जो चीज़ बार-बार मेरा ध्यान खींचती रही है, यादों की शक्ल में कुछ कहानियाँ, कुछ लोग जीते-जागते, उनके ज़रिये ये कविता वो काम कर रही है जो हिन्दी कविता एक अरसे से नहीं कर रही थी। कविता से लिरिक्स रह गयी थी। जैसे उर्दू शायरी, मॉडर्न उर्दू शायरी सिर्फ़ ग़ज़ल ही ग़ज़ल की होती तो बड़ी ग़रीब होती। अगर नज़्में न होतीं तो फिर महादेवी के गीत जैसे गीत लिखे जाते और महिलाएँ या पुरुष ज़ोर-ज़ोर से रोते रहते तो मैं समझता हूँ कि कविता ज़िन्दगी का एक छोटा-सा कोना होती और बहुत चीज़ें कविता नहीं कहतीं। ये आज की कविता सुनते हुए मुझे लगा कि कविताएँ हाशिए से हटकर के केन्द्र में आ रही हैं। मुझे महसूस हो रहा था कि उपन्यास और कहानियों के बाद कविता केन्द्र में रह-रहकर हाशिए पर चली गयी है। मुझे लगता है कि वो ज़मीन फिर से कविता कैप्चर कर रही है, जो किसी ज़माने में किया करती थी। ये तीन-चार सौ साल में छूट गयी थी, इसलिए इसकी मैं दाद दूँगा और मुझे अच्छा लगा।

दो छोटी-छोटी बातें कहकर ख़त्म करूँगा। अज्ञेय जी ने कभी टिप्पणी की थी कि छोटी कविता में पैराफ्रेज़ का बड़ा भारी ख़तरा होता है। उन्होंने उदाहरण दिया, जयशंकर प्रसाद की एक कविता का, जिसकी पंक्तियाँ हैं—'जो घनीभूत पीड़ा थी मस्तक में स्मृति सी छायी, दुर्दिन में वह आँसू बनकर आज बरसने आयी।' घनीभूत पीड़ा मतलब कंडेंस फॉर्म में जो पीड़ा है, उसे कंडेंस रूप में ही आप पेश करें। अगर आपने उसको फैलाकर कहना शुरू किया तो फिर वो पोएम नहीं रही वो पैराफ्रेज़ हो गया। इसके बाद फिर वो आँसू, वो पीड़ा घनीभूत नहीं रहेगी, झड़ी लग जायेगी बरसात की तो फिर वो पीड़ा भी ग़ायब हो जाती है, कम हो जाती है। हम भूल जाते हैं लिखते हुए, समझते हैं कि मुसलसल पोएम ही लिख रहे हैं, लेकिन हमारे अनजाने ही वो कविता का पैराफ्रेज़ होती चली जाती है। नये कवियों को इससे बचना है। ये देखना है कि कब कौन-सी कविता एक या दो लाइन में ख़त्म हो सकती थी। लेकिन ये हमारी ज़िद होती है कि हम समझाकर रहेंगे साहब कैसे नहीं समझेंगे। और उस समझाने के चक्कर में ये हादसा होता है। मेरा ख़याल है कि इसे सीखने की ज़रूरत है।

दूसरी बात मैं कहना चाहता हूँ कि जो कविता-कहानी है, सबके लिए लागू होती है। मेरी समस्या यह है कि जो एक्सपीरियंस है वो एक ऐसे धागे के गुच्छे की तरह आता है जिसका सिरा नहीं होता कहीं कि कहाँ से शुरू करें? बहुत वक़्त लगता है, मुझे बड़ी परेशानी होती है। आप हड़बड़ी में धागे को खोलने की कोशिश करेंगे और अगर सिरा आपको नहीं मिला तो आप और उलझाते होते चले जायेंगे, गाँठें पड़ती चली जायेंगी। उसमें उस अनुभव का जो मुँह है, जैसे एक घाव हो, एक फोड़ा हो, जिसके मुँह का पता न हो तो आप फिर उसको ऑपरेट नहीं कर सकते। क्या करें? जो अच्छी कविताएँ थीं, आप देखिएगा, वो उठान जो उनकी होती है, जहाँ से वो शुरू करते हैं, वो उठान ही उस पूरी कविता के ढाँचे का निर्धारण करती है। एक और दूसरी बात ये कि बहुत से लोग होते हैं जो ब्रेक लगाना नहीं जानते, कार चलाना सीखते समय यह बताना बहुत ज़रूरी है कि कहाँ और कब ब्रेक लगाना है। ब्रेक लगाना भी आना चाहिए। आप ख़त्म कहाँ करेंगे? बोलते हुए और लिखते हुए भी। आप इसे प्रायः भूल जाते हैं। यह सिर्फ़ नाटक के लिए ज़रूरी नहीं है। नाटक के लिए तो बहुत ज़रूरी समझा जाता है कि नाटक का अन्त आप कहाँ करते हैं—ट्रेजिडी या कॉमेडी। ये बात एक छोटी कविता के लिए भी लागू होती है। भले ही वो पाँच पंक्ति की हो। कहाँ आर.के. सिंह ने कविता ख़त्म की, विनोद ने कहाँ कविता ख़त्म की, आप इस पर नज़र डालें।

आख़िरी बात वो ये है इन कविताओं के बारे में कि ये अच्छी हैं या बुरी हैं, ये मेरे सर्टिफ़िकेट की मोहताज नहीं हैं। हमारा पोता हमारे घर की कई घड़ियाँ ख़राब कर चुका है। इससे भी उसको सन्तोष नहीं होता। वो खोल कर उसके पुर्ज़ों को अलग-अलग कर देता है और फिर उनको बिठाने में उसे मज़ा आता है। कविता की आलोचना भी ऐसी है। वो जो बच्चे का खेल है न, कि एक अच्छी साबुत घड़ी में बच्चा केवल वक़्त नहीं देखता खोल के उसके पुर्ज़ों को फिर से फिट करने की कोशिश करता है। हम लोग आलोचना की भाषा में उसे रचना प्रक्रिया कहते हैं। हर कविता की आलोचना यूँ ही होती है। जैसे घड़ी के पुर्ज़े खोल-खोलकर, बिठाकर, ठीक करने में बच्चे को जो मज़ा आता है, इन कविताओं को पढ़ते हुए बार-बार जी होता है कि उस बच्चे की तरह ही घड़ी के पुर्ज़ों की तरह ही खोलकर कविता का ढाँचा देखूँ कि कहाँ कब और कैसे बननी है। कौन शब्द किस जगह कहाँ इस्तेमाल किया गया है। ये कहकर मैं कहना चाहता हूँ कि कार्यशालाओं का एक मक़सद होना चाहिए, घड़ी के पुर्ज़ों को खोलने की कला सीखना। अच्छी लगी या बुरी लगी, ये कहने से कोई बात नहीं बनती, किसी कवि को उससे सन्तोष नहीं होता। आप ने अन्दर जा के उसको खोल के देखने की कोशिश की कि नहीं, झाँकने की कोशिश की कि नहीं, अगर ये करें तो मैं समझता हूँ कि वो सुख जो है तारीफ़ का, वह मिलेगा। और कवि को इससे सन्तोष न हो सकता है, न वे इसके मोहताज हैं और न ही वे चाहते हैं कि आप कहें कि बहुत अच्छी लगी। समझे जाने का सुख ज़्यादा बड़ा सुख है। गाने वाला आदमी कहाँ मुरकी लगाता है, उसको अगर आप समझ गये तो वो समझता है कि मैं धन्य हो गया। कार्यशालाओं में रचनाओं पर बात करते समय रचना प्रक्रिया की समझ विकसित करना ज़रूरी है। चूँकि रचनाकार हमारे सामने होता है, इसलिए उससे मदद लें कि भई हम कोशिश कर रहे हैं ज़रा आप बताइए, थोड़ी मदद कीजिए—हो नहीं पाया इस बार पूरी तरह, कुछ-कुछ हुआ और ऐसा भी नहीं है कि एकदम हुआ ही नहीं, लेकिन ये तो मेरा ख़याल है कि इससे कार्यशालाओं में लिखने वालों के लेखन में तो सुधार होगा ही, जो नहीं लिखते हैं, शायद वे भी लिखने लगेंगे। ये भी बातें होंगी। इन शब्दों के साथ मैंने बहुत सारी चीज़ों को जानबूझकर छोड़ दिया है, और अनकही रहने दिया है, क्योंकि कविताएँ भी ये इशारा करती हुई अनकही बातें छोड़ गयीं।

तीसरा व्याख्यान

मैं कुछ भी कहने से पहले अपने बड़े भाई और हम सबके श्रद्धेय नारायण सुर्वे के चरण स्पर्श करता हूँ। हम सेक्युलर लोगों के लिए आवश्यक नहीं कि ईश्वर को प्रणाम के साथ आरम्भ करें या समाप्त करें। हमारे लिए मनुष्य ही कवि हो सकता है, ईश्वर कवि नहीं हो सकता है, इसलिए मैंने नारायण सुर्वे के चरण स्पर्श किये हैं। निराला ने रैदास पर जो कविता लिखी है, उसे आप स्मरण करें। निराला ने कविता में रैदास का चरण स्पर्श किया है– 'चरण छूकर, कर रहा हूँ मैं प्रणाम, ज्ञान गंगा के समुज्ज्वल चरमकार।' पण्डित सूर्यकान्त त्रिपाठी निराला ने सिर्फ़ एक कवि का चरण स्पर्श किया है और वो हैं महाकवि सन्त रविदास (रैदास)। हम लोगों का ये सौभाग्य है कि नारायण सुर्वे हमारे साथ हैं। वे मराठी के ही कवि नहीं हैं, बल्कि मराठी में लिखने वाले भारतीय कवि हैं। केवल कवि नहीं बल्कि जनकवि, ऐसे हैं, कवि जो केवल महाराष्ट्र के नहीं, राष्ट्र के कवि हैं।

आज की शाम यादगार शाम रहेगी। नारायण सुर्वे कविता पढ़ें और उसकी अध्यक्षता मुझे करनी पड़े और ऐसे श्रोता-बन्धुओं का साथ—यह मैं ज़िन्दगी-भर नहीं भूल पाऊँगा। इस समय जन्म लेना और इनका समकालीन होना हमारे लिए सार्थकता है।

मैं सिर्फ़ एक बात कहके इस अविस्मरणीय आयोजन का समापन नहीं बल्कि इसकी सम्पन्नता की घोषणा करूँगा। मुझे रूस के महान कवि अलेक्सांद्र पुश्किन की एक कविता याद आ रही है। कविता इस समय याद नहीं, इसलिए उसका भाव ही मैं आपको बताऊँगा। कविता का अंग्रेज़ी में शीर्षक है 'प्रोफिट', उसका अनुवाद बच्चन जी ने किया है। '64 रूसी कविताएँ' में उसका अनुवाद है। कविता कवि के बारे में है और याद रखें कि पुश्किन जैसे कवि की नज़र में कवि क्या होता है और क्या हो सकता है या क्या होना चाहिए? उसकी तस्वीर उसमें देने की कोशिश की है—मैं जंगल-जंगल भटक रहा था, अचानक वो देवदूत, वो फ़रिश्ता मिला और मैं उससे कुछ कहूँ इससे पहले उसने मुझे पटककर मेरी जीभ उखाड़ ली और उसकी जगह उसने साँप की कटी हुई जीभ डाल दी, फिर उसने तलवार निकालकर मेरा सीना चॉक कर दिया और धड़कते हुए दिल को निकालकर, उसकी जगह दहकता हुआ अंगारा रख दिया और कहा कि जा इसी तरह तू बुझे हुए दिलों में ये अंगारा दहका देना। इस समय नारायण सुर्वे की कविताओं को सुनते हुए, ये कविता मेरे ध्यान में आ रही थी। मीर ने जो कहा है न कि—'दाग दामन को टुक हिला कि दिलों की बुझी है आग'—जिस दौर से हम लोग आज गुज़र रहे हैं, दिलों की बुझी है आग, कोई सूरत, कोई विकल्प नज़र नहीं आ रहा है।

सब छटपटा रहे हैं। ऐसे समय जब दिलों की आग बुझी हुई हो, नारायण सुर्वे जैसे कवियों की ज़रूरत है कि वो कविता के ज़रिये दामन को टुक हिलायें, हो सकता है कि ये अंगारे दहक उठें। दोस्तो सही कहा उन्होंने, जो चीज़ गद्य में नहीं कही जा सकती है, कविता में कही जा सकती है। गद्य जहाँ ख़त्म होता है, कविता वहाँ से शुरू होती है। मैं समझता हूँ कि सही ऑर्डर (क्रम) यही है कि गद्य जहाँ ख़त्म हो कविता वहाँ से शुरू हो। इसे आप भरत वाक्य समझें।

(आयकर विभाग, मुम्बई द्वारा आयोजित कार्यशाला में दिये गये तीन वक्तव्य। अब तक अप्रकाशित। पहली बार प्रकाशित।)

ज़िन्दगी की किताब

मैं पुस्तक की लेखिका रक्षा (शुक्ल) जी से बिल्कुल भी परिचित नहीं हूँ। दिनेश नन्दिनी (डालमिया) जी को भी कम ही जानता हूँ। इस पुस्तक के माध्यम से उन्हें जान सका। घटनाएँ महत्त्वपूर्ण नहीं हैं, महत्त्वपूर्ण है व्यक्तित्व। इस पुस्तक से वही व्यक्तित्व हमारे सामने आया है।

इस पुस्तक में प्रस्तुत की गयी रचनाएँ एक कठपुतली की आत्मकथा की कड़ियाँ हैं। कठपुतली, अपने जीवन पर जिसका कोई अधिकार नहीं, कोई नियन्त्रण नहीं। लेकिन वास्तव में वह कठपुतली नहीं है। यह एक ऐसी कठपुतली की आत्मकथा है जो कठपुतली नहीं है। ये विरोधाभास इस पुस्तक में है। यह पुस्तक विरोधाभासों से भरी हुई है। कठपुतली, जिसकी असाधारणता के बोझ तले भाई-बहन, सन्तान कोई भी नहीं पनप पाया। शायद यही अपराध-बोध उन्हें सबके प्रति उदार बनाता है। आप इस वाक्य पर ध्यान दीजिए—'अपराध-बोध आदमी से बहुत सारे अनाचार कराता है।' अपराध-बोध वाला हत्यारा भी होता है, अपराध-बोध किसी को उदार बनाये, यह व्यक्तित्व की ख़ूबी है। अपराध-बोध उनमें है, बच्चों के प्रति, परिवार के प्रति कि कोई मेरी वजह से पनप नहीं सका। ये अपराध-बोध है। कोई दूसरों को स्नेह दे, प्यार दे और उस स्नेह और प्यार के बोझ से कोई आदमी विकसित न हो सके, ये अपराध-बोध आदमी को हो तो दरअसल अपराध-बोध में आत्मग्लानि होती है। ऐसी आत्मग्लानि बहुत आत्मघाती होती है। लेकिन, ये आत्मघात उनको उदार बनाता है, उन पर सुरक्षा और कृपा दृष्टि बरसाता है, जो सबके स्वतन्त्र विकास में और भी बाधक होता है और दोष की यह शृंखला खिंचती चली जाती है।

ज़रूरी नहीं कि कोई महान हो तो दरियादिल भी हो—महान कभी-कभी बड़ा निरंकुश हुआ करता है—यह नहीं भूलना चाहिए। वह निरंकुश भी होता है और कभी-कभी कठोर भी होता है। प्रसाद ने लिखा है—'महत्त्वाकांक्षा का मोती निष्ठुरता की सीपी में पलता है'। महान निष्ठुर भी होता है।

महानता की दरियादिली में औरों की नहीं स्वयं उनकी अस्मिता ऐसे खो जाती है जैसे गंगा जी में डुबकी लगाती हुई स्त्री की नाक की कील। ये नाक की कील अस्मिता है। जैसे स्त्री के सुहाग का चिह्न उसका स्वाभिमान हुआ करता है, उसी तरह से वह नाक की कील अलंकरणीय नहीं है बल्कि उसकी अस्मिता है, और अस्मिता का यह तर्क (राजेन्द्र) यादव की 'संस्कृति' (की व्याख्या) के अनुसार अहंकार भी होता है। 'अहं अस्मि' जो कहते हैं, तो मैं हूँ, ये अहंकार है कि नहीं? मैं भी पूछूँ कि क्या अस्मिता उसी को कहते हैं? इसलिए व्यक्तित्व के इस पहलू को जो उनकी (दिनेश नन्दिनी जी की) कृतियों को पढ़ते समय मैं नहीं पकड़ सका था। रक्षा ने उनके व्यक्तित्व के इस पहलू को और इस विरोधाभासी रूप को पकड़ा है। ये विरोधाभास अधिक महत्त्वपूर्ण है वर्ना वो व्यक्तित्व और सपाट होगा। इस पकड़ के लिए रक्षा जी को मैं दाद दूँगा।

चिर अपरिणीता पन्द्रहवें अध्याय में है। प्रथम प्रणय निवेदन की अस्वीकृति इस अबोध बालिका को असमय ही परिपक्व कर वयस्क बना देती है। वो महत्त्वपूर्ण क्षण है। किसी के भी जीवन में घटनाएँ बहुत होती हैं लेकिन उनका एक निर्णायक क्षण हुआ करता है। और उसके सारे जीवन में वो क्षण चलता है। 13 वर्ष की किशोरी ने एक अधेड़, सुन्दर, विधुर पुरुष से प्रणय निवेदन किया था और उन्होंने उसे अस्वीकार कर दिया। स्त्री के लिए बहुत महत्त्वपूर्ण घटना है। पहले तो वह पहल नहीं करती है। पहली बार उसने अबोध रूप में प्रस्ताव रखा और वह अस्वीकृत हो गया। उस अस्वीकृति ने उसी उम्र में उसको परिपक्व बनाया और वयस्क बनाया—यह व्यक्तित्व का एक दूसरा महत्त्वपूर्ण पहलू है। स्त्रियों में कभी-कभी होता है कि जीवन की घटनाएँ उनको कम उम्र में वयस्क बना देती हैं, परिपक्व बना देती हैं। कुछ पुरुषों और कुछ ग़रीब घर के बच्चे भी ऐसे होते हैं कि जीवन की मार पड़ती है तो 13-14 साल की उम्र में एकदम बालिग हो जाते हैं। आघात आदमी को परिपक्व बना देते हैं। उस किशोरी के जीवन में यही वह आघात था। उस आघात ने ही उसे वयस्क बना दिया। उस घटना से निष्कर्ष जो उन्होंने निकाला है वो महत्त्वपूर्ण है, जो जीवन में आगे भी चलता है। उस प्रथम प्रेमी को 'सत्य पुरुष' नाम दिया है। सम्भवतः यह सत्य दिनेश नन्दिनी जी का ही होगा। 'सत्य पुरुष' की परिणीता न बन पाने वाली इस चिर प्रेमिका के लिए क्या यही सत्य पुरुष उनका परिणीत है जिनकी वह चिर अपरिणीता हैं? उत्तर में तीन बार कहा गया है—हाँ, हाँ, हाँ। पुस्तक के शीर्षक का क्या अर्थ है अगर आप सुनना चाहें तो यहाँ देखें कि क्यों 'चिर अपरिणीता' कहा है। अपरिणीता कहा है, ऐसे अपरिणीता जो परिणीता है, परिणीता उसकी नहीं है जिससे सचमुच

शादी की है। परिणीता उसकी है जो सत्य पुरुष है, जिसने अस्वीकार कर दिया है। जिससे परिणय नहीं हो सकती इसके लिए वह अपरिणीता है लेकिन परिणीता तो उसी की है, आत्मा तो उसी की है। इस सत्य का खुलकर उद्घाटन रक्षा की इस पुस्तक में हुआ है। दिनेश नन्दिनी जी की अन्य पुस्तकों में इस तरह खुलकर यह सत्य मेरी जानकारी में नहीं आया है। हो सकता है उनके दूसरे पाठकों और पाठिकाओं को यह आभास हुआ हो। इसका श्रेय रक्षा जी को है। इस परिणीता फिर अपरिणीता ने जीवन के कुछ ऐसे सत्य कहे हैं जो क्षेत्र वर्गीत हैं।

इस पुस्तक में ऐसे अनेक विषयों पर मौलिक और स्वतन्त्र विचार व्यक्त किये गये हैं जो हिन्दी साहित्य में इस तरह कहीं और व्यक्त नहीं हुए हैं। उतने मौलिक, स्वतन्त्र और मुक्त विचार मैंने तो नहीं देखे हैं, जितना मैं पढ़ता रहता हूँ, फिर चाहे वो पुरुष लेखक हों या स्त्री लेखक हों। मातृत्व की बड़ी गरिमा गायी जाती है। मातृत्व के बारे में दिनेश नन्दिनी जी ने एक सूत्र वाक्य कहा है—'मातृत्व अपने मूल रूप में एक शारीरिक धर्म है।' ये बात यदि कोई पुरुष कहे तो वह स्त्री विरोधी मानी जाती। सन्तति आप वंश वृक्ष के लिए, वंशावली बढ़ाने के लिए करते हैं। दिनेश नन्दिनी जी के अनुसार यही स्त्री धर्म है। इसलिए यदि स्त्री बाँझ होती है, बन्ध्या हो जाती है तो उसकी क़द्र घट जाती है क्योंकि वह शारीरिक धर्म का निर्वाह नहीं कर पा रही है। मातृत्व अपने मूल रूप में एक शारीरिक धर्म है– यहाँ 'मूल रूप' शब्द' ध्यान देने योग्य है। यदि मूल रूप हटा देंगे तो अनर्थ हो जायेगा। इसलिए ये जो बड़ा यशोगान है, ये जो माँ-माँ करते पूजते हैं, ढोंग है, पाखण्ड है। स्त्री में मातृत्व की क्षमता न हो तो अनादर पाती है, पति के द्वारा भी और परिवार के द्वारा भी। ये शारीरिक धर्म है। यह एक अत्यन्त वयस्क और 13 साल की उम्र में परिपक्व और वयस्क हो गयी महिला का वक्तव्य है।

प्रेम एक चिरन्तन सत्य है उसमें सफल-असफल जैसा कुछ है ही नहीं। जिसे हम प्रेम की असफलता कहते हैं, वह वास्तव में उसकी सफलता ही होती है। प्रेम तो वहीं होता है। 'सत्य पुरुष' से प्रेम मैटेरियालाइज़ नहीं हुआ, जिसको व्यावहारिक अर्थ में सफल कहते हैं, वह नहीं हुआ है। तो इससे वह असफल नहीं हो जाता, व्यर्थ नहीं चला जाता, निरर्थक नहीं हो जाता। और फिर प्रेम की यह सफलता आत्मघाती होती है। बहुत से प्रेम-विवाह असफल हो जाते हैं। कृपया विवाहों का इतिहास देखकर आप कहें। क्योंकि लौकिक प्रेम चाहे जितना प्रगाढ़ हो, अस्थायी भी होता है। यह वाक्य ध्यान देने योग्य है कि जो इसे एक सुन्दर और रोचक खेल की तरह खेलते हैं और खेल के नियमों का पालन करते हैं

वे कुशल खिलाड़ी की तरह सफल होते हैं, और शायद सराहे जाते हैं। फ़िराक़ का एक शेर याद आता है:

जो कामयाब हैं दुनिया में, उनको क्या कहिए।
है इससे बढ़कर और भले आदमी की क्या तौहीन।

बहुत सारे लोगों ने प्रेम किया, विवाह हो गया, सफल रहे, बच्चे पैदा किये, नौकरी की, और मर गये। सुखी-सुखी मर गये। उन्हें कामयाब माना जायेगा मगर ज़िन्दगी की आदत नहीं रही कि क्या यही ज़िन्दगी है? उनकी सफलता दुनिया को क्या मालूम, इसलिए सफलता पर ऐसी लेखिका और ऐसी महिला दिनेश नन्दिनी जैसी टिप्पणी कर सकी हैं, वही कर सकती हैं। मैंने यह टिप्पणी प्रेम की कहानी लिखने वाली किसी लेखिका या किसी लेखक की क़लम से निकलते नहीं देखी। रक्षा जी के प्रति ऋणी होना चाहिए कि यह वाक्य उन्होंने निकलवा लिया।

इस पुस्तक के सन्दर्भ में समलैंगिकता का ज़िक्र किया गया है ज़िक्र आया है सम्भवतः दीपा मेहता की कहानी 'फायर' के सन्दर्भ में। समलैंगिकता की रक्षा जी ने अपनी ओर से सख़्त आलोचना की है। समलैंगिकता एक विद्रोह के रूप में यह पश्चिम से आयी है। इसको वैध मानते हुए इसे कई जगह क़ानूनी शक्ति भी प्राप्त हो गयी है। हमारे यहाँ अभी क़ानून बनना तो बहुत दूर की बात है, यह समाज द्वारा स्वीकृत नहीं है, बल्कि घृणा से लोग इसकी ओर देखते हैं। विरोध भी लोगों ने किया। पुस्तक में इस पर लम्बी बहस है। आवेश में आवेश का मतलब है कि वो इस पर संवेदनशील हैं। इसके बारे में सोचती हैं टिप्पणी करती हैं : 'समलैंगिकता को विकृत मानना, आज के युग में अपराध है। समलैंगिकता अपराध नहीं है उसको विकृत मानना अपराध है। इसका विरोध करना, किसी के व्यक्तिगत जीवन में हस्तक्षेप कर उसकी स्वतन्त्रता के जन्मसिद्ध मानवीय अधिकार का हनन है।' और इस क्रम में लोगों ने कहा कि यह अप्राकृतिक है। अप्राकृतिक है, पर उन्होंने कहा है, टिप्पणी की है कि मनुष्य में प्राकृतिक प्रवृत्तियाँ अपने मूल रूप में रह ही कहाँ गयी हैं? वंश वृद्धि को ही लो। जनसंख्या को ही लो। जनसंख्या की विस्फोटक वृद्धि को देखते हुए क्या हम उस पर प्राकृतिक नियन्त्रण कर पाये हैं? क्या मनुष्य का विषम लिंगी व्यवहार प्राकृतिक है? क्या बलात्कार प्राकृतिक है? क्या पशुओं में बलात्कार होता है? क्या दहेज लेना प्राकृतिक है? क्या भ्रूण-हत्या प्राकृतिक है? यानि हम इतने अप्राकृतिक कार्य करते हैं पर अप्राकृतिक सिर्फ़ समलैंगिकता को मानते हैं। बाक़ी चीज़ों को प्राकृतिक मानते हैं। वे यही नहीं रुकतीं, सवाल पूछती हैं कि आज का हमारा समाज चाहता ही

नहीं कि लड़की जन्म ले, वो उसके जीवन को निर्धारित करने वाला होता कौन है। प्राकृतिक यह है चाहे लड़की पैदा हो या लड़का पैदा हो उसे धरती पर आने दें। अब आप अप्राकृतिक ढंग से परीक्षण करवाते हैं। उसका नतीजा यह हो रहा है कि ऐसे समाज में लड़कियों की संख्या कम हो रही है और पुरुष बढ़ते चले जा रहे हैं। कहने की कोशिश कीजिए कि साहब यह अप्राकृतिक है। देखिए पशुओं में ऐसा नहीं होता है।

उनकी एक अन्य टिप्पणी बहुत महत्त्वपूर्ण है। यह भी मैंने दिनेश नन्दिनी जी के मुँह से सुनी है। और कहीं लिखा हुआ मैंने नहीं देखा। दाम्पत्य जीवन पर टिप्पणी है। और ये वो माँ कह रही है जिसकी सात सन्तानें हुई हैं: 'स्त्री-पुरुष का दाम्पत्य सम्बन्ध, समानता का नहीं है, नहीं होता। उपभोक्ता-उपभोग्य का होता है।' स्त्री और पुरुष का यह सम्बन्ध अमूमन बराबरी का होता है। आज के दौर में समाज इतना उपभोक्तावादी हो गया है कि दाम्पत्य सम्बन्ध भी उसका शिकार है। यह आज की सभ्यता का बहुत बड़ा संकट है। हम स्वीकार नहीं करते। हम एक ऐसे पाखण्ड में जीवित रहते हैं जिसमें हम कहने के लिए कहते हैं कि हम बराबर के हैं। लेकिन क्रमशः ये सम्बन्ध एक स्त्री को महसूस कराते हैं कि मैं भोग्या हो गयी हूँ। संस्कृत में कहा गया है कि 'वीर भोग्या वसुन्धरा'। भोग्या संस्कृत का ही शब्द है। आज इस दौर में स्त्री एक भोग्या है। भ्रम में उसको रखा जाता है कि वह बराबर है। इसी सन्दर्भ में उन्होंने कहा है कि समलैंगिकता क्यों वैध है? स्त्री अपने सुख के लिए पुरुष पर निर्भर रहे, ये क्यों इतना ज़रूरी है? ये बड़े ही विस्फोटक प्रश्न हैं, क्रान्तिकारी हैं और झकझोर देने वाले हैं। इस पर सोचने की आवश्यकता है। मैं फिर कहूँगा इसका श्रेय रक्षा जी को है। रक्षा जी ने ऐसे प्रश्न पूछकर, उनको उत्तेजित करके, उनके अन्दर के जो विचार हैं वो सामने ला सकी हैं। इसके लिए मैं तो ऋणी हूँ शायद आप में से बहुत से लोग उनके ऋणी होंगे।

अन्त में एक और बात! पुस्तक के आरम्भ में एक अध्याय है, जहाँ चर्चा हुई है कि यह आत्मकथा है या क्या है, आदि-आदि। इसमें आपबीती भी है और जगबीती भी। हिन्दी की पहली आत्मकथा जो उपन्यास भी शायद हो सकता है, वह भारतेन्दु हरिश्चन्द्र की एक कहानी 'कुछ आपबीती कुछ जगबीती' है। उपन्यास की इससे अच्छी परिभाषा मुझे नहीं मिलती। हर उपन्यास कुछ आपबीती होता है, कुछ जगबीती होता है। इसलिए कुछ उपन्यासों को हम आत्मकथात्मक कहते हैं। 'शेखर एक जीवनी' ही नहीं 'बाणभट्ट की आत्मकथा' भी आत्मकथा है, सिवाय ऐतिहासिक पन्ने के। और यह किताब कितना आपबीती है और कितना

जगबीती है, इसको लेकर के मैं एक बात कहना चाहता हूँ। पुस्तक में आपबीती नाम का एक अध्याय है। चौथा अध्याय। चौथे अध्याय में एक बहुत ही मारक वाक्य है– 'तुम मेरी आपबीती लिखो।' आपबीती तो स्वयं लिखता है कोई आदमी। ये विडम्बना है। इसमें किसी से कहना कि तुम मेरी आत्मकथा लिखो, ऐसे ही है जैसे उससे यह कहना कि तुम ज़रा सुसाइड कर लो।

ये पुस्तक पढ़ते हुए एक साथ ही हम हँसते रहते हैं और कहीं-न-कहीं आँखें नम भी हो जाती हैं। विधा क्या है, यह अकादमिक कार्य करने वाले अध्यापक कक्षा में बहस करेंगे। ये एक ज़िन्दगी की किताब है और जो डूबकर लिखी गयी है।

(रक्षा शुक्ल की दिनेश नन्दिनी डालमिया पर केन्द्रित पुस्तक पर 'ऋया' द्वारा आयोजित परिचर्चा की अध्यक्षता करते हुए, सम्भवतः 2005 में कभी दिल्ली में दिया गया वक्तव्य। परिचर्चा में श्री कमलेश्वर, डॉ. प्रभाकर क्षेत्रिय और प्रो. निर्मला जैन आदि उपस्थित रहे। अब तक अप्रकाशित। पहली बार प्रकाशित।)

संजीव : व्यक्ति और कहानियाँ

संजीव उस पीढ़ी से ताल्लुक रखते हैं जो आज़ादी के साथ पैदा हुई। इस पीढ़ी के लेखकों ने 70 के दशक में लिखना शुरू किया। उसे बीते भी 40 साल हो गये। यानी संजीव और इनकी पीढ़ी पिछले 4 दशक से कहानियाँ और उपन्यास लिख रही है। संजीव की कहानियों का मुख्य क्षेत्र बिहार, झारखण्ड, पश्चिम बंगाल से लेकर पहाड़ (गढ़वाल) है। यहाँ के जीवन का ठेठपन उनकी कहानियों में उतरा है। वे हिन्दी के वरिष्ठ कथाकार हैं इसमें किसी शक की गुंजाइश नहीं। 62 साल की उम्र तक दस उपन्यास और तकरीबन दो सौ कहानियाँ लिख चुके हैं। और लगातार इनका लेखन जारी है। अच्छी बात ये है कि ज्ञानरंजन की तरह इन्होंने लिखना बन्द नहीं किया है।

मेरी राय में संजीव का मूल्यांकन करना भारी काम है। इसे इत्मीनान से करने की ज़रूरत है। मेरे ज़हन में इनकी जिस कहानी ने गहरी छाप छोड़ी, वो थी—'आरोहण'। मुझे याद नहीं पहाड़ में रहने वाले किसी लेखक ने ऐसी मज़बूत कहानी लिखी हो। संजीव पहाड़ के नहीं हैं। बावजूद इसके उन्होंने ऐसी अच्छी कहानी लिखी है जो किसी चमत्कार से कम नहीं है। इस कहानी में गढ़वाली भाषा का छौंक है जो उसे विशिष्ट बनाती है। कहानी एक ऐसे ख़ुद्दार भाई भूप सिंह की है जो पहाड़ में अकेले रहता है। भाई रूप सिंह के सवाल के जवाब में भूप सिंह अपने अकेलेपन को इस अन्दाज़ में नकारता है—"कौण कैता है, अकेला हूँ? ह्याँ माँ है, बाबा हैं, शैला है—सोये पड़े हैं सब। ह्याँ महीप है, बल्द हैं, मेरी घरवाली है, मौत के मुँह से निकाले गये खेत हैं, पेड़ हैं, झरणा है। इन पहाड़ों में मेरे पुरखों, मेरे प्यारों की आत्मा भटकती रहती है। मैं उनसे बातें करता रहता हूँ। मैं अकेला कहाँ हूँ।"...भूप ने अपनी भीगी पलकें ऊपर उठायीं, तो वे अन्दर जल रही थीं—"भौत इन्साफ किया तुम सभी ने मेरे साथ, भौत। अब माफ़ करो भुइला। मेरी खुद्दारी को बख़्श दो। अब तो ज़िन्दा रहने तक नयी बल्द उतर सकदिन, न हम।"

दरअसल, ये वो खुद्दारी है जो पहाड़ी लोगों में होती है। 'आरोहण' होगा शौक़ किसी के लिए, लेकिन यहाँ के लोगों के लिए वह जीवन का हिस्सा है। यहाँ के लोगों की खुद्दारी है। यह 'आरोहण' कहानी असल में खुद्दारी का ही बखान है। यह कहानी पढ़कर मेरे भीतर संजीव की गहरी छाप पड़ी। मैं चाहता हूँ कि वो इसी तरह की कहानियाँ लिखें। लेकिन उनके साथ सबसे बड़ी दिक़्क़त तथ्यों-ब्योरों के जंजाल में फँसना है। उनकी एक दूसरी कहानी है 'ब्लैक होल'। यह कहानी निम्न मध्यवर्ग के खोखलेपन पर व्यंग्य है। इसीलिए जानबूझकर उसी वर्ग की भाषा का इस्तेमाल किया गया है जो अपनी हीनता ग्रन्थि में फँसे अपने से ऊपर वालों की तरह दिखना चाहते हैं। आधी कहानी में तो ऐसा लगता है कि लेखक 'बिग बैंग' थ्योरी को समझाने की चेष्टा कर रहा हो। लगता है संजीव ने छात्र जीवन से लेकर नौकरी तक लैबोरेटरी से जुड़े रहने के अनुभव-जानकारी का इस कहानी में ज़बरदस्त उपयोग किया है। हिन्दी में निर्मल वर्मा और कृष्ण बलदेव वैद भी अपनी कहानियों में इतने अंग्रेज़ी शब्दों का इस्तेमाल नहीं करते जितना संजीव ने 'ब्लैक होल' में किया है। यहाँ तक कि अंग्रेज़ी के लम्बे मुहावरे भी हैं। इससे तो बेहतर यही होता कि इसे हिन्दी की बजाय अंग्रेज़ी में लिखा जाता। निम्न मध्यवर्ग अंग्रेज़ी का प्रयोग तो करता है मगर इतने ज़्यादा प्रयोग से कहानी उनके जीवन के आडम्बर को उद्‌घाटित करने से ज़्यादा भाषायी आडम्बर का शिकार हो जाती है। ऐसी मेरे जैसे नाचीज़ की समझ है। एक अच्छी कहानी अंग्रेज़ी की बहुलता से ख़राब हो गयी।

यथार्थ का मतलब यथार्थ का आभास देना होता है, उसकी नक़ल करना नहीं। वो आभास एक शब्द से भी हो सकता है। संजीव की कोशिश ज़्यादातर कहानियों, उपन्यासों में यथार्थ के ब्योरे देने की होती है, मानो वे कोई रिपोर्ट तैयार कर रहे हैं। तथ्यात्मकता इतनी हावी होती है कि इस प्रक्रिया में यथातथ्य का शिकार हो जाती है। छोटे-छोटे इतने ब्योरे होते हैं कि उनसे मनुष्य के आने वाले चरित्र ही ओझल हो जाते हैं। वस्तुओं, परिस्थितियों का विवरण उनकी कहानियों में बहुत ज़्यादा है। नतीजा होता है कि भावना पीछे छूट जाती है, कहानी मर्मस्पर्शी नहीं बन पाती है।

संजीव की तुलना उदय प्रकाश से इस मामले में नहीं की जा सकती। भले ही दोनों के यहाँ तथ्य और ब्योरे हैं। मगर उदय प्रकाश के यहाँ ब्योरे के साथ कलात्मकता और रचनात्मक उड़ान भी है। और सबसे बड़ी विशेषता है

उनकी भाषा जो डिटेल्स को दाल में कंकड़ की तरह गड़ने नहीं देती, बल्कि नमक की तरह उसमें घुल जाती है। मैं ऐसी आशा करता हूँ कि अभी भी संजीव में बहुत कुछ अनकहा बचा हुआ है और वे 'आरोहण' जैसी कई और कहानियाँ आगे लिखेंगे।

(पाखी, सितम्बर 2009 में प्रकाशित। बातचीत पर आधारित आलेख।)

शशांक की कहानी कला

था एक दौर, जब हिन्दी में नयी कहानी की चर्चा शुरू हुई और मैंने लेखमाला के रूप में एक कॉलम चलाया था। जब भैरवप्रसाद जी 'कहानी' का सम्पादन कर रहे थे। उन सबका संग्रह 'कहानी : नयी कहानी' नाम से छप चुका है। उसके बाद जो कहानियाँ पढ़ता रहता हूँ, पढ़ा हूँ उस पर कुछ कहने या लिखने का मौक़ा नहीं मिला है।

अब आप देखें कि था एक ज़माना कि तीन चीज़ें चलती थीं—कहानी, नयी कहानी और अकहानी। उसके समानान्तर—कविता, नयी कविता और अकविता। अब तीन चीज़ें हो चुकी हैं, चौथी कौन-सी चले और हो तो कैसी हो? इससे एक चीज़ झलकती है कि इन सारी सीमाओं को लाँघकर के कविता ही एक चीज़ आ गयी है। कविता, नयी कविता और अकविता से बिल्कुल भिन्न कविताएँ आज लिखी जा रही हैं। इसी तरह से जैसी कहानियाँ प्रचलित हैं, उन कहानियों से भी अलग, जिसको कहें एक ज़माने में कि प्रयोग, नये प्रयोग कहानी की कला में हो रहे हैं। मुझे लगा कि शशांक उन सारी सीमाओं से अलग हटकर के कुछ और नये ढंग की कहानी लिख रहे हैं।

इनमें ये नयापन क्या है? इसका गहराई से विश्लेषण करने वाले कई लोगों ने लेख लिखे हैं। इन कहानियों के बारे में लिखने के बहाने चुनौती है, वो यह है कि आमतौर से जो कहानियाँ मैंने पढ़ीं, जिसे कहते हैं, कवि ग़ालिब ने कहा था कि—'तर्ज़े बेदिल में रेख़्ता लिखना असद उल्ला ख़ाँ कयामत है।'

आप कहानी में न रहते हुए भी कहानी कहें, जहाँ कोई चरित्र उभारने वाला नहीं है। ऐसी भी कहानी हो सकती है कि नहीं हो सकती है? ये चुनौती है। कई लोगों ने की है। काफ़्का ने कुछ कहानियाँ ऐसी लिखी हैं जो सुनकर, बिना कथा के भी आप कहानी लिख सकते हैं कि या नहीं लिख सकते हैं?

मैंने इनकी कहानी पढ़ते हुए—अभी मैं देख रहा था—कि क़िस्सागोई बड़ी पुरानी चीज़ है। कहानी इस अर्थ में कि उसमें कोई पात्र हो, कोई चरित्र, कोई नाम हो,

कुछ घटे, उसके बिना कर सकते हैं कि नहीं? मैं देख रहा था कि इनकी गहरी दिलचस्पी चित्रों में है। आप एक काम करें, किसी आदमी की ज़िन्दगी के अलग-अलग दौर के, बिना शीर्षक लगाये चित्र बनायें, पूरा कोलाज करें और फिर पूछें कि ये चित्रों का जो कोलाज है, कुछ कहता है या नहीं कहता? कोई लैंग्वेज़ नहीं। ये चित्रकार के लिए चुनौती है, क्योंकि चित्रों की ही भाषा में आपको कहना है और कहा गया है। अजन्ता में आप गये होंगे, तो 'अजन्ता एपिक', कोई शीर्षक नहीं। पूरी-की-पूरी अजन्ता की पेंटिंग्स लगायी हुई, लम्बे एक दौर के समाज की एक मुक़म्मल तस्वीर वो देते हैं, जैसे कि वह एपिक हो, महाकाव्य हो। जो साहस की चीज़ है। जो मुझे मिली, वो यह है कि मूलतः जैसे लगता है चित्रकार—मैं जानता नहीं हूँ कि चित्र बनाते हैं कि नहीं बनाते हैं। मूलतः एक चित्रकार—कथाकार नहीं—उन चित्रों के माध्यम से कथा कहने की कोशिश की है। चित्रों द्वारा कहानी कहने की कला, शब्द से पहले चित्र बनाना, फिर बिना तरतीब के किसी कहानी की ओर इशारा भर करना, कहानी कहना नहीं है। यह एक नोटिस आया है। शशांक ने आँखों से कहानी कही है, जो कहने की असम्भव कला है। उसमें सारी दृष्टि हैं। असगर वज़ाहत ने एक चीज़ कही है—नफ़ासत। बड़ी चीज़ है उसकी। और लाउड कहिए, सुर ऊँचा नहीं उठता है। मद्धम सुर में, बिना आवाज़ के। डायलॉग कहीं नहीं है। बिना डायलॉग के।

इसलिए आप सोचें, मैंने शुरू में कहा था कि 'असद उल्ला ख़ाँ कयामत है।' बिना भाषा के कहानी कह दिया। आपके सामने तस्वीर पर तस्वीर आती हैं और उसके साथ कहानी। देखिए कहानी, क्योंकि सारी कहानी संवेदना को प्रेषित करती है। वह संवेदना आप तक पहुँच जाती है, दुखान्त हो, चाहे सुखान्त हो, चाहे ह्यूमर हो, चाहे दंश हो। जिसको भाव या रस कहते हैं, एक प्रकार की अनुभूति है जो आपके मन को छुयेगी। ऐसी कि इसको कभी किसी ने छुआ न हो! आप अपनी बात को 'पूरी रात' नाम की एक कहानी है, उसी में कहते हैं शशांक। बिना किसी बयान के जो नफ़ासत है। मैं केवल इस टुकड़े पर आपका ध्यान आकृष्ट करना चाहता हूँ, यह नैरेटिव नहीं है—

"बिस्तर पर बेचैन तकिया। पालतू बिल्ली-सा। पहलू में लोट-पोट होता। बहुत देर बाद दबे पाँव नींद तकिये में से निकलती है। ...नींद तकिये पर से निकलती है! ...इधर-उधर देखती, जैसे बिल्ली। इधर-उधर देखती। बाहर आँगन में यहाँ से टहलती हवा का जागना दिखता है। रजनीगन्धा पर अकेला टिड्डा स्थिर हो गया है। बस कलियाँ मन्द-मन्द हिलती हैं। कलियाँ कहाँ, उसका डण्ठल। कलियाँ नहीं हिल रही हैं, उसका डण्ठल हिल रहा है। एक झींगुर बहुत दूर खदेड़े

जाने के लिए दबे सुरों में धीमे ही सही, पर सधी तान पर गीत गा रहा है। उसी खच्-खच् काटती मेढक की टेर। मेढक की टेर जो है, जैसे खच्-खच् काट रही हो। भारी और पानी से सनी-बनी मैं उसे बरसों से जानता हूँ। वो क़िस्सा यहाँ आता है। इतनी देर के बाद वो सब देख रहा है, एक-एक चित्र अलग-अलग आते हैं, भारी और पानी से सनी-बनी मैं उसे बरसों से जानता हूँ।"

इसलिए कहानी में—पुरानी भाषा में कहना चाहें—यह एक नया प्रयोग है। बिना कथानक, बिना क्षेत्र के भी केवल छायाचित्रों से। एक ख़ास नज़र से देखें इन तस्वीरों को इकट्ठा करके, तो कहा जा सकता है कि आप इनसे जो कहानी निकलती है उसे देखें। क्योंकि असल चीज़ कहानी है। कुल मिलाकर अन्त में एक ऐसी अनुभूति देती है, जिसको पुरानी भाषा में 'रस' कहा करते थे। सारी कहानी कुल मिलाकर के एक मनोभाव ही तो आपके मन में पैदा करती है। कथानक महत्त्वपूर्ण नहीं है। देखिए, कहानी बार-बार कही गयी है। इसलिए मुझे लगा कि यह साहस और हिम्मत का काम है। जो न नयी कहानी की तरफ़ से हो रहा है और न तथाकथित अकहानी वाले दौर में हो रहा है। इसलिए जो कहा गया है—'मेरी हिम्मत देखिए, मेरी तबियत देखिए, जो सुलझ जाती है। गुत्थी फिर से उलझाता हूँ मैं।' कभी-कभी गुत्थी को सुलझाने से ज़्यादा इंट्रेस्टिंग होता है, जिसको सुलझा दिया गया है उसको एक बार फिर उलझा दिया जाये।

कहानी की दुनिया में शशांक शायद ऐसा ही कुछ करना चाहते हैं। लेकिन मुझे लगा एक आदमी अगर ऐसा कुछ साहस करता है, हिम्मत करता है तो वह ध्यान आकर्षित ज़रूर करता है। मूल्यांकन आप करते रहें। साहित्य की दुनिया में, कहानी की दुनिया में जैसा कि मैंने नाम लिया, काफ़्का ने इस तरह के बहुत एक्सपेरीमेंट किये हैं। कुछ अनुवाद काफ़्का की छोटी कहानियों का किया गया है। कुछ चीनी लेखकों ने ऐसी कहानियाँ लिखी हैं। उन चीनी लेखकों ने, जैसे चीन की कविता अलग-अलग सी है, क्योंकि चीनी भाषा चित्रात्मक है। वह चित्रों की ही भाषा है। चित्रों की भाषा में लिखी हुई कहानी कैसी होती होगी, मालूम हुआ कि चित्र-वाली भाषा में लू शुन ने कैसे आदमी के बारे में कहा है।

हमारे बीच भी कम-से-कम होशोहवास से दुरुस्त, कहानी की दुनिया में एक पागल दीवाना आया है और मेरा ख़याल है कि उसका नाम शशांक है।

(भोपाल में एक आयोजन में दिया गया वक्तव्य।)

आज उपन्यास : लीक से बाहर

आज के समय के उपन्यासों की चर्चा के लिए ज़रूरी है कि एक काल सीमा निर्धारित की जाये। हम इक्कीसवीं शताब्दी में हैं लेकिन बीसवीं शताब्दी का अन्तिम दशक भी इस चर्चा में शामिल किया ही जाना चाहिए ताकि लीक बनी रहे। गम्भीर चर्चा के लिए चयन आवश्यक है, नहीं तो एक सूची-पत्र के रूप में लोग सूचियाँ गिनाने लगते हैं। कई महत्त्वपूर्ण उपन्यास छूट जायेंगे अगर बीसवीं शताब्दी के अन्तिम दशक को हम छोड़ देंगे।

मेरे मन में एक प्रश्न रहा है उपन्यास शब्द को लेकर। संस्कृत में यह शब्द इसी अर्थ में नहीं था। वहाँ इसका उपयोग दूसरे अर्थ में किया जाता है। न्यस्त, उपन्यस्त। आमतौर से हमारे यहाँ इस सन्दर्भ में हम कादम्बरी तक पीछे जाते हैं। संस्कृत में जातकों की कथा अगर छोड़ दें तो कथासरित्सागर था, कादम्बरी की कथा थी। वासुदेवशरण अग्रवाल ने कादम्बरी का हिन्दी अनुवाद किया है। कादम्बरी का एक अर्थ होता है कोकिल। सरस्वती भी इसका अर्थ होता है, और वाणी भी होता है। कादम्ब को मदिरा के लिए भी इस्तेमाल किया जाता है इसलिए कादम्बरी मदिरा भी है। अनेक शब्द हैं इसके लिए। इस कादम्बरी को तो हम कथा ही कहते हैं। मराठी में अब भी उपन्यास को कादम्बरी ही कहते सुनते हैं। कादम्बरी के नाम पर ही वहाँ इस विधा का नाम रख दिया गया है। अब भी हम लोग सत्यनारायण की कथा ही कहते-सुनते हैं। उपन्यास को इस कथा शब्द के साथ जोड़कर देखना आवश्यक है। आख़िर यह उपन्यास शब्द कहाँ से आया, कैसे आया? मुझे इसका जवाब नहीं मिला है। यह सवाल आपके सामने मैं छोड़ रहा हूँ। शब्दकोशों में भी इसका मूल अर्थ नहीं दिया गया है। इसकी परिभाषा देखने के लिए मैंने सोचा कि 'हिन्दी शब्दसागर' में देखूँ कि क्या दी गयी है? उन्होंने कहा है—'वह काल्पनिक गद्य कथा जिसमें वास्तविक जीवन से मिलते-जुलते चरित्रों और कार्य-कलापों का विस्तृत और सुसम्बद्ध चित्रण हो।' इससे भी बात स्पष्ट नहीं होती। इसलिए हम लोगों को इसके बारे में विचार करना चाहिए।

दूसरी बात यह कि हमारे समय में वे कौन-से उपन्यास हैं जिन्होंने उपन्यास के ढाँचे में कुछ प्रयोग किया है, उसे बदला है, नये ढंग से कुछ करने का प्रयास किया है। ऐसे कुछ उपन्यास तो नब्बे के पहले लिखे गये थे किन्तु नब्बे के बाद मुझे तीन कथाकार ऐसे मिले जो इस दृष्टि से महत्त्वपूर्ण हैं और जिनमें एक कवि भी हैं। विनोद कुमार शुक्ल ने उपन्यास के ढाँचे में, उसकी रूपरेखा में, विन्यास में काफ़ी परिवर्तन किया है। एक कवि ने उपन्यास के क्षेत्र में नये प्रयोग किये हैं। कथा कहने की प्रक्रिया में, बन्धान में भी। 'खिलेगा तो देखेंगे' उपन्यास को आप देखें। उसको पढ़ते हुए यह नहीं लगता है कि कवि लिख रहा है, ऐसा लगता है कि कथाकार कह रहा है।

दूसरे लेखक जो मुझे मिले वह हैं सुरेन्द्र वर्मा, उपन्यास है 'मुझे चाँद चाहिए'। बड़ा बृहद् उपन्यास है, लगभग छः-सात सौ पृष्ठों का। सुरेन्द्र वर्मा की गहरी दिलचस्पी नाटक में थी, फ़िल्म में थी और इन रुचियों के साथ उन्होंने उपन्यास को अलग रूप में प्रस्तुत किया है। नाटक में उन्होंने बहुत काम किया है। नेशनल स्कूल ऑफ़ ड्रामा से वे जुड़े रहे हैं। फ़िल्मों के क्षेत्र में भी उन्होंने काम किया है। इन सारी विधाओं में काम करने के कारण उपन्यास के ढाँचे को उन्होंने जिस तरह बदला है वह बिल्कुल नया है। मेरी नज़र में दूसरे लेखक वे ही हैं।

तीसरे लेखक हैं मनोहर श्याम जोशी। मनोहर श्याम जोशी का उपन्यास है—'कुरु कुरु स्वाहा'। उनके उपन्यास का नाम 'कुरु कुरु स्वाहा' हो सकता है! और उपन्यास है 'कसप' और 'क्याप'। ये तीनों नाम ही बता रहे हैं कि प्रयोगशीलता कितनी है। पिछली सदी में एक ऐसा ही नाम था फणीश्वरनाथ रेणु। मैंने उन्हें छोड़ दिया क्योंकि इस काल-सीमा में वे नहीं आते। उनकी पुस्तक का नाम था 'परती परिकथा'। परिकथा शब्द का प्रयोग किया है उन्होंने उपन्यास के नाम के लिए!

कविता के क्षेत्र में हम अक्सर सुनते रहे हैं कि नये प्रयोग किये जायें। अज्ञेय ने 'तार सप्तक' के द्वारा इसका नारा दिया था। उपन्यासों के क्षेत्र में भी कुछ प्रयोग हुआ कि नहीं! या फिर वही यथार्थवादी पुराने ढंग का नॉवेल! विक्टोरियन ढंग का नॉवेल! क्या लोग उपन्यास में वही पुराना नैरेटिव टेक्नीक दोहराते चले जा रहे हैं? मैं केवल एक सवाल आपके सामने रखना चाहता हूँ। कविता में क्या हुआ यह अलग से विचार किया जा सकता है। उत्तरशती और दो हज़ार के बाद यह पता लगाया जाना चाहिए कि हम लोग क्या लीक ही पीट रहे हैं अपने साहित्य में, चाहे वह कविता हो, नाटक हो? नाटक का रंगमंच बहुत बदला है। कारन्त और अल्काजी दोनों ने मिलकर के नाट्य-कला में परिवर्तन

किया था। कविता बहुत बदल गयी है। सवाल है कि स्वयं उपन्यास के क्षेत्र में यह प्रयोगशीलता हो रही है या नहीं? अगर हो रही तो क्या हो रही है और कितनी हो रही है? ग्राम्य जीवन का उपन्यास, क़स्बे का उपन्यास या शहर का उपन्यास—क्या केवल इसी में हम उपन्यासों को बाँटते रहेंगे? मेरा प्रश्न है कि उपन्यासों का जो ढाँचा है, स्ट्रक्चर है, कथा कहने की शैली है, उसकी दिशा में हम सोच रहे हैं कि नहीं?

मैंने उपन्यासों के बारे में दो-तीन लेख ही लिखे होंगे। ज़्यादा मैंने लिखा नहीं है। इसलिए उसकी बहुत चर्चा मैं नहीं कर सकता। लेकिन फिर कहूँ कि 'मुझे चाँद चाहिए' बहुत ज़रूरी उपन्यास लगा। मेरी दृष्टि में इसकी काफ़ी उपेक्षा हुई है। इस उपन्यास के कथानक का ढाँचा बिल्कुल अलग है। भविष्य में लिखूँगा उसके बारे में। विनोद कुमार शुक्ल कहते हैं कि 'खिलेगा तो देखेंगे'। उसी तर्ज़ पर जब मैं लिखूँगा तो पढ़ेंगे।

(पुस्तक 'उपन्यास का वर्तमान', सम्पादक—प्रो. ओमप्रकाश सिंह, में प्रकाशित। जे.एन.यू. की एक संगोष्ठी में दिया गया वक्तव्य।)

चार छोटी टिप्पणियाँ

(1)

शब्दों का वैभव अज्ञेय के पूरे कविता संसार में देखा जा सकता है। कलात्मक रचाव और काव्य विन्यास के सन्दर्भ में वे मुक्तिबोध से आगे हैं यह स्वीकार किया जाना चाहिए, वहीं अज्ञेय को जनविरोधी समझ लेना भी अधूरी समझ होगी। अज्ञेय को प्रयोगवादी कवि कहा जाता है, लेकिन अज्ञेय प्रयोगवादी कवि नहीं हैं, वे पूरी परम्परा के प्रतीकों में जैसा इस्तेमाल करते हैं वह सचमुच विरल है। अज्ञेय के काव्य के सभी कला रूपों का दर्शन 'नाच' में होता है।

(दिल्ली विश्वविद्यालय के हिन्दू कॉलेज में अज्ञेय की जन्म शताब्दी के अवसर पर विश्वविद्यालय अनुदान आयोग के सहयोग से 'आज के प्रश्न और अज्ञेय' विषयक राष्ट्रीय संगोष्ठी के उद्‌घाटन समारोह में।)

(2)

'राग दरबारी' जैसे उपन्यास के लेखक श्रीलाल शुक्ल को इतनी देर से ज्ञानपीठ पुरस्कार देने के लिए ज्ञानपीठ अकादमी को पश्चात्ताप करना होगा। उन्होंने कहा है कि ज्ञानपीठ इसी पश्चात्ताप की हक़दार है।

अपनी कथा-भाषा के ज़रिये श्रीलाल शुक्ल ने अपनी अलग पहचान बनाई। उनकी भाषा में अवधी की परम्परा के मीठे, टीले व्यंग्य थे, जिनका सटीक प्रयोग उन्होंने खड़ी बोली में किया।

उन्हें महीन व्यंग्य का कथाकार कहा जा सकता है। ये वृत्ति श्रीलाल शुक्ल की सारी कृतियों में दिखाई पड़ती है। उन्होंने राग दरबारी जैसे उपन्यासों में अवध के गाँवों की स्थिति का यथार्थ चित्रण किया है, वहाँ के तिकड़म, संघर्ष और द्वन्द्व का जीवन्त चित्रण किया।

रेणु के उपन्यास आंचलिकता के लिए जाने जाते हैं पर उनके लेखन में एक रूमानी रंग भी है। पर श्रीलाल शुक्ल के उपन्यासों में एक कटु यथार्थ है।

सचमुच की ज़िन्दगी की पूरी कड़वाहट उनके साहित्य में मिलती है। आमजन के लड़ने की ताक़त उभरकर सामने आती है।

मैं लखनऊ इतनी बार गया हूँ। इतनी बार श्रीलाल के साथ-साथ यात्राएँ कीं। अभी कुछ समय पहले मैं उनके घर गया तो वो चारपाई से लगे हुए थे। जिस असहाय रूप में दिखाई पड़े...दिल के टुकड़े हो रहे थे। वो ज़िन्दगी से भरे और विनोदी स्वभाव के थे, पर उस स्थिति को देखकर मुझे काफ़ी दुख हुआ।

(3)

सिविल सोसाइटी के नाम पर दिखने वाले इस आन्दोलनकारी समूह की भूमिका सन्दिग्ध है। यह समूह व्यापक जन का प्रतिनिधि नहीं है। इस वर्ग के सरोकार सीमित हैं, बाहर से रेडिकल दिखने वाला यह समूह अपने मूल चरित्र में ऐसा है नहीं...

पूरी साहित्य बिरादरी, प्रलेस, जलेस व जसम अन्ना के आन्दोलन के समय कहाँ थी। ऐसे वक़्त में कवि व लेखकों का वहाँ न होना समाज का मनोबल टूटने जैसा है...वह नहीं होते अन्ना के साथ लेकिन इस बहाने एक बहस तो खड़ी करते...

भक्ति आन्दोलन के समय के फ़क़ीरों ने सिर्फ़ शब्दों के, वाणी के बल पर सत्ता को चुनौती दी...इसके विपरीत इस पूँजीवादी तन्त्र में हम सभी ख़ुद को किसी-न-किसी खाँचे में फिट करने में लगे हैं।

लोकतान्त्रिक संस्कृति तो विकसित हुई ही नहीं। दलितों, स्त्रियों व जनजातियों की कितनी आवाज़ सुनी जा रही है यहाँ...बाहरी जो स्वरूप है ज़रूरी नहीं कि उसके भीतर कंटेंट भी वही हो...उसी तरह बाहर से तो लोकतन्त्र है लेकिन उसके भीतर सबको अपनी आवाज़ मिल पा रही या नहीं, यह मुख्य सवाल है...

(4)

आज हर चीज़ बाज़ार से प्रभावित है, जहाँ आदमी बाज़ार में महज़ एक 'माल' बनकर रह गया है। यही वजह है कि अब हर चीज़ आना-पाई कौड़ी में आँकी जाने लगी है। बाज़ार से न तो राजनीति, न साहित्य और न ही मीडिया अछूता है। समाज से लेकर राजनीति तक हर क्षेत्र में बाज़ार इस क़दर हावी है कि लोकसभा जैसी संवैधानिक संस्था भी अप्रासंगिक नज़र आने लगी है।

हालात ये हैं कि हर किसी को अगर कहीं कुछ नज़र आ रहा है तो वह है फ़ायदा। लोग हर बात में फ़ायदा खोजने लगे हैं। यहाँ तक कि रिश्तों में भी

फ़ायदे की घुसपैठ हो चुकी है जो परिवार जैसी संस्था के लिए बेहद ख़तरनाक है। लोग नफ़ा-नुक़सान की तर्ज़ पर ज़िन्दगी बदलने लगे हैं। शायद यही पूँजीवाद का चरम है। पूँजीवाद की सबसे बड़ी देन है कि वह व्यक्तिवाद को बढ़ावा दे रहा है जिससे सामाजिक ढाँचा खँडहर होता जा रहा है। उन्होंने कहा कि परिवार एक बुनियादी संस्था है और भारतीय परम्परा ऐसी ही कुछ संस्थाओं के कारण बची हुई है।

आज राजनीति में सामाजिक मुद्दों को तरजीह नहीं दी जा रही है जबकि सामाजिक ढाँचे में बदलाव की बेहद ज़रूरत है, जिसका नतीजा यह है कि राजनीति बिल्कुल बेअसर और अराजनीतिक हो गयी है।

आज देश के हर राजनीतिक फ़ैसले में पक्ष और विपक्ष की मिलीभगत नज़र आती है। सत्ताधारी काँग्रेस और विपक्षी दल बीजेपी दोनों को एक साथ कठघरे में खड़ा करते हुए उन्होंने कहा कि दोनों ही की ख़्वाहिश है कि पश्चिमी मुल्कों की तरह भारत में भी दो दलीय व्यवस्था बन जाये। अगर दलितों और महिलाओं को लेकर इन पार्टियों के नज़रिये की बात करें तो शायद ही कोई ख़ास फ़र्क़ नज़र आये।

साहित्य दिनोंदिन व्यापक हुआ है। राजनीति तो उपन्यास की ख़ुराक है। सामाजिक मुद्दों पर कहानी और कविताएँ काफ़ी लिखी जा रही हैं लेकिन राजनीतिक मुद्दों पर अक्सर व्यंग्य ही लिखे गये हैं।

(न्यूज़ एक्सप्रेस के मन्थन कार्यक्रम में सोमवार, 11 अप्रैल, 2011 को दिये गये वक्तव्य का सम्पादित अंश।)

सवालों के सम्मुख

(पाठकों-लेखकों से एक संवाद)

प्रश्न : अगर भारतीय साहित्य की बात की जाये तो आपके ख़याल से उसका क्या स्वरूप और चरित्र होगा? भारतीयता की अवधारणा को किस रूप में हम लोग देखें?

नामवर सिंह : भारतीय साहित्य की परिकल्पना हमारे देश के बड़े साहित्यकारों और विचारकों के मन में काफ़ी दिनों से रही है। स्वाधीनता के बाद, 1954 में साहित्य अकादेमी की स्थापना की गयी तो डॉ. राधाकृष्णन का एक वाक्य, आदर्श के रूप में सामने था कि भारतीय साहित्य एक है यद्यपि वो अनेक भाषाओं में लिखा जाता है। विभिन्नता में एकता साहित्य के क्षेत्र में भी होनी चाहिए। उम्मीद थी कि साहित्य अकादेमी के द्वारा यह कार्य सम्पन्न होगा। साहित्य अकादेमी ने भारत की सभी भाषाओं की श्रेष्ठ कृतियों का अनुवाद, भारत की अन्य भाषाओं में किया। इस तरह काफ़ी साहित्य अनुवाद के माध्यम से पहुँचाने की कोशिश की गयी। मेरा ख़याल है कि प्रतिभाओं के माध्यम से आप देखें तो लेखकों की दुनिया में, और साहित्यिक दुनिया में आदान-प्रदान का कार्य काफ़ी दिनों से चल रहा है। उन्नीसवीं सदी के उत्तरार्द्ध से यह शुरू हुआ था और स्वाधीनता संग्राम के दौरान भी इसका विकास हुआ है। उस समय, हिन्दी के साहित्यकारों के ज्ञान के आधार पर मैं कह सकता हूँ कि, एक साहित्यकार एक से अधिक भारतीय भाषाएँ जानता था।

नवजागरण काल में हिन्दी के पुराने लेखकों को देखें तो वे उर्दू और अनेक लोग फ़ारसी भी जानते थे। इसके एक उदाहरण स्वयं भारतेन्दु हरिश्चन्द्र थे। भारतेन्दु बंगला भी जानते थे। महावीर प्रसाद द्विवेदी मराठी बहुत अच्छी जानते थे, बंगला जानते थे। एक ज़माने में ऐसा था कि भारतीय भाषाओं के लेखक, लेखक होने के लिए स्वतः प्रेरणा से एक से अधिक भाषाएँ सीखते थे। तब यह भाषा सूत्र लागू नहीं हुआ था और किसी स्कूल में उनको यह नहीं पढ़ाया था।

स्वेच्छा से लोग एक से अधिक भाषा पढ़ते थे जैसा यूरोप में आमतौर से हम पाते हैं कि यूरोप के लोग एक से अधिक भाषा जानते हैं। ये बहुत वांछित है। साहित्य के विकास के लिए बहुत ज़रूरी है। आप अगर राष्ट्रीय एकता की बात छोड़ भी दें तो भी वह साहित्य के विकास के लिए बहुत ज़रूरी है, व्यापार-वाणिज्य के लिए ज़रूरी है। आप देखते हैं कि राजस्थान से गये हुए मारवाड़ी कलकत्ते में बड़ी ठाठ से इस तरह बंगला बोलते हैं जैसे बंगला उनकी मातृभाषा है। यही मारवाड़ी मद्रास में जाते हैं तो बड़ी ठाठ से तमिल बोलते हैं। कारण साफ़ है, उनको सौदा बेचना है। बनारस में बनारसी सिल्क के व्यापारी दुकानदार 5-6 भाषाएँ बहुत धड़ल्ले से बोलते हैं, क्योंकि उनको अपनी साड़ी बेचनी है। ये बात आपको हर प्रदेश में मिलेगी। इसलिए हमारे यहाँ एक से अधिक भाषाएँ सीखने की परम्परा लोकमानस में विद्यमान है। विडम्बना ये है कि ये कार्य विश्वविद्यालयों को और बड़े पैमाने पर और व्यवस्थित रूप से करना चाहिए था, किन्तु विश्वविद्यालय इस भावना को और इस परम्परा को प्रतिबिम्बित नहीं करते।

इस सवाल के सन्दर्भ में यह भी कहना चाहता हूँ कि कम-से-कम केन्द्रीय विश्वविद्यालयों में भारतीय साहित्य का एक अलग विभाग होना ही चाहिए। कहीं-कहीं आधुनिक भारतीय भाषाओं का एक विभाग आपको मिलेगा जिसमें एक साथ भारत की 5-10 भाषाएँ पढ़ाई जाती हैं। लेकिन न तो आदान-प्रदान की चेतना उस विभाग के अध्यापकों में है और न ही विद्यार्थियों में। तुलनात्मक साहित्य का विभाग पूरे भारत में मेरी जानकारी में केवल एक है। कलकत्ता में। वह विभाग बहुत दिनों तक बंगला की तुलना फ्रैंच और जर्मन और अंग्रेज़ी साहित्य से करता रहा। कभी उस विभाग को यह चिन्ता नहीं रही कि तुलनात्मक साहित्य के अध्ययन का मतलब भारत की किसी अन्य भाषा से तुलना करना भी है। ये नहीं हुआ इसके लिए संघर्ष भी चलता रहा। उनकी कॉन्फ्रेंस भी होती है हर साल और उसमें ये सवाल उठाया गया कि तुलनात्मक साहित्य के विभाग को सच्चे अर्थों में तुलनात्मक भारतीय साहित्य होना चाहिए। विश्वविद्यालय अनुदान आयोग में हम कुछ लोगों ने साथ मिलकर एक प्रस्ताव भेजा था कि भारत के कुछ विश्वविद्यालय में तुलनात्मक साहित्य का विभाग खोला जाये। यह अभी तक तो खुला नहीं। हम सब जवाहरलाल नेहरू यूनिवर्सिटी में तब से प्रत्यन कर रहे हैं और अभी तक यह लागू नहीं हो सका। यूरोप की बात यदि आप कह रहे हैं तो उस आदर्श को देखें। उसके आधार पर भारतीय विश्वविद्यालयों में तुलनात्मक साहित्य विभाग होना चाहिए।

रवीन्द्रनाथ ठाकुर की जन्म शताब्दी के अवसर पर कुछ टैगोर चेयर काम की मिली। बम्बई विश्वविद्यालय में है, दिल्ली विश्वविद्यालय में है, मेरा ख़याल है चण्डीगढ़ में भी है। कुछ विश्वविद्यालयों ने टैगोर चेयर क़ायम की और उम्मीद की गयी कि ये टैगोर चेयर भारतीय तुलनात्मक साहित्य का काम करेगी। लेकिन चेयर दे दी गयी तो एक चेयर तो विभाग ने ही बन्द की। चेयर पर बैठे व्यक्ति के ज़िम्मे कोई काम ही नहीं है। वह ख़ाली बैठा रहता है। कुछ व्याख्यान दे दिया करता है, तनख़्वाह लेता है और वो निरुपाय-सा उस विश्वविद्यालय के बाजू में पड़ा रहता है। इसलिए अगर हम लोग शिद्दत से महसूस करें कि एक भारतीय साहित्यिक विभाग हो जिसमें उस विश्वविद्यालय के अन्य भाषाओं के जो विभाग हैं, वो सहयोग करें। इस लक्ष्य से एक पाठ्यक्रम बनाया जाये। इसमें एक बड़ी भारी कठिनाई होती है। यदि किसी विश्वविद्यालय में विभाग क़ायम भी किया जाये भारतीय साहित्य का तो उससे उत्तीर्ण होकर जब विद्यार्थी निकलेगा तो उसको तो कोई नौकरी देगा नहीं। आपने कार्य किया तुलनात्मक साहित्य में, लेकिन नौकरी तो आपको हिन्दी विभाग में मिलेगी या बंगला में मिलेगी और वो कहेंगे इसको हिन्दी तो आती नहीं, रहने को घर नहीं है—'सारा जहाँ हमारा'। ये सारा भारतीय साहित्य जानता है, हिन्दी साहित्य जानता नहीं है तो एक यहाँ दूसरा दुष्चक्र बना है। यह अपनी प्राथमिकता का सवाल है। यदि विश्वविद्यालय अनुदान आयोग यह महसूस करता है या शिक्षा नीति बनाने वाले लोग अनुभव करते हैं, राष्ट्रीय एकीकरण का नाम लेकर तो कम-से-कम हिन्दी-उर्दू का तो विभाग एक होना चाहिए। जवाहरलाल नेहरू विश्वविद्यालय में हम लोगों का हिन्दी-उर्दू का कोई अलग-अलग विभाग नहीं है, एक ही है। दोनों के कुछ सामान्य पाठ्यक्रम भी हैं। लेकिन हम लोगों के सामने मुख्य समस्या है : उपाधियाँ। हम उपाधि उर्दू की अलग देते हैं, हिन्दी की अलग। यह इसलिए कि हमारे विद्यार्थियों को नौकरी चाहिए। हिन्दी-उर्दू दोनों का एक्जाम देकर कोई युवा निकलेगा तो न हिन्दी वाला नौकरी देगा उसको, न उर्दू वाला देगा। कहेंगे कि इसने दोनों पढ़ा है और इसलिए एक भी नहीं जानता। साहित्य, राष्ट्रीयता और भारतीयता के बड़े उद्देश्य को ध्यान में रखकर अपने विश्वविद्यालयों को भारतीय साहित्य के एकीकरण में सक्रिय भूमिका अदा करनी चाहिए। अपने दायित्व को समझकर ऐसा कार्य करें तो कोई कारण नहीं कि भारतीय साहित्य के विकास में मदद न मिले। सपने को देखने और सपने को कार्यान्वित करने वाले अनेक साहित्यकार ऐसे हैं जो इस दिशा में अपनी रचनाओं के द्वारा प्रयत्न करते ही हैं।

प्रश्न : पहल की शुरुआत कहाँ से होनी चाहिए? क्या इसकी सार्थकता होगी?

नामवर सिंह : मैं ये सोचता हूँ कि कम-से-कम सभी केन्द्रीय विश्वविद्यालयों से इसकी शुरुआत होनी चाहिए। जितने पुराने विश्वविद्यालय हैं जैसे बम्बई, मद्रास, कलकत्ता, इलाहाबाद, उस्मानिया, मैसूर, नागपुर, बड़ौदा या अहमदाबाद वहाँ इसकी कोशिश होनी चाहिए। हर राज्य का कम-से-कम एक विश्वविद्यालय भारतीय साहित्य के अध्यापन की व्यवस्था करे तो बहुत कुछ काम इस लक्ष्य की पूर्ति में हो सकता है। वे इतनी मदद तो कर ही सकते हैं।

प्रश्न : भारतीय साहित्य के सिलसिले में भारतीय उपन्यास और नाटक की चर्चा हुई है। कुछ दिनों पहले कई प्रसिद्ध नाटककारों ने मिल-बैठकर के एक बातचीत भी की थी, जिसमें भारतीय नाटक की अवधारणा के बारे में उन लोगों ने चर्चा की। इसी के साथ भारतीय उपन्यास की क्या अवधारणा हो सकती है? इसके बारे में भी चर्चा हुई है और कुछ लोगों ने द्विवेजी जी के उपन्यासों का उस सन्दर्भ में हवाला दिया है। इस सिलसिले में भारतीय समाज के सांस्कृतिक स्वरूप और भारतीय समाज का जो चरित्र है उसे देखते हुए आपको क्या लगता है कि भारतीय उपन्यास या नाटक का क्या स्वरूप सामने आ सकता है?

नामवर सिंह : देखिए भारतीय साहित्य की एकात्मकता या उसकी मूल आत्मा एक है। इस सिलसिले में साहित्य अकादेमी ने ये ज़रूरी समझा कि रामायण या राम कथा को केन्द्र में रखे। यह अखिल भारतीय है। बल्कि इसका प्रसार दक्षिण-पूर्वी एशिया तक है। अभी उसी पर ध्यान केन्द्रित है। भारतीय साहित्य का सामान्य आधार है रामकथा। ठीक उसी तरह से महाभारत को आधार बना सकते हैं, कृष्ण कथा को बना सकते हैं। भक्ति आन्दोलन अखिल भारतीय था। आधुनिक युग में हम उपन्यासों को आधार बना सकते हैं। साहित्य अकादेमी में मेरा ख़याल है दो दशक पहले एक परिसंवाद भी हुआ था जो उनकी पत्रिका 'इंडियन लिटरेचर' में प्रकाशित है। भारतीय उपन्यास की अवधारणा पर दिलचस्प बहस हुई थी। ये चिन्ता स्वाभाविक है क्योंकि उपन्यास को या इस विधा को कुछ लोग मानते हैं कि ये बाहरी है विदेशी है। लोगों की तलाश ये थी कि अपनी सांस्कृतिक परम्परा में स्थित ठेठ भारतीय उपन्यास जैसी कोई चीज़ है कि नहीं? कोई निष्कर्ष तो नहीं निकल सका लेकिन ये प्रश्न अब भी जीवित हैं। मैंने इसके बारे में कुछ लिखा है।

उपन्यास को सामान्यत : शिक्षित मध्यवर्ग का महाकाव्य कहा जाता है। यूरोप में इसका उदय इसी रूप में हुआ था। हम सभी जानते हैं कि भारत में इस तरह का शिक्षित मध्यवर्ग देर से उदित हुआ और इस मध्यवर्ग की मानसिकता

वही नहीं थी जो यूरोप के मध्यवर्ग में थी। हमारे यहाँ रॉबिन्सन क्रूसो जैसा कोई उपन्यास नहीं लिखा गया, जिसमें इतना एडवेंचर और साहस हो कि एक व्यक्ति अपना देश छोड़कर नये द्वीप की तलाश में निकले और अनुभव प्राप्त करे। कई उपन्यास हमारे यहाँ लिखे गये जिनका ढाँचा तो उपन्यास का था लेकिन वे यूरोपीय ढंग के नॉवेल नहीं थे। यूरोपीय ढंग का प्रॉगलॉमैटिक हीरो हमारे यहाँ बंकिम से लेकर बाद तक के उपन्यासों में भी नहीं मिलता है, गोरा में ज़रूर दिखाई पड़ता है। इसको देखते हुए मैंने ठेठ भारतीय उपन्यास के सिलसिले में अपना एक अनुमान बताया था। हमारे भारतीय समाज में ग्रामीण समाज आज भी जीवित है। स्वाधीनता संग्राम में किसानों की भूमिका रही। इसलिए भारतीय उपन्यास की रीढ़ किसान है। जिसको हम मुख्यधारा कहेंगे उसके केन्द्र में आमतौर पर किसान है। इसीलिए क़ायदे से मेरी दृष्टि में पहला भारतीय अस्मिता वाला उपन्यास उड़िया में फ़क़ीर सेनापति का है। 'छह बीघा ज़मीन' नाम से हिन्दी में उसका अनुवाद हुआ है। ये उन्नीसवीं सदी के आख़िरी दशक में लिखा गया था। वो धारा जो शुरू हुई जिसके प्रमुख साहित्यकार हिन्दी में प्रेमचन्द हैं, उस दौर के बंगला में विभूतिभूषण बन्द्योपाध्याय, ताराशंकर बन्द्योपाध्याय और सबसे बढ़कर माणिक बन्द्योपाध्याय हैं। कन्नड़ में शिवरामकारंत थे। मलयालम में तकषि शिवशंकर पिल्लै हैं, जिन्होंने 'मछुआरे' लिखा है। ऐसे ही आपको अन्य भारतीय भाषाओं में भी मिलेगा। कहा जा सकता है कि भारतीय उपन्यास के केन्द्र में किसान है। लेकिन उपन्यास का फलक शहर को छूता है। जैसे प्रेमचन्द के गोदान में छूता है। क्योंकि बिना शहर के किसानों के शोषण की कहानी पूरी नहीं होती। शायद इस आधार पर देखा जाये तो भारतीय उपन्यास की मुख्यधारा का पता लगाया जा सकता है। ज़रूरी नहीं कि सब लोग इससे सहमत हों। शायद इस आधार पर हम पाश्चात्य प्रभाव से अलग करके अपनी भारतीयता की पहचान कर सकते हैं। उपन्यास विधा के माध्यम से पूरे भारतीय साहित्य की आत्मा को पहचान सकते हैं, ऐसा मेरा ख़याल है।

प्रश्न : आपने ठीक कहा कि हमारे यहाँ के उपन्यास में एक तरह से केन्द्र में किसान है, मध्यवर्ग नहीं है, जैसा कि यूरोप में है। प्रेमचन्द के उपन्यासों के बारे में लोगों ने कहा है कि अन्तर्वस्तु तो ठेठ भारतीय है, जिसके केन्द्र में किसान है, लेकिन उपन्यासों का जो ढाँचा है, वो भारतीय परम्परा या सांस्कृतिक चेतना के अनुकूल नहीं है, वो फॉर्म यूरोपीय है, जिसकी वजह से कुछ चीज़ें बेमेल हो गयी हैं। शायद इससे मिलती-जुलती कुछ बात कहीं निर्मल वर्मा जी ने भी लिखी है। इस सम्बन्ध में आपका क्या विचार है?

नामवर सिंह : देखिए पहली बात तो यह कि यह विश्लेषण अनुचित है। वे लोग प्रेमचन्द के उपन्यास के जिस ढाँचे की बात करते हैं, उस ढाँचे से उनका क्या आशय है? कथानक का विन्यास है या उपन्यास? दरअसल ये काल की कला है। इसके नैरेशन में यह प्रमुख है कि किसी लेखक की काल सम्बन्धी धारणा क्या है? इससे उसका पूरा ढाँचा यानी पूरा स्ट्रक्चर निर्धारित होता है। उपन्यास में चरित्र होते हैं, अध्याय होता है, इसकी वो कहानी होती है। ये ढाँचा तो हुआ नहीं। अगर उस बुनियाद को देखें तो गोदान की पूरी कहानी की, कथानक की, नैरेशन की लय मन्थर गति से चलती है। गति की मन्थरता ही भारतीय जीवन का जो अपना चक्र है और उसकी गति है। प्रेमचन्द का उपन्यास उसके अनुसार चलता है। उसमें उपन्यासों में टाइम की जो भूमिका है, स्ट्रक्चर है, वो प्रेमचन्द के गोदान में नहीं है। यहाँ तक कि उनके 'प्रेमाश्रम' में भी नहीं है। इसलिए जो लोग ऐसा कहते हैं उसे मैं ठीक नहीं समझता। संरचना का अच्छी तरह से विश्लेषण करके कोई बात कहे, तब उस पर चर्चा की जा सकती है। लेकिन एक और दूसरी बात मैं कहना चाहता हूँ। साहित्य में निर्णायक जीवन से उपजी अन्तर्वस्तु ही हुआ करती है और उसकी संरचना आप कहीं से भी ले सकते हैं। ये बात केवल साहित्य के रूप के बारे में ही लागू नहीं होती, ये बात समाज व्यवस्थाओं के बारे में भी लागू होती है। उदाहरण के लिए कोई आदमी कहे कि भारतवर्ष में तो लोकतन्त्र है, पर वह पश्चिम की चीज़ है। संसदीय लोकतन्त्र तो पश्चिम की चीज़ है। मूल वस्तु है संसदीय लोकतन्त्र का मानवीय रूप। जैसे टेक्नोलॉजी। अब कोई आदमी कहना चाहे पर्शियन व्हील, कहते हैं लोग। पर्शियन व्हील आया होगा बाहर से। लेकिन हर जगह कॉमन हो गया। पहिया हर जगह इस्तेमाल हो रहा है। लेकिन सवाल यह है कि पहिया को लेकर आप करते क्या हैं? —वो नियामक होता है। उपन्यास का यह रूप अगर यूरोप में विकसित हुआ, उसे भारत ने या दुनिया के दूसरे देशों ने ले लिया तो उससे ये नहीं हो जाता कि उपन्यास यूरोपीय हो गया। नियामक है अन्तर्वस्तु। संसदीय लोकतन्त्र को भारत ने अपनी अन्तर्वस्तु प्रदान की है। हम आप सभी जानते हैं कि आज जिस रूप में लोकतन्त्र हमारे यहाँ चल रहा है वो इंग्लैंड के लोकतन्त्र जैसा नहीं है। भली है या बुरी है, लेकिन हमारे लोकतन्त्र की अपनी अन्तर्वस्तु है। ये बात उपन्यास के बारे में भी लागू होती है। प्रेमचन्द ने या बंकिम ने यदि यूरोप के उपन्यासकारों के रूप-विधान या टेक्नीक को अपनाया तो इससे ये उपन्यास यूरोपीय नहीं हो जाते। सवाल यह है कि उसकी अन्तर्वस्तु क्या है? और उस अन्तर्वस्तु में आपको परिवर्तन दिखाई पड़ेगा। ये लोग मेरा ख़याल है,

शायद लोगों को ये बात कठोर लगे, लेकिन लोग ये बात कह सकते हैं, रूप के आधार पर किसी देश की साहित्यिक कृतियों को विदेशी कहने लगें। नियामक अन्तर्वस्तु है। प्रेमचन्द के उपन्यासों की अन्तर्वस्तु क्या है? उससे आप देखेंगे कि अन्तर्वस्तु एक हद तक रूप को बदलती है और एक हद तक रूप को नहीं बदलती। इसलिए प्रेमचन्द के उपन्यासों में भी रूप या रूप-विधान यूरोपीय होता तो यूरोपीय भाषाओं में अनुवाद करते समय लोग ये न कहते कि ये उपन्यास नहीं बन सका है। उन्हें यूरोपीय ढाँचे के अनुकूल बनाने के लिए काट-छाँट की गयी। अगर रूप-विधान एकदम यूरोपीय था तो इसमें काट-छाँट की ज़रूरत क्या है। इसका मतलब है कि अन्तर्वस्तु ने रूप-विधान को भी एक हद तक बदला है। तभी दूसरे देश के पाठकों को लगता है कि ये उपन्यास नहीं बन सका, ढीला-ढाला हो गया है, इसका ढाँचा गड़बड़ हो गया है। ये बात भारतीय उपन्यासों के बारे में कही जा रही है। और आप इसी आधार पर निर्णय कर लीजिए।

प्रश्न : एक अन्तर ये भी देखते हैं हम लोग कि कला माध्यमों का जो रूप होता है वो बड़ा सांस्कृतिक होता है, परम्परा में उसकी जड़ें होती हैं और उसको विज्ञान के समतुल्य नहीं रखा जा सकता। आजकल इस तरह की अनेक बातें लोग लिख रहे हैं और उस सिलसिले में भारतीय कला रूपों में दूसरी चीज़ें खोजने की कोशिश कर रहे हैं। अब क्याः खोजेंगे, कैसे खोजेंगे?

नामवर सिंह : सामान्यीकरण नहीं करना चाहिए। उदाहरण के लिए संगीत को लिया जा सकता है। भारतीय संगीत, जिसको हिन्दुस्तानी संगीत कहते हैं, यूरोपीय संगीत से बुनियादी रूप में अपने रूप-विधान में भिन्न है। एक मैलोडी पर आधारित तो दूसरा हारमोनी पर आधारित कहा जाता है। इसलिए बुनियादी अन्तर आपको दिखाई पड़ेगा। संस्कृतियाँ ऐसे रूप-विधान का निर्माण करती हैं जिसे कभी-कभी ट्रांसफर नहीं किया जा सकता, ये सही है। जैसे ट्रेजिडी। कहा जाता है, ग्रीक ट्रैजिडी। ग्रीक संस्कृति से ये इतनी दूर तक जुड़ी हुई है कि दूसरा उसका अनुसरण नहीं कर सकता। स्वयं यूरोप में भी नहीं किया जा सका। शेक्सपियर की ट्रेजिडी, सोफ़ोक्लीज़ की ट्रेजिडी से भिन्न है। पुराना ग्रीस और सोलहवीं सदी का इंग्लैंड दोनों बहुत भिन्न हैं। कुछ रूप-विधान संस्कृतियों से जुड़े रहते हैं, बँधे रहते हैं, लेकिन कभी-कभी दूसरी संस्कृतियाँ उस रूप-विधान को स्वीकार भी करती हैं। स्वीकार करने के क्रम में जिसको कहें कि कलम जोड़ती हैं। आप देखेंगे कि इस हिन्दुस्तानी संगीत में यूरोपीय संगीत की कलम करने की कोशिश की गयी है। कलम के द्वारा तीसरे ढंग का संगीत उभरा। रविशंकर जी प्रसिद्ध सितार वादक थे। यूरोपीय कलाकारों से उनकी जुगलबन्दी हुई।

उन्होंने एक-दूसरे से कई चीज़ निकालने की कोशिश की। रवीन्द्र संगीत के विषय में कहा जाता है कि यह दो से अधिक या तीन संगीतों के मिश्रण से लिया गया है। ऐसा नहीं है, कलाएँ संस्कृतियों से पैदा होती हैं, बँधी रहती हैं लेकिन उनमें आदान-प्रदान होता है, कलम होता है, तीसरा रूप भी तैयार होता है। जैसे संस्कृतियों का अन्तरावलम्बन होता है उसी प्रकार से कला रूपों का भी अन्तरावलम्बन होता है और यह एक हद तक होता है। कभी बहुत अच्छा बनता है, कभी कोई अच्छा नहीं बन पाता है, लेकिन इस तरह से अनेक नये रूप विकसित हुए हैं, बने हैं, जिसका बड़ा लम्बा इतिहास है, वो अलग बड़ा विषय है।

प्रश्न : इससे एक चीज़ ये भी निकलकर आती है कि सद्यः भारतीय कलारूपों की खोज के पीछे या उसकी वजह से ख़तरा भी हो सकता है, जिसमें सारी कलाओं से किसी भी सार्थक प्रभाव को हटाकर शुद्ध बनाने की कोशिश की जाय।

नामवर सिंह : ये दृष्टिकोण बड़ा घातक और सर्जनात्मकता का विरोधी हुआ करता है। हमारे गुरुदेव कहा करते थे कि सब चीज़ों में मिलावट है और शुद्ध भारतीय संस्कृति नाम की चीज़ मिथक है। अनेक जातियों और प्रजातियों के रक्त में इतना मिश्रण होता चला गया है कि शुद्ध आर्य नाम की चीज़ हिटलर के दिमाग़ में कभी रही होगी तो रही होगी वो चीज़ न यूरोप में कहीं थी और न दुनिया के किसी दूसरे देश में ही थी। उसमें इतना मिश्रण हुआ है। इसीलिए मैंने कहा। आप सही कहते हैं कि शुद्धतावादी दृष्टिकोण बड़ा कट्टरपन्थी संकीर्ण दृष्टिकोण है। अमानुषिक तो है ही। वो इतिहास विरोधी है, मनुष्यता विरोधी है, सर्जनात्मकता का विरोधी है। सारे मानव सृजन का विकास अन्तरावलम्बन का अछूता दस्तावेज़ है।

ये मुझे इसलिए भी ख़ास लग रही थी कि आजकल विभिन्न प्रचार माध्यमों में और दूरदर्शन में भी प्राचीन भारतीय संस्कृति पर कुछ ज़्यादा ही ज़ोर दिया जा रहा है और उस संस्कृति में तमाम कर्मकाण्ड जिनका संस्कृति से, आज हम जिस अर्थ में संस्कृति लेते हैं उससे इतना ज़्यादा सम्बन्ध तो नहीं, पर धार्मिक कर्मकाण्डों से ज़रूर सम्बन्ध है। तो भारतीय संस्कृति के पर्याय के रूप में जो हमारी देन है, हमारी जो उपलब्धि है, उसे दुनिया को दिखा देना है, इस अन्दाज़ में कुछ चीज़ें सामने लायी जा रही हैं।

प्रश्न : आपने कहा कि यूरोप में उपन्यासों का जो विकास हुआ उसके केन्द्र में मूलतः मध्यवर्ग ही था। भारत या तीसरी दुनिया के तमाम देशों के उपन्यास में कहा जा सकता है कि किसान केन्द्र में था, मध्यवर्ग तो नहीं ही था। जब गैब्रियल गार्सिया मार्खेज़ को नोबल प्राइज़ मिला तो उनकी तीसरी दुनिया में बहुत चर्चा हुई।

और बहुत लोगों ने कहा कि मार्खेज़ ने उपन्यास का एक बहुत ही काव्यात्मक ढाँचा विकसित किया है, जिसमें मध्य वर्ग ही नहीं बल्कि समाज के और जो दूसरे हिस्से हैं वे भी मौजूद हैं। उनके उपन्यासों में उनकी जो करुण गाथा है, उनकी जो ट्रेजिडी है, उसको भी एक साथ कहने में समर्थ हुए हैं। इससे पहले शायद ऐसा होता था कि उपन्यासकार या तो मध्यवर्ग की कथा कहता था या फिर ऐसे वर्ग की कथा जिसका समाज के बुनियादी वर्गों से सीधा सम्बन्ध नहीं बनता था। इस तरह से वो समाज से मुख़्तसर नहीं हो पाता था। यूरोप के लिए मध्यवर्ग प्रमुख था इसलिए वहाँ के उपन्यास मध्यवर्ग केन्द्रित थे। तभी तो वे यूरोप की मूल संवेदना को व्यक्त कर सके। लेकिन तीसरी दुनिया के साथ यह चीज़ नहीं है। इस सिलसिले में आपको क्या लगता है कि मार्खेज़ के उपन्यास क्या उपन्यास के रूप और अवधारणा में परिवर्तन लेकर आये हैं? क्या तीसरी दुनिया के लेखक इससे कुछ सीख सकते हैं, ग्रहण कर सकते हैं? इसके साथ-साथ ये भी कहा जाता है कि मार्खेज़ से पूर्व इसकी लम्बी परम्परा रही होगी। जादुई यथार्थवाद में पुरानी परम्परागत चीज़ों को मिलाकर मार्खेज़ ने अभिव्यक्ति की कुछ ऐसी शैलियाँ विकसित कीं जिनसे तमाम बातों को बहुत ही कम शब्दों में बड़े ही प्रभावशाली ढंग से कह दिया। जबकि उससे पहले उन्नीसवीं शताब्दी के यूरोपीय उपन्यासों की कथा शैली में एक-एक चीज़ को कहने के लिए कई-कई पेज लगते थे। मार्खेज़ के यहाँ ये हुआ है कि तमाम बड़ी दुखद स्थितियों का वर्णन करने के लिए उसने मुश्किल से एक पैराग्राफ़ लिया है। शायद यही कारण है कि 340 पेज के उपन्यास में उसने इतनी बड़ी बातें, इतना बड़ा क़िस्सा कह डाला।

नामवर सिंह : देखिए गैब्रियल गार्सिया मार्खेज़ के उपन्यास को नोबल पुरस्कार मिलने के बाद उसने व्यापक रूप से लोगों का ध्यान आकर्षित किया। लोगों ने इस पर भी विचार किया कि उसकी शक्ति का मूल स्रोत क्या है? पढ़ने वालों को ये उपन्यास, अंग्रेज़ी अनुवाद के रूप में, पुरस्कार से काफ़ी पहले ही सुलभ हो गया था और लोग उसकी प्रतिभा के कायल तो हो ही गये थे। लेकिन इस उपन्यास ने यूरोप से बाहर लैटिन अमेरिकी उपन्यास की ओर लोगों का ध्यान आकर्षित किया। उपन्यास के विश्वव्यापी स्वरूप में संस्कृति भेद से, भाषा भेद से या देश भेद से इसके अलग-अलग रूप हैं, सम्भावनाएँ हैं, इस पर विचार करने का द्वार तो खुला ही है। एक बहुत बड़ा क्षेत्र अफ्रीका है। वहाँ अंग्रेज़ी या फ्रेंच माध्यम से लोगों ने उपन्यास लिखा है। कीनिया के लेखक हैं—न्गुगी वा थ्योंगो। उनका उपन्यास 'पीटल्स ऑफ़ ब्लड' मैंने पढ़ा। उपन्यास की पूरी की पूरी शैली एक डिटेक्टिव उपन्यास की है, लेकिन उपन्यास की अन्तर्वस्तु गहरी

क्रान्तिकारी और राजनीतिक है। उसी तरह से नाइजीरिया के उपन्यासकार चिनुआ अचेबे का उपन्यास आप पढ़ें तो अफ्रीका की भाषाओं के उपन्यासों में हो रहे परिवर्तन आपको दिखाई देंगे। आप देखेंगे कि अफ्रीकी लेखक अपनी जनता के साथ उपनिवेशवाद के विरुद्ध संघर्ष करते हुए जिस उपन्यास का शिष्ट करते हैं, उसमें गैब्रियल गार्सिया मार्खेज़ का जैसे एक आयाम है। यहाँ भी आप देखेंगे कि इन उपन्यासों में जनजातियों की सदियों पुरानी परम्पराएँ, उनके मिथक, उनके विश्वास संघर्ष में उभरते हुए अपना एक नया अर्थ प्राप्त करते हुए दिखाई पड़ते हैं। यानी उपन्यास एक प्रकार से समकालीन कथा के ढाँचे में भी हज़ारों साल के सांस्कृतिक रूपों और मूल्यों को व्यक्त करते हुए दिखाई पड़ता है। जैसा कि गैब्रियल गार्सिया मार्खेज़ में है। इन परिवर्तनों से लोगों को लगा कि उपन्यास केवल यूरोप तक सीमित नहीं है। जहाँ मध्यवर्ग विकसित नहीं हुआ है या बहुत देर से विकसित हुआ, आधुनिक शिक्षा प्राप्त वह मध्यवर्ग भी अलग-अलग ढंग से उपन्यास का विकास करता है। ये लोग भी अंग्रेज़ी पढ़े-लिखे लोग हैं, फ्रेंच पढ़े-लिखे लोग हैं, मध्यवर्ग के ही लोग हैं, लेकिन इनका उपन्यास वही रूप नहीं लेता जो यूरोपियन उपन्यास लेता है।

एक बात और याद आती है। पिछले वर्षों में उपन्यास की मृत्यु की भी घोषणा होने लगी थी। यूरोप में उपन्यास कई बार मर चुका है। इसका अर्थ ये था कि यूरोप के मध्यवर्ग की मृत्यु जब-जब हुई है, इतिहास के क्रम में, जनतान्त्रिक आन्दोलनों के विकास के क्रम में, तब-तब यूरोप में उपन्यास मरता और कहीं न कहीं एक नया जीवन ग्रहण करता दिखाई पड़ा। जॉर्ज लुकाच ने इस सम्बन्ध में एक बड़ी महत्त्वपूर्ण बात कही है कि फ्रांस में उपन्यास जब दम तोड़ रहा था तो रूस में तोलस्तोय के माध्यम से एक दूसरा उपन्यास जन्म ले रहा था। अब आप कह सकते हैं कि फिर महान अक्टूबर क्रान्ति के बाद शोलोख़ोव के द्वारा उसी रूप में एक दूसरे उपन्यास समाजवादी उपन्यास से जन्म लिया। मैं ये नहीं कहता कि यूरोपीय उपन्यास अब हमेशा-हमेशा के लिए मर गया। दूसरे महायुद्ध के बाद फ्रांस में बहुत छोटे-छोटे, पतले-पतले जेनेटिक स्टाइल में लिखे उपन्यास मिलते हैं। भरोसा करना चाहिए कि उपन्यास नये-नये रूप लेता रहेगा। गैब्रियल गार्सिया मार्खेज़ या न्गुगी वा थ्योंगो के उपन्यासों से ये प्रमाणित होता है।

उपन्यास नाम की विधा पैदा भले ही यूरोप में हुई हो, लेकिन बुनियादी चीज़ तो कहानी कहने की कला है, नैरेटिव या नैरेशन। नैरेशन किसी एक देश की प्रॉपर्टी नहीं है। ये मनुष्यता की प्रॉपर्टी है। किसी चीज़ को नैरेट करना, ये दुनिया के हर देश के लोग करते रहे हैं। उस नैरेटिव स्ट्रक्चर में टाइम स्पेन्ड

क्या होता है, उसकी अन्तर्वस्तु क्या होती है, अपने सामाजिक संघर्षों के दौरान मनुष्य उसका अपना क्या साहित्यिक रूप विकसित करता है, इससे नैरेशन के अलग-अलग रूप विकसित होते हैं। इसलिए आज ये कहना चाहिए कि साहित्यिक उपनिवेशवादी चिन्तन का एक अंग है कि उपन्यास और यूरोप दोनों को पर्याय मानकर बात करते हैं। आज की इस बड़ी दुनिया को देखने से मालूम होता है कि दूसरे महायुद्ध के बाद अगर दुनिया के उपन्यासों का इतिहास लिखा जायेगा तो यूरोप का स्थान तो बड़ा नीचे रहेगा। श्रेष्ठ उपन्यास यूरोप के बाहर लिखे गये। बीसवीं सदी के उपन्यासों का इतिहास जब लिखा जायेगा तो इंग्लैंड का नाम काफ़ी नीचे रहेगा। जब इंग्लैंड का राजनीतिक सूर्य डूबा नहीं था दुनिया में, तब भी इंग्लैंड से अच्छे, बड़े उपन्यास तो भारत में लिखे गये। यहाँ प्रेमचन्द, विभूतिभूषण बन्द्योपाध्याय, माणिक बन्द्योपाध्याय जैसे उपन्यासकार हुए, यहाँ टैगोर ने गोरा लिखा है। इंग्लैंड में तो ले-देकर के डी.एस. लारेसवा और कान्द्रा दो ही उपन्यासकार हुए थे। बीसवीं सदी में यूरोप और अमेरिका में कोई बड़ा उपन्यासकार था ही नहीं। इक्का दुक्का लोग दिखाई दिये। इसलिए यूरोप और उपन्यास को पर्याय समझना बहुत बड़ी भूल है। यह भूल ही नहीं है, बल्कि यूरोप केन्द्रित चिन्तन की गिरफ़्त में आना है। ऐसे चिन्तन के जो अधीन होंगे वही लोग ऐसी बातें करेंगे।

प्रश्न : इसी सिलसिले में एक छोटी-सी जिज्ञासा और है। दिनमान में गिरिराज किशोर जी ने एक लेख लिखा था जिसमें उन्होंने 'वन हंड्रेड इयर्स ऑफ़ सालीच्यूड' के चरित्र महाभारत के चरित्रों की याद दिलाते हैं।

नामवर सिंह : गैब्रियल गार्सिया मार्खेज़ का उपन्यास कुछ ऐसे मिथकीय विश्वासों पर टिका हुआ है कि उसको देखकर गिरिराज जी को महाभारत याद आ गया यह स्वाभाविक है। कुछ ऐसे बुनियादी मिथक हैं जो संसार की अनेक संस्कृतियों में मिलते हैं। याद आना अस्वाभाविक नहीं है। याद किसी को आये और वो किसी को अच्छा लगने लगे इस पर भी कोई आपत्ति नहीं है। दिक़्क़त तब होगी जब ऐसी ही सतही समानताओं के आधार पर हम मूल्यांकन करने लगें। एक किताब को पढ़ते समय दूसरी किताब का याद आना बुरा नहीं है। लेकिन यह बात रसास्वाद में बड़ी बाधक हुआ करती है। ये चीज़ लगभग वैसी ही है जैसे कि किसी से आप प्रेम कर रहे हों और आपको दूसरे प्रेम की याद आने लगे। ऐसे आभास अच्छे नहीं हुआ करते। इसका मतलब है कि आपका मन विषयान्तरों में भटकेगा और फिर आप मूल्यांकन करते समय वस्तुनिष्ठ नहीं रह सकेंगे। ऐसे भटकावों से बच करके चित्त एकाग्र करने का विधान इसीलिए

किया गया है और इससे लाभ आना स्वाभाविक है। इस पर कोई आपत्ति भी नहीं की जा सकती। लेकिन छिटपुट समानताओं के आधार पर ये कहना चाहें कि गैब्रियल गार्सिया मार्खेज़ हमारी भारतीय परम्परा में, हमारी महाभारत की परम्परा में हैं, ये घोर अन्याय होगा। गैब्रियल गार्सिया मार्खेज़ के प्रति, उसकी भाषा, उसकी संस्कृति के प्रति अन्याय होगा। अन्ध भारतीयता होगी।

प्रश्न : हमारे यहाँ लोक साहित्य की परम्परा बहुत ही समृद्ध रही है। ये सारी चीज़ धीरे-धीरे विलीन हो रही हैं। शायद ज़रूरत इस चीज़ की थी कि लोकगीतों, लोककथाओं का इस तरह से संकलन कर लेते कि विलीन होने से पहले वो हमारे पास सुरक्षित रहते। सम्भवतः इस दिशा में उतना काम नहीं हुआ जितना कि होना चाहिए। राजस्थान में विजयदान देथा जी ने बहुत काम किया। इस सिलसिले में हमारे विश्वविद्यालयों में और दूसरे संस्थानों में जो पहल होनी चाहिए थी, लोक साहित्य का जो अध्ययन होना चाहिए था, उसके संकलन बनने चाहिए थे—पर यह सब नहीं हुआ। लोक साहित्य के अध्ययन के सिलसिले में अगर हम कुछ खोजने को निकलें हिन्दी साहित्य में तो, 'इतिहास और आलोचना' में आपके एक लेख के सिवाय शायद कोई पढ़ने लायक चीज़ दूर-दूर तक कुछ नहीं मिलती।

नामवर सिंह : इसमें तो कोई दो राय नहीं हो सकती है कि लोक साहित्य का संग्रह किया जाये बड़े पैमाने पर किया जाये, जल्दी किया जाये क्योंकि वो नष्ट हो रहा है। कठिनाई यह है कि लोक साहित्य के महत्त्व को सभी स्वीकार करते हैं, लोक कला के महत्त्व को कितनी दूर तक स्वीकार करते हैं, आप इसका अन्दाज़ा लगा सकते हैं कि गणतन्त्र दिवस के अवसर पर लोक कला की झाँकियाँ सरकार दिखाती है। सच पूछिए तो हमारा आज का शिष्ट समाज लोक कला का बहुत बड़ा हिमायती और आश्रय देने वाला बन गया है। हैंडीक्राफ्ट बोर्ड बना हुआ है। विकास किया जा रहा है। लोक कलाओं को एक तरह से बाज़ारू माल भी बनाया जा रहा है। बहुत से विदेशी आते हैं, हमारे यहाँ से लोकगीतों का, लोककथाओं का संग्रह करके ले गये। अनुवाद करके छाप रहे हैं, काफ़ी पैसा बना रहे हैं। लोक के साथ आप जनजातियों को भी जोड़ लीजिए तो जो आदिवासी हैं उनकी कलाओं का, उनकी कथाओं का, उनके गान का संग्रह वो कर रहे हैं। स्थिति यह है। ये सही है कि ये नष्ट हो रहे हैं, संग्रह कर लेना चाहिए। हमारे यहाँ नहीं हुआ है। संग्रह के नाम पर दुनिया-भर का पैसा बरबाद किया जा रहा है। कम-से-कम क्षेत्रीय विश्वविद्यालय हैं, कॉलेज हैं उनको मौक़ा देकर ये काम हम लोगों को करवा लेना चाहिए। नहीं तो वे नष्ट हो सकती हैं। इनके छपाने का काम तो बाद में है, लिपिबद्ध करने का काम बाद में हो।

आप उसकी वांछित परम्परा को ही सुरक्षित कर लें तो बहुत बड़ा काम होगा। संग्रह के बाद, सवाल इसके उपयोग का है।

हम-आप सभी जानते हैं कि जिसे हम शिष्ट साहित्य कहते हैं उस शिष्ट साहित्य के सम्बन्ध में आचार्य रामचन्द्र शुक्ल ने लिखा है कि शिष्टों की परम्परा जब परिपाटी-सी बन जाती है तब लोक साहित्य से जीवन ग्रहण करती है। हमारा जो श्रेष्ठ साहित्य है भक्ति साहित्य, वो लोक साहित्य ही है। वहाँ लोक और शिष्ट का भेद करना मुश्किल है। लोक साहित्य को ही उन्नत रूप देकर लोगों ने शिष्ट साहित्य बनाया। उस लोक साहित्य के बहुत सारे तत्त्व रवीन्द्रनाथ के गान में, रवीन्द्रनाथ की कविताओं में हैं। स्वयं रवीन्द्रनाथ ने संग्रह कार्य किया था। इतने उच्च कोटि का साहित्यकार होते हुए उन्होंने 52 गीतों का संग्रह किया 'प्रबाध' नाम से। रवीन्द्रनाथ ने स्वयं ये काम किया है। और लोगों से भी लोक साहित्य का संग्रह करवाया है। रोमांटिक उत्थान में तो उनकी बहुत बड़ी देन मानी जाती है। उन दिनों रामनरेश त्रिपाठी जो अच्छे कवि भी हैं, उन्होंने लोक गीतों का संग्रह 'ग्राम गीत' नाम से प्रकाशित किया। एक समय देवेन्द्र सत्यार्थी ने संग्रह किया था। उन्होंने घूम-घूमकर गीतों और कथाओं का संग्रह किया था।

ऐसे बहुत से लोग थे जो कन्धे पर झोला रखकर फ़क़ीर की तरह निकले और गाँव-गाँव घूमकर के नोट करते रहे। आज़ादी की लड़ाई के दौरान ये कार्य बहुत हुआ इसलिए हुआ कि आज़ादी की लड़ाई के दौरान गाँधी जी की प्रेरणा से हमारा जो संघर्ष है, आन्दोलन है, वो पहली बार लोकव्यापी बना था। अतएव लोग वहाँ पहुँचे। स्वाधीनता के बाद जनजातियों और दलितों की बात नेता लोग बहुत करते रहे पर वे उनकी संस्कृति पर ध्यान नहीं देते। आज़ादी के बाद प्रतीक रूप में हम गणतन्त्र दिवस पर उनकी कलाओं का प्रदर्शन भी कराने लगे। नयी दिल्ली के राजपथ पर। नेहरू जी ने ये काम शुरू किया था और अच्छा काम किया था। लेकिन हम लोग हर चीज़ को प्रतीकवत ही करते हैं और समझते हैं कि काम हो गया। लेकिन इसको जिस मिशन के साथ करना चाहिए, कमी उस मिशन की है। जिस साहित्य को, जिस कला को संग्रह की वस्तु समझते हैं तो संग्रह के साथ व्यवसाय है, उसे म्यूज़ियम पीस समझते हैं, मृत चीज़ समझकर संग्रह करते हैं तो बहुत ग़लत काम करते हैं। जो चीज़ जहाँ की है उसे वहीं जीवित रहना चाहिए और उन लोगों को जीवित रहना चाहिए और उनका जीवित रहना कोई पिछड़ापन नहीं है। आधुनिकता के साथ ये बराबर हर साहित्य में होता है। हर साहित्य के दौर में रहा है। अगर कोई आदमी समझता है कि औद्योगिक

दृष्टि से विकसित देशों में लोक कला, लोक साहित्य नहीं है और नहीं रहेंगे, नष्ट हो जायेंगे तो वो शुद्ध भ्रम है। आप औद्योगिक दृष्टि से विकसित अमेरिका की मिसाल न लें जहाँ रेडियनों को उन्होंने ख़त्म कर दिया और उनके पंखों को बटोरकर म्यूज़ियम में रखते हैं उनकी कलाओं का संग्रह करते हैं। एक ये भी तरीक़ा है कि आप यहाँ के आदिवासियों को तो मार डालें और उनके गीतों को आप सुरक्षित रखें। ये एक दृष्टिकोण हो सकता है। उसको ले जाकर बाज़ार मे बेचें, विदेशों में बेचें तो ज़्यादा दाम मिलेंगे। यह तरीक़ा पूँजीवादी है। लोक को जीवित रखें, उस परिवेश को जीवित रखें जिस परिवेश में रहकर के उन लोगों ने अपनी कला का विकास किया है, लेकिन उसी स्थिति में न रखें जिस स्थिति में उन्होंने रखा है। उनके जीवन को, उनके हिसाब से, बेहतर बनायें।

समाजवादी देशों में लोक कलाकारों को, साहित्यकारों को, उस कला और साहित्य को उसी वातावरण में जीवित रहने, पनपने, विकसित होने का मौक़ा दिया जाता है और उसका संग्रह भी किया जाता है। उन लोगों के प्रति प्यार और सम्मान का भाव रखते हुए। हमारे यहाँ उन लोगों को प्रदर्शन के लिए तो हम लोग याद कर लेते हैं। कभी-कभी बड़े-बड़े नेता हमारे उनके बीच जाकर कपड़े-वपड़े बाँट आते हैं, पैसे-वैसे छिड़क आते हैं और टी.वी. पर आप उसके फ़ोटो-वोटो भी देखते हैं लेकिन हम उनको प्यार नहीं करते हैं, उनका महत्त्व नहीं समझते हैं। इसलिए संग्रह-वंग्रह कुछ नहीं करते। हम उसकी प्राणवत्ता, उसकी जीवन-शक्ति को नहीं समझते हैं। हम नहीं समझते कि ये हमारी संस्कृति का मूलाधार है। ये मेरुदण्ड है। उसके प्रति समूचा दृष्टिकोण बदलने की ज़रूरत है। तब हम उसके महत्त्व को समझेंगे, उस पर काम करेंगे। वरना आप देखेंगे विश्वविद्यालयों में एक लोक साहित्य का परचा तो हिन्दी में कई जगहों पर है और खानापूरी हो रही है लेकिन कहीं पर भी न कोई नया संग्रह हो रहा है, और न ही संग्रह की आवश्यकता ही महसूस की जा रही है।

प्रश्न : क्या आपको लगता है कि लोक के अध्ययन की नयी प्रणालियाँ विकसित करने की ज़रूरत है?

नामवर सिंह : अब आपने सही कहा, संग्रह से ज़्यादा बड़ा काम है उसके वैज्ञानिक ढंग से अध्ययन का। पश्चिमी देशों में बड़ी अच्छी प्रणालियाँ विकसित हुईं। संरचनावाद के नायकों ने अनेक जनजातियों का अध्ययन किया, रूस में 1928 में ब्लादीमीर नाम का आदमी हो चुका है, उसने एक किताब लिखी है। उस किताब को पाठ्यक्रम में रख करके, इनकी रचनाओं को पाठ्यक्रम में रखकर, जिसे आजकल स्ट्रक्चलॉजिकल कहते हैं, उस ढंग का विश्लेषण कराया जाता है।

कुछ पंजाबी लोककथाओं का बहुत अच्छा विश्लेषण हरजीत सिंह की देख-रेख में संरचनात्मक ढंग से हुआ है। स्वयं उन्होंने भी किया है और उनके अन्दर कुछ ऐसे शोध कार्य भी हुए हैं, जहाँ पंजाबी लोक कथाओं का संरचनात्मक दृष्टि से विश्लेषण किया गया। अनुवाद छपे हैं। वे अंग्रेज़ी में हैं। इन चीज़ों का अनेक दृष्टियों से विश्लेषण-अध्ययन हो सकता है। ज़रूरत है विश्लेषण-अध्ययन की। ज़्यादातर हमारा अध्ययन आमतौर से अव्यावहारिक होता है। इसके लिए कोई सरकारी ढाँचा भी नहीं है। हमारे यहाँ लोक साहित्य ख़ासतौर से लोक कथाओं का विश्लेषण तो हुआ ही नहीं है। इसकी बहुत ज़रूरत है। ये असल में स्वतन्त्र शास्त्र है। इसको हिन्दी विभाग के अन्तर्गत रखने से बड़ा विनाश होगा। एन्थ्रोपोलॉजी के साथ आप रख दें तो शायद कुछ न्याय हो सके। कुछ अध्ययन की नयी दिशाएँ खुलेंगी। इनके लिए अलग विभाग होना चाहिए। ये हिन्दी का अंग नहीं है। वरना इसके साथ हमेशा सौतेला व्यवहार होता रहेगा।

प्रश्न : ये तो बताइये कि आप आजकल क्या लिख रहे हैं?

नामवर सिंह : जब प्रकाशित हो जाये तब देख लीजिएगा। मेरी आदत है कि जो लिखता रहता हूँ उस समय उसकी चर्चा मैं नहीं करता। यूँ कह दूँ तो लिखने का उत्साह नहीं रहता।

प्रश्न : एक बार आपने कहा था कि आप कुछ कहानी पर लिख रहे हैं?

नामवर सिंह : उसका फल तो आपने देख लिया कि प्रकाशित ही नहीं हुई।

प्रश्न : कई लोगों को अन्देशा है कि आप अब भी अपनी डायरी में कुछ लिखते हैं।

नामवर सिंह : मैं डायरी ही नहीं लिखता।

प्रश्न : आदमी ये कैसे तय करे कि वो किस विधा में ज़्यादा समर्थ है? हमारे यहाँ ऐसा होता है कि लेखक खुद ही तलाश नहीं कर पाते हैं कि वह किस विधा में अच्छा, ज़्यादा अच्छा लिख सकता है जैसे आप हैं, आपने यह सुनिश्चित किया है कि आप आलोचना में ही अपने को ज़्यादा अच्छा कर सकते हैं तो ये कैसे हुआ? ये विवेक कैसे आया कि इसी चीज़ में हमें अपने को केन्द्रित करना है? दूसरी चीज़ में नहीं। बालकिशन ने एक बात का ज़िक्र किया है। उन्होंने आपसे कहा कि आप कहानी क्यों नहीं लिखते तो आपने कहा कि मैं वातावरण तो शायद खड़ा कर सकता हूँ लेकिन चरित्र खड़ा करने में मुझे दिक़्क़त होगी। तो आप बताइए कैसे कोई इसे पहचानता है या आपने इसे कैसे पहचाना?

नामवर सिंह : इसे मैंने नहीं पहचाना। मैं तो आलोचना कभी लिखना ही नहीं चाहता था। बस फँस गया कहना चाहिए। फँस गया तो लिखता चला जा रहा हूँ।

कोई बहुत रुचिकर काम तो मुझे लगता नहीं है। कभी-कभी कई काम इच्छा के विपरीत होते हैं और हो जाते हैं। बाक़ी रचनात्मक विधाओं का जहाँ तक सवाल है वो बिना आजमाये आप पहले से नहीं कह सकते हैं कि किस विधा में आप काम कर सकते हैं। कई लेखकों के बारे में मैंने पढ़ा है। बर्नार्ड शॉ शुरू में उपन्यास लिखते थे और अचानक किसी लेखक ने बताया कि तुम्हारी प्रतिभा तो नाटक की है। तुम ख़्वामख़्वाह में उपन्यासों में उलझे हुए हो। फिर वो नाटक के क्षेत्र में आये और उपन्यास की ओर लौटकर गये ही नहीं। तो ऐसा तो हुआ है। मोहन राकेश को लीजिए। मोहन राकेश तो प्रबुद्ध कहानीकार थे फिर वो उपन्यास लिखने लगे। उन्होंने जब 'आषाढ़ का एक दिन' नाटक लिखा तो उन्हें ये गुमान भी नहीं था कि उनकी प्रतिभा दरअसल नाटक वाली ही है। मोहन राकेश नाटक के लिए विशेष रूप से याद किये जायेंगे। कहानीकार के रूप में भी वे ठीक हैं। उन्होंने अच्छी कहानियाँ भी लिखी हैं। अक्सर ऐसा होता है कि कोई लेखक देर से अपनी प्रतिभा को स्वयं पहचान पाता है कि उसकी मुख्य विधा तो यही थी। लेकिन जब तक आजमायेगा नहीं, वह स्वयं नहीं जान पायेगा। जब तक हजारी प्रसाद द्विवेदी ने 'बाणभट्ट की आत्मकथा' नहीं लिखा था तब तक वह क्या जानते थे कि वह उपन्यास लिख सकते हैं? वो तो कबीर, हिन्दी साहित्य की भूमिका और सूर साहित्य जैसी आलोचना की पुस्तकें लिखते रहे या निबन्ध लिखते रहे। इस तरह जब तक आप आजमायेंगे नहीं, तब तक आप स्वयं अपनी क्षमता का अनुमान नहीं लगा सकते। इसके अलावा कोई सामान्य नियम इसके बारे में नहीं बताया जा सकता।

प्रश्न : एक प्रश्न तो ये भी हो सकता है जैसे अभी तक आपने आलोचना ही ज़्यादा लिखी है तो आप भी अभी क्या पूरे विश्वास के साथ कह सकते हैं कि आगे भी आप आलोचना ही लिखेंगे?

नामवर सिंह : मैं कह सकता हूँ।

प्रश्न : दूसरी उम्मीदों में सम्भावना की उम्मीद करनी चाहिए। क्या आप करते हैं?

नामवर सिंह : नहीं। उम्मीद छोड़नी नहीं चाहिए, कभी किसी को नहीं छोड़नी चाहिए।

प्रश्न : डॉ. साहब ऐसे बहुत से विद्यार्थी हैं जो अध्यापन करेंगे। हम लोग जानते रहे हैं कि पढ़ाना कोई बहुत आसान बात नहीं है। तमाम लोग बड़े विद्वान होते हैं लेकिन अच्छे अध्यापक नहीं होते। हम लोगों का सौभाग्य रहा है कि हम लोगों ने तमाम चीज़ें आपसे ऐसी सीखी हैं कि कैसे कठिन-से-कठिन बात को

रोचक अन्दाज़ में विद्यार्थियों तक सम्प्रेषित करें कि वह उनमें दिलचस्पी पैदा कर दें। उस सिलसिले में तो आप अध्यापकों को कुछ सुझाव देना चाहेंगे?

नामवर सिंह : इसके बारे में मेरा कोई ऐसा सुझाव नहीं। मैं तो इतना जानता हूँ कि पढ़ाने में आपको रस मिले और रस लें आप, तो विद्यार्थी भी रस लेंगे और फिर आप पढ़ाने की अपनी पद्धति अपना तरीक़ा ख़ुद ढूँढ़ लेंगे, निकाल लेंगे, विकसित कर लेंगे। अगर किसी आदमी का मन ही पढ़ाने में नहीं लगता है और पढ़ाई को घटिया काम समझता है, दूसरे दरजे का या रस्मी काम समझता है, फ़र्ज़ अदायगी समझता है तो चाहे उसके पास ज्ञान का कितना भी बड़ा भण्डार क्यों न हो, वह अच्छा अध्यापक नहीं बन सकता। ऐसे बहुत से लोग हैं जो बहुत अच्छे विद्वान हैं, बहुत बड़े रिसर्चर हैं और बहुत ख़राब अध्यापक हैं, क्योंकि वह अध्यापन को मुख्य नहीं समझते हैं, अपने शोध कार्य को ही वो मुख्य समझते हैं। इसके विपरीत आपको ऐसे अध्यापक भी मिलेंगे जिन्होंने ज़िन्दगी-भर पढ़ाया ही है, लिखा कुछ नहीं। हमारे एक अध्यापक थे आचार्य केशव प्रसाद मिश्र। मैं उनको अपने सर्वोत्तम अध्यापकों में मानता हूँ। उन्होंने बहुत कम लिखा है। बस 1-2 लेख लिखे हैं। बहुत अच्छे कवि थे और बहुत रस के साथ पढ़ाते थे। कविताएँ भी पढ़ाते थे। कामायनी भी उन्होंने हमें पूरी पढ़ाई है। रीतिकाल की कविता रस लेकर पढ़ाते थे। छायावाद पढ़ाते थे, तुलसीदास भी पढ़ाते थे। 'रसानुभूति काव्यानुभूति होती है'—यह वो कक्षा में सम्भव कर पाते थे। यही नहीं कि वे ख़ाली भाव वाले थे। अर्थ मीमांसा में भी वे उतनी ही सूक्ष्मता और गहराई तक जाते थे। इसके अतिरिक्त भाषा-विज्ञान पढ़ाते थे। भाषा-विज्ञान जैसा नीरस विषय वह बहुत सरस बनाकर पढ़ाते थे। वे केवल अध्यापक थे। मैंने इसलिए ऐसा कहा क्योंकि मेरे ऐसे भी अध्यापक रहे हैं जो संस्कृति पढ़ाते थे, नाम लेना तो उनका ठीक नहीं है। क्लास में जब आते थे तो वो खुद ही जम्हाई लेते थे और ऐसा लगता था जैसा कि अभी सो जायेंगे। अब आप बताइ कि वो क्या क्लास लेंगे।

असल चीज़ है अध्यापन को पेशा न समझिए। यहाँ मैं अपने अनुभव बताऊँ। अध्यापक में बौद्धिक ईमानदारी पहला गुण है। अपने विद्यार्थी को कोई धोखा न दे। जहाँ आप ब्लफ करने की कोशिश करेंगे, अविश्वसनीय हो जायेंगे। अध्यापन ऐसी चीज़ होती है, जहाँ पारदर्शी ईमानदारी होनी चाहिए। आपको कोई चीज़ नहीं आती है तो कह दीजिए क्लास में कि हमें नहीं आती, नहीं आ रही है। आप विद्यार्थियों को आभास देना चाहेंगे कि आ रहा है आपको, तो आपकी विश्वसनीयता नष्ट हो जाती है। मैं आचार्य केशव प्रसाद मिश्र का उदाहरण हूँ।

बरसों से 'कामायनी' पढ़ाते चले आ रहे थे। उनके रिटायरमेंट के एक साल पहले की घटना है। एक दिन क्लास में आये उन्होंने किताब खोली। पहले से पढ़ाते आ रहे थे। पहली ही पंक्ति उन्होंने दो बार पढ़ी और अटक गये एक शब्द पर। किताब उन्होंने बन्द कर दी और कहा क्षमा कीजिएगा अर्थ कुछ निकल नहीं रहा है और कुछ मन में बुदबुदाते रहे कि इतने दिनों से पढ़ाता आ रहा हूँ, कुछ खुल नहीं रहा और अनुध्याय कहकर चले गये और न पढ़ाकर भी उन्होंने हमारी हम सभी विद्यार्थियों की श्रद्धा अर्जित कर ली। उलटा-सीधा कुछ पढ़ाकर वो, वो हासिल नहीं कर सकते थे, जो न पढ़ाकर उन्होंने हासिल किया। ये इंटेलेक्चुअल ऑनेस्टी विद्यार्थी के सामने आनी चाहिए। आप उसके सामने केवल एक व्याख्यान तो नहीं देने वाले हैं। आपका और उसका साथ तो एक सेमिस्टर या पूरे एकेडेमिक ईयर तक रहना है। आप कब-कब उससे क्या-क्या छिपायेंगे। वो आपको तार-तार जानता है, आर-पार जानता है कि आप क्या जानते हैं। जिस समस्या का हल आपको न मिल रहा हो, उस पूरी प्रक्रिया को उसके सामने रखिए कि देखो मैं प्रयत्न करता हूँ, तुम भी प्रयत्न करो हमारे साथ, शायद हल मिल जाये, शायद न भी मिले। मैं समझता हूँ कि ये अवश्य प्राप्त करेंगे कुछ। अध्यापक बराबर समझे कि अध्यापन कार्य एक तरह का सहयोगी प्रयास है। जैसे मैं आलोचना को सहयोगी प्रयास कहता हूँ। अध्यापन कार्य भी सहयोगी प्रयास है, जिसमें अध्यापक अपने विद्यार्थियों के साथ मिलकर उनके सहयोग से बढ़ता है। 'मैं आपको बताना चाहता हूँ' मुद्रा नहीं, बल्कि 'आज हम ये पढ़ेंगे', वाला स्वर होना चाहिए। ये समझ होनी चाहिए। इससे अध्यापक स्वयं अपना विकास करेगा। हर साल कुछ नया सीखेगा। मैं इसे पेशा नहीं मानता। ये ऐसा पवित्र कार्य है, ये यज्ञ है जिसमें अध्यापक भाग्यशाली है कि उसको हर साल नये विद्यार्थी मिलते हैं, नयी प्रतिभाएँ मिलती हैं। इतनी नयी प्रतिभाएँ जिसे मिलती हों अगर वह स्वयं हर साल कुछ एक इंच आगे नहीं बढ़ता है, ऊपर नहीं उठता है तो ये उसका दुर्भाग्य है। ये दृष्टिकोण अगर रहे तो मैं समझता हूँ कि वो सफल अध्यापक हो या न हो सार्थक अध्यापक अवश्य होगा।

(साहित्य अकादेमी, नयी दिल्ली द्वारा आयोजित
लेखक-पाठक संवाद में पाठकों के सवालों के जवाब।
अब तक अप्रकाशित। पहली बार प्रकाशित।)

❏❏